LA
MORALE DES STOÏCIENS

PAR

Mme JULES FAVRE

(Née VELTEN)

PARIS

ANCIENNE LIBRAIRIE GERMER BAILLIÈRE ET Cie

FÉLIX ALCAN, ÉDITEUR

108, BOULEVARD SAINT-GERMAIN, 108

—

1888

Tous droits réservés

LA

MORALE DES STOÏCIENS

LA
MORALE DES STOÏCIENS

PAR

Mme JULES FAVRE

(Née VELTEN)

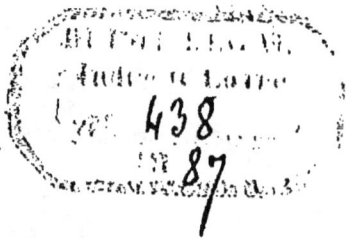

PARIS

ANCIENNE LIBRAIRIE GERMER BAILLIÈRE ET Cⁱᵉ

FÉLIX ALCAN, ÉDITEUR

108, BOULEVARD SAINT-GERMAIN, 108

1888

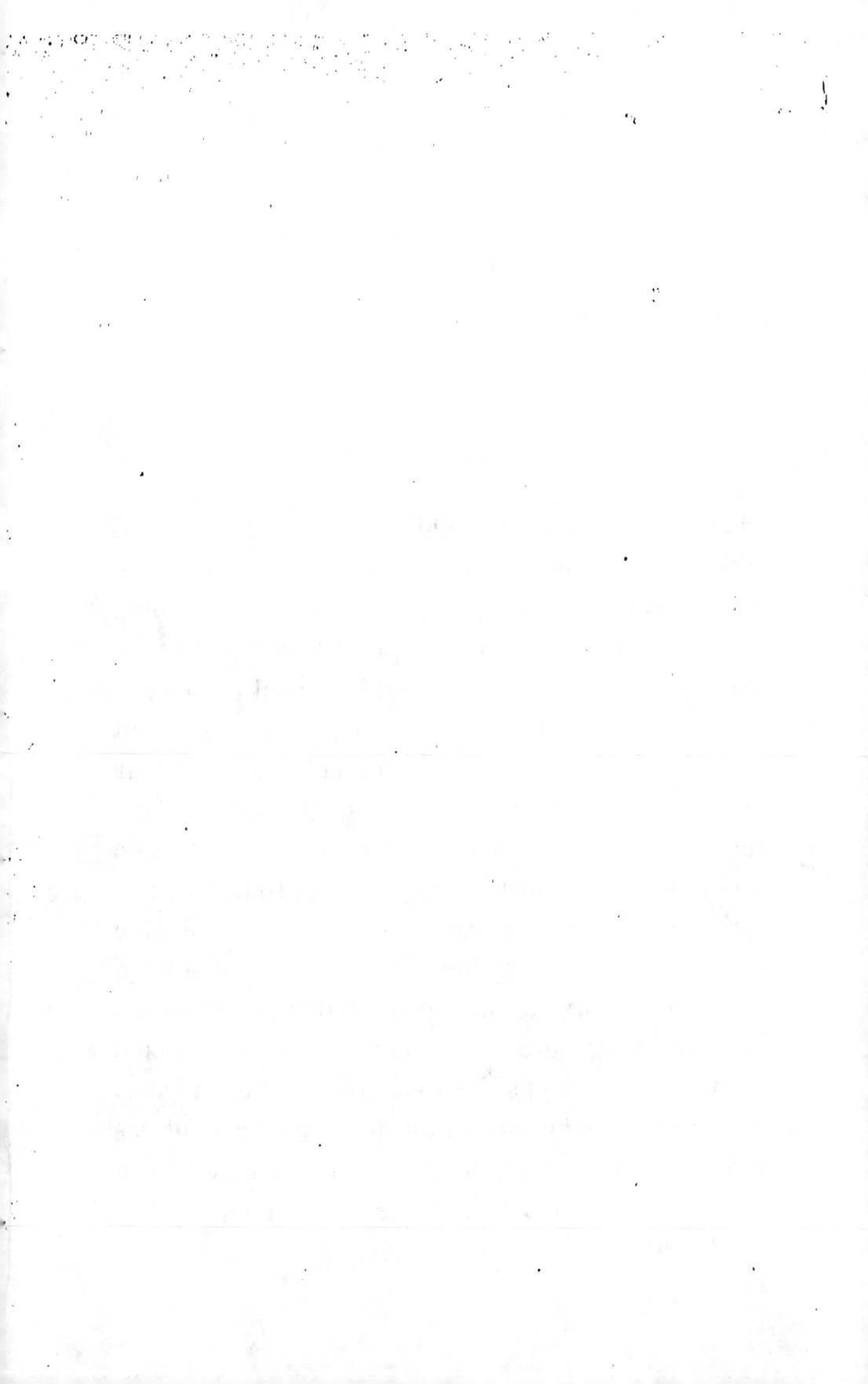

PRÉFACE

Nous n'avons pas la prétention d'exposer la doctrine des Stoïciens. Des maîtres éminents nous l'ont fait connaître avec un talent digne d'une si noble cause ; mais leurs savantes études n'ont pas rendu plus accessible la hauteur prodigieuse à laquelle ces grands types de l'humanité se sont élevés par leur vertu. Ceux qui les admirent le plus les voient toujours planer dans des régions sublimes où il leur semble impossible de les suivre. On dirait même que, plus ils les respectent, plus ils désespèrent de les imiter. A la vénération sincère et profonde qu'ils éprouvent pour une vertu si haute, se mêle une sorte de crainte de quelque chose qui est au-dessus, sinon en dehors de la nature humaine. Telle est l'impression générale que nous avons constatée à l'égard des Stoïciens. Faut-il en chercher la cause dans une idée fausse de la force d'âme dont les erreurs et les excès même ne diminuent pas la grandeur ? ou dans la faiblesse humaine qui essaie d'excuser son inaction en se reconnaissant impuissante à réaliser le bien? Nous sommes porté à croire que c'est autant une connaissance incomplète qu'une volonté faible qui empêche la plupart des admirateurs des Stoïciens de devenir leurs imitateurs. Ils concluent de certains actes ou de certaines paroles séparées de ce qui les précède et de ce qui les suit, que ces héros étaient des géants dans le domaine moral, qu'ils avaient reçu du ciel une vertu extraordinaire pour accomplir leur œuvre gigantesque et que cette vertu, qui avait sa raison d'être dans les siècles de tyrannie et de corruption, serait aujourd'hui excessive et même monstrueuse. Tout en rendant hommage à l'indomptable énergie et à l'inflexible fermeté de ces nobles témoins de la dignité humaine, ils leur reprochent de ne s'être élevés à une hauteur si grande qu'en méconnaissant ou en étouffant les sentiments les plus légitimes.

Nous avons la ferme conviction qu'une étude approfondie des écrits des Stoïciens corrigerait une opinion si erronée. Aussi, dans l'espoir d'éveiller le désir d'entrer en communication avec la pensée de ces grands maîtres de l'humanité, avons-nous essayé de recueillir ce qui nous semble le mieux caractériser leur morale. Nos modestes efforts seraient trop bien récompensés si ces textes pouvaient faire pénétrer dans l'âme des lecteurs ce qu'ils ont fait sentir à la nôtre, savoir, que les Stoïciens ne sont pas sortis de l'humanité, qu'ils ont compris et respecté la nature humaine, et qu'ils l'ont aimée par-dessus tout, puisqu'ils l'ont voulue grande et digne de sa nature divine. Ils ont vu sa grandeur dans son libre arbitre qu'ils se sont efforcés de garder en eux-mêmes et dans les autres. Ils ont travaillé à s'affranchir de tout ce qui ne dépend pas du libre arbitre, à perfectionner leur âme à l'image de Dieu, à contribuer à l'harmonie universelle par la justice, la bienveillance et l'amour. Si, dans leur sainte passion pour le bien, ils se montrent parfois trop ardents, impatients, absolus, qui oserait le leur reprocher? Si, en luttant contre le mal, ils semblent souvent insensibles à la douleur, c'est qu'ils sont exaltés par la grandeur de la fin qu'ils poursuivent. S'ils poussent à l'extrême le détachement, s'ils sont forts jusqu'à paraître inhumains, qui pourrait leur refuser son admiration, même dans leurs exagérations? Si le sentiment de leur dignité les rend fiers et même hautains en face de toute servitude, qui ne les en respecterait davantage?

On nous reprochera peut-être d'avoir mis quelquefois en parallèle les textes des Stoïciens et ceux des livres chrétiens. Mais l'Évangile ne peut rien perdre de son autorité par ce rapprochement. Et l'analogie que nous avons pu constater, entre certains préceptes de la morale stoïcienne et les enseignements de la morale chrétienne, nous montre avec évidence l'unité de la morale et les rapports intimes qu'il y a entre la loi divine et la conscience humaine. Nous ne croyons pas que ce soit manquer de respect au christianisme que de reconnaître que, dans tous les temps, Dieu a fait à l'humanité quelque révélation de la vérité morale. Il récompense les cœurs droits qui cherchent sincèrement la vérité pour se diriger selon la vérité, en leur donnant une intelligence supérieure de toutes les choses qui ont rapport à l'âme, à son origine et à sa destinée. C'est ainsi que Socrate, Platon et les Stoïciens se sont élevés, par la rectitude de leur conscience et l'intégrité de leur vie, à des notions morales plus parfaites que la plupart de ceux qui étaient instruits par la loi de Moïse. Et parce que ces fidèles serviteurs de Dieu ne sont ni de l'Ancien ni du Nouveau Testament, faut-il douter qu'ils aient parlé et agi par une inspiration divine ? La loi de Dieu n'était-elle pas écrite dans leur conscience et dans leur cœur ? Saint Paul lui-même ne leur rend-il pas témoignage en disant que les incirconcis qui accomplissent la loi tirent leur louange de Dieu ? Nous aimerions cent fois mieux être exclu de la communauté des fidèles avec ces chrétiens de cœur, que d'y être admis avec les esprits étroits qui les écartent. L'idéal moral des Stoïciens ne nous paraît pas différer sensiblement de celui des chrétiens : l'œuvre des chrétiens c'est de « dépouiller le vieil homme avec ses passions et ses convoitises et de revêtir le nouvel homme créé dans une justice et une sainteté véritables »; celle des Stoïciens c'est d'affranchir l'âme de tous les désirs de la nature inférieure et de la transformer à la ressemblance de Dieu. Si les termes sont différents, l'idée est identique. Il est vrai que, pour les Stoïciens, la vie est une ascension, tandis que, pour les chrétiens, c'est un relèvement.

L'idée d'une déchéance morale ne se trouve pas dans la doctrine stoïcienne, qui ne parle que du conflit perpétuel de nos deux natures. Mais, s'ils ne prononcent pas le mot de grâce de Dieu, ces vaillants athlètes de l'humanité n'attendent cependant pas tout de leurs propres forces : « Le commencement de la philosophie, chez ceux du moins qui s'y attachent comme il convient, dit Épictète, c'est le sentiment de notre infirmité et de notre faiblesse dans les choses indispensables ». Et ailleurs : « Souviens-toi de Dieu et dans la tempête invoque-le ! » On reproche aux Stoïciens d'avoir plus songé à faire de l'homme un Dieu qu'à le rendre semblable à Dieu. Rien, dans leurs enseignements, ne nous a donné cette impression. La généreuse exaltation que produit en eux « la passion de l'honnête », aussi bien que l'humilité, que leur inspire le sentiment de leurs imperfections, élève sans cesse leur âme vers l'auteur de toutes choses. Et nous croyons que leur parole a dépassé leur pensée lorsqu'ils disent que l'homme, par la constance dans la vertu, surpasserait Dieu. Il y a peut-être beaucoup d'orgueil dans leur conviction de la toute-puissance de la volonté humaine ; mais ils ne séparent jamais l'homme de Dieu qui fait sa grandeur et à qui ils rapportent toute sa vertu. S'il nous fallait choisir entre la confiance, même exagérée, dans la volonté, et l'inertie d'une âme timide qui attend un mouvement de la grâce, même pour avoir la force de vouloir, nous n'hésiterions pas un instant à nous ranger du côté des Stoïciens. Cependant, nous croyons que la vérité est entre ces deux extrêmes, et c'est la disposition du vrai chrétien qui comprend qu'il faut commencer par agir avec le peu de force qu'il a, afin que Dieu la lui multiplie par sa grâce. Nous sommes si bien convaincu de la puissance du stoïcisme que nous souhaiterions que l'âme fût initiée par la forte morale stoïcienne à la liberté du christianisme. On ne comprend bien la miséricorde, la grâce et l'amour de Dieu qu'après avoir senti toutes les rigueurs de l'inflexible loi parfaite. On ne connaît bien sa faiblesse qu'après avoir essayé de satisfaire à toutes les exigences de la conscience. Il faut que la volonté de l'homme ait été aux prises avec ses désirs et ses passions égoïstes pour qu'il se puisse persuader que, dans cette lutte contre lui-même, il a besoin d'un plus puissant auxiliaire pour triompher, et qu'à moins de trouver son aide hors de lui, au-dessus de lui, il ne peut remporter la victoire. Il ne nous semble pas qu'il soit bon d'insister sur la déchéance au moment où l'âme naît à la vie morale : le jeune enfant ne la saurait comprendre avant que d'avoir quelque expérience de la lutte. En lui répétant toujours que l'homme est faible et incapable de faire le bien, on risquerait de l'habituer à une phraséologie vaine, ou bien d'étouffer en lui le désir d'user de ses forces. Toute la puissance et la dignité de l'homme sont dans son libre arbitre : il importe donc d'exercer sa volonté ; et, pour le faire agir, il faut lui persuader que vouloir c'est pouvoir. Ce qu'il faut redouter le plus dans l'éducation, ce n'est pas la confiance dans la force de la volonté, c'est plutôt l'inertie d'une âme faible ou pusillanime. La noble fierté que donne le sentiment de la force ne tarde pas à se modérer dans ce qu'elle a d'excessif, à mesure que l'homme apprend par l'expérience qu'il n'est pas invincible par sa propre force. Mais il est difficile de porter remède à une volonté paralysée qui laisse croître sans résistance les instincts de la nature inférieure, et se contente de gémir sur son infirmité en attendant toujours le miracle qui doit la délivrer.

On se plaint de l'effacement des caractères; on cherche des esprits originaux et des âmes vigoureuses; et quand, du sein de la foule des natures

moyennes qu'une éducation uniforme a façonnées,
surgit une nature puissante qui a le courage d'être
elle-même, grâce aux principes inflexibles qu'elle
s'est donnés, les uns la traitent d'antique, les
autres de chimérique, s'ils ne la soupçonnent pas
d'être frappée de démence ou pour le moins possé-
dée de la manie de se singulariser. Il faudrait une
inondation de stoïcisme pour submerger la vie arti-
ficielle, que les hommes se sont faite, et répandre
une vie plus conforme à leur véritable nature.
C'étaient de vrais hommes, ceux qui avaient une
si ferme conviction de l'excellence de leur âme,
qu'ils estimaient pour rien tout ce qui ne contribue
pas à la perfectionner. Ils étaient conséquents avec
leurs principes spiritualistes ; ils y subordonnaient
la vie matérielle et réduisaient leurs besoins au
strict nécessaire. Ils savaient supporter le travail,
non pour se procurer plus de jouissances, mais
pour discipliner leur âme. Ils se résignaient à la
souffrance, et enduraient la lutte pour purifier leur
nature divine. Ils n'étaient pas avides d'honneurs,
de distinctions extérieures, mais ils aspiraient à la
vraie grandeur que donne la vertu. Ils ne suivaient
pas la multitude et ne briguaient pas ses suffrages ;
mais ils avaient soif de l'approbation de leur conscience. Ils ne s'isolaient, ni dans un égoïsme brutal,
ni dans une vertu farouche et hautaine, mais ils
s'efforçaient d'être des membres vivants et actifs de

la grande famille humaine. Nous ne voyons de supérieur au stoïcien que le vrai chrétien, tel que le
dépeint Pascal lorsqu'il dit : « Nul n'est heureux
comme un vrai chrétien, ni raisonnable, ni vertueux, ni aimable. » Ces chrétiens qui « brillent
comme des flambeaux dans le monde, y portant la
parole de vie », sont-ils moins rares que ces Stoïciens doux et fiers en même temps, qui nous rappellent par le précepte et l'exemple que nous devons
vivre en hommes ?

Puissent une religion spiritualiste, charitable, et
une éducation libérale, respectueuse de la dignité
humaine, augmenter le nombre des vrais Stoïciens
et des vrais chrétiens. Les uns et les autres sont
faits pour se rencontrer et s'entendre dans une commune vénération de l'âme humaine et de la loi
morale, dans une égale soumission à Dieu, et dans
une même charité pour les hommes.

Veuve Jules FAVRE, née VELTEN.

Sèvres, ce 19 avril 1887.

1.

LA MORALE DES STOÏCIENS

PREMIÈRE PARTIE

Dieu. — L'Ame. — Rapports de l'Ame avec Dieu

CHAPITRE PREMIER

DIEU

I

Le Dieu des stoïciens n'est pas une pure abstraction. C'est un Dieu personnel, « créateur tout-puissant, maître de la nature et qui gouverne toutes choses avec loi ». Tels sont les attributs du Dieu que célèbre Cléanthe, dans son immortel hymne qui est l'expression d'une âme profondément religieuse. Après avoir béni sa toute-puissance qui a créé toutes choses, donné la vie à tous les êtres qui existent et fait naître de lui les hommes, Cléanthe rend hommage aussi à la sagesse et à la justice de l'Être suprême dont le gouvernement produit partout l'ordre et l'harmonie. Il a aussi

la notion de la bonté divine, car il appelle Dieu
« l'auteur de tous les biens » ; il voit dans la loi de
Dieu, le moyen de rendre les hommes heureux ; et
dans la sublime invocation que lui dicte une ardente
charité pour les hommes ignorants, faibles et
méchants, il appelle Dieu « Père », et le prie de
répandre sur ses créatures un esprit de sagesse,
afin qu'elles soient glorifiées et qu'elles « puissent
le glorifier à leur tour ». Ainsi Dieu, qui est pour
Cléanthe le principe de tout, semble aussi être pour
lui la fin de tout. La morale est pour lui la loi de
Dieu, et le souverain bien pour l'homme, c'est de se
conformer à cette loi unique, éternelle, pour contribuer ainsi à l'harmonie universelle. C'est aussi ce
qu'exprime un poète stoïcien par ces paroles : « A
quel prix peut-on acheter le ciel ? Il faut que
l'homme se donne et se sacrifie tout entier pour
posséder Dieu en lui-même. »

Le plus glorieux des immortels, être qu'on
adore sous mille noms, être éternellement tout-
puissant, maître de la nature, toi qui gouvernes
avec loi toutes choses, ô Jupiter, salut ! C'est le
devoir de tout mortel de te prier. Car c'est de toi
que nous sommes nés, et que nous tenons le don de
la parole, seuls entre tous les êtres qui vivent et
rampent sur la terre. C'est pourquoi je t'adresserai
mes hymnes et je ne cesserai de chanter ton pouvoir.
Ce monde immense qui roule autour de la terre te
suit où tu le conduis et se meut docilement à tes
ordres. C'est que tu tiens dans tes invincibles

mains la foudre, ton ministre enflammé, un double trait, la foudre animée d'une vie immortelle. Tout dans la nature frissonne à ses coups. Par elle tu diriges la raison universelle qui circule dans tous les êtres et se mêle aux grands comme aux petits luminaires du ciel. Tant, ô roi suprême, ton empire est grand et universel ! Rien ne se fait sans toi sur la terre, ô Dieu, rien dans le ciel éthéré et divin, rien dans la mer hors les crimes que les méchants commettent dans leur folie. Par toi ce qui est excessif rentre dans la mesure, la confusion devient ordre, et le désaccord, harmonie. Ainsi tu fonds tellement ce qui est bien avec ce qui ne l'est pas, qu'il s'établit dans le tout une loi unique, éternelle, que les méchants seuls abandonnent et méprisent. Les malheureux ! Ils désirent sans fin le bonheur, et ils ne voient ni n'entendent la loi commune de Dieu, qui leur procurerait une vie heureuse avec l'intelligence, s'ils voulaient l'écouter. Ils se précipitent sans souci de l'humanité chacun vers l'objet qui l'attire. Ceux-ci se passionnent pour la possession disputée de la gloire ; d'autres courent à des gains sordides ; beaucoup s'abandonnent à la mollesse et aux voluptés du corps. Mais, ô Jupiter, maître de tous les biens, toi à qui la foudre et les nuages obéissent, retire les hommes de cette funeste ignorance ; dissipe cette erreur de leur âme, ô Père ; et donne-leur de trouver cette sagesse qui te guide et par qui tu gouvernes l'univers avec justice, afin que, glorifiés, nous puissions te glorifier à notre tour, chantant sans fin tes ouvrages, comme il convient à l'être faible et mortel. Il n'est pas de plus grand bien, et pour les hommes et pour les dieux, que de célébrer éternellement par de dignes accents la loi commune de tous les êtres. (Hymne de Cléanthe.)

II

Sénèque raisonne plus que Cléanthe, sa foi est plus spéculative, elle semble moins vivifiée par le sentiment et peut-être y a-t-il un peu de déclamation dans sa manière de l'exprimer. Pour lui, Dieu est « l'âme de l'univers », il est « tout âme et tout raison ». Il s'occupe plus de déterminer l'essence de Dieu, je dirai même qu'il le cherche plus par l'intelligence qu'il ne le sent par le cœur. La puissance de « l'arbitre, du créateur de tant de prodiges, du fondateur de ce grand tout dont il s'est fait le centre », s'impose à l'âme de Sénèque qui compare la grandeur infinie de Dieu « visible seulement à la pensée », avec la *faible portion* que l'homme en peut connaître. Il me semble que Sénèque est de ceux à qui Dieu se révèle par la raison et qui cherchent toute leur vie « le fond de cet abîme où dort la vérité », tandis que Cléanthe connaît Dieu par le cœur, et ne songe qu'à l'adorer et à le servir.

Marc-Aurèle aussi parle surtout de la puissance de Dieu ; mais il y croit par une foi individuelle, puisqu'il « éprouve à chaque instant cette puissance ».

Qu'est-ce que Dieu ? L'âme de l'univers. Qu'est-ce que Dieu ? Tout ce que vous voyez et tout ce que vous ne voyez pas. Si l'on rend enfin à l'Être suprême sa grandeur, qui passe toute imagination,

si seul il est tout, au dedans comme au dehors, son
œuvre est pleine de lui. Quelle est donc la différence entre la nature de Dieu et la nôtre? C'est que
dans l'homme la plus noble partie est l'âme, et qu'il
n'y a rien en Dieu qui ne soit âme. Il est tout raison.
Tel est, au contraire, l'aveuglement des mortels,
qu'à leurs yeux cet univers si beau, si régulier, si
constant dans ses lois, n'est que l'œuvre et le jouet
du hasard, qui se laisse rouler au milieu des ton-
nerres, des nuées, des tempêtes et des autres
météores qui tourmentent le globe et son atmos-
phère. Et ce délire ne s'arrête pas au vulgaire; il a
gagné jusqu'à des hommes qui se donnent pour
sages. Il en est qui, tout en reconnaissant en eux
une âme prévoyante, capable d'embrasser dans ses
moindres détails ce qui les touche eux et les autres,
refusent au grand tout dont ils font partie toute
espèce d'intelligence, et le supposent emporté par
je ne sais quelle force aveugle, ou par une nature
ignorante de ce qu'elle] fait. Combien, dites-moi,
n'importe-t-il pas d'être éclairé sur toutes ces
choses, et d'en déterminer les limites? Jusqu'où va
la puissance de Dieu?

Dieu n'a pas tout fait pour nous. Quelle faible
portion de ce vaste ensemble est accordée à nos
regards? L'arbitre, le créateur de tant de prodiges,
le fondateur de ce grand tout dont il s'est fait le
centre; ce Dieu, la plus belle et la plus noble partie
de son ouvrage, se dérobe lui-même à nos yeux, il
n'est visible qu'à la pensée. (Sénèque, *Questions
naturelles*.)

———————

Quel est cet être sans lequel rien n'existe? Nous
ne pouvons le savoir, et nous sommes surpris de ne
connaître qu'imparfaitement quelques points lumi-

neux, nous à qui échappe ce dieu qui, dans l'univers, tient la plus grande place !

La nature ne se manifeste pas toute au premier abord. Nous nous croyons initiés et nous sommes encore aux portes du temple. Ses merveilles ne se découvrent pas indistinctement et à tout mortel ; elles sont reculées et enfermées au fond du sanctuaire. Quand donc ces connaissances arriveront-elles à l'homme ?

Quand nous y vouerions toutes nos facultés ; quand notre jeunesse tempérante en ferait son unique étude ; les pères, le texte de leurs leçons ; les fils, l'objet de leurs travaux, à peine arriverions-nous au fond de cet abîme, où dort la vérité, qu'aujourd'hui notre indolente main ne cherche qu'à la surface du sol. (Id. 7.)

———

A ceux qui te demandent : Où as-tu vu les dieux ? Comment as-tu pu te convaincre de l'existence de ces êtres auxquels tu adresses tant d'hommages ? réponds que d'abord ils sont visibles ; ajoute : Je n'ai jamais vu mon âme, et pourtant je l'honore. Il en est de même des dieux. J'éprouve à chaque instant leur puissance ; je reconnais qu'ils sont, et je les respecte. (Marc-Aurèle, XII.)

III

LA PROVIDENCE

Epictète est plus particulièrement touché par l'idée de Providence. Dieu n'est pas seulement pour lui le créateur et le maître de l'univers, il est aussi le Dieu de chaque homme. Aussi, pour reconnaître et louer la Providence, insiste-t-il autant sur « un

cœur reconnaissant » que sur « la capacité de com-
rendre ce qui arrive à chacun ». Mais c'est par le
raisonnement qu'il nous prouve que rien dans le
monde n'est fait au hasard, que chaque chose y a sa
fin. Et après nous avoir démontré avec toute la force
d'une ardente conviction que chacune des œuvres
de Dieu révèle l'ouvrier suprême, il nous rappelle
par des paroles inspirées ce que la Providence a
fait en nous. Et ce sublime cantique d'actions de
grâces d'un homme si déshérité selon le monde,
mais si riche en Dieu, nous confond par le sentiment
de notre ingratitude pour tous les bienfaits de Dieu.
Il nous remplit aussi de respect et d'admiration
pour une âme si profondément pieuse, qui n'est sur
la terre que pour « chanter les louanges de Dieu et
lui adresser des actions de grâces pour lui avoir
accordé la faculté de se rendre compte de ses dons
et d'en faire un emploi méthodique ». Si humbles
que soient ces dons, l'homme doit en user pour la
gloire de Dieu et ne pas attendre des dons mer-
veilleux pour faire son métier. Ayant seul reçu la
raison en partage, il doit s'en servir pour Dieu.
C'est ce que nous fait comprendre Épictète avec
cette incomparable poésie du sentiment sincère et
élevé : « Si j'étais rossignol, je ferais le métier d'un
rossignol ; si j'étais cygne, celui d'un cygne. Je suis
un être raisonnable ; il me faut chanter Dieu. »

Il est aisé de louer la Providence de tout ce qui
arrive dans le monde, si l'on a en soi ces deux

choses, la capacité de comprendre ce qui arrive à chacun, et un cœur reconnaissant. Si non, ou l'on ne verra pas l'utilité de ce qui se fait ou l'on n'en saura pas de gré, alors même qu'on la verrait. Si Dieu avait fait les couleurs sans faire aussi la faculté de les voir, quelle en serait l'utilité? Néant. Si, d'autre part, il avait fait la faculté sans faire les couleurs telles qu'elles tombassent sous cette faculté visuelle, quelle en serait l'utilité? Néant. Et s'il avait fait les couleurs et la vue, mais sans la lumière? Ici encore utilité nulle. Qui donc a fait ceci pour cela, et cela pour ceci? Qui a fait l'épée pour le fourreau, le fourreau pour l'épée? Ne serait-ce personne? Comme si, chaque jour, ce n'était pas par la combinaison des parties dans une œuvre que nous démontrons qu'elle est forcément le produit d'un habile ouvrier, et qu'elle n'a pas été faite au hasard! Eh quoi! chacune de nos œuvres révèlera son ouvrier, et les objets visibles, la vue, la lumière, ne révèleront pas le leur! Cette organisation de notre entendement, grâce à laquelle nous ne nous bornons pas à recevoir l'impression des objets qui tombent sous nos sens, mais en enlevons, en abstrayons des parties que nous rapprochons pour composer avec elles certaines idées, et de ces idées passer à d'autres qui leur sont analogues; cette organisation elle-même sera-t-elle impuissante à les empêcher d'abandonner la cause de l'ouvrier suprême? Si cela est, que l'on nous explique quelle est la cause de chacune de ces choses, ou comment il se peut que, si merveilleuses et sentant ainsi l'artiste, elles soient l'œuvre fortuite du hasard. (Épictète, *Entretiens*, I, 6.)

« Et quel discours pourrait suffire à louer convenablement tout ce que la Providence a fait en nous, ou même à l'exposer ? Car, si nous avions le sens droit, quelle autre chose devrions-nous faire, tous en commun et chacun en particulier, que de célébrer Dieu, de chanter ses louanges, et de lui adresser des actions de grâces ? Ne devrions-nous pas, en fendant la terre, en labourant, en prenant nos repas, chanter cet hymne à Dieu ? « Dieu est grand, parce qu'il nous a donné ces instruments, avec lesquels nous travaillerons la terre! Dieu est grand, parce qu'il nous a donné des mains, un gosier, un estomac ; parce qu'il nous a permis de croître sans nous en apercevoir, et de réparer nos forces en dormant! »

Voilà ce que nous devrions chanter à propos de chaque chose; mais ce pour quoi nous devrions chanter l'hymne le plus grand, le plus à la gloire de Dieu, c'est la faculté qu'il nous a accordée de nous rendre compte de ces dons et d'en faire un emploi méthodique. Eh bien ! puisque vous êtes aveugles, vous, le plus grand nombre, ne fallait-il pas qu'il y eût quelqu'un qui remplît ce rôle, et qui chantât pour tous l'hymne à la divinité ? Que puis-je faire, moi, vieux et boiteux, si ce n'est de chanter Dieu? Si j'étais rossignol, je ferais le métier d'un rossignol ; si j'étais cygne, celui d'un cygne. Je suis un être raisonnable ; il me faut chanter Dieu. Voilà mon métier, et je le fais. C'est un rôle auquel je ne faillirai pas, autant qu'il sera en moi : et je vous engage tous à chanter avec moi. (Id., 15.)

IV

OMNI-SCIENCE — OMNI-PRÉSENCE DE DIEU

L'idée de la toute-science et de la toute-présence de Dieu inspire à Épictète des pages éloquentes, dont la conclusion est que celui qui a fait l'esprit de l'homme capable de s'appliquer à toutes les choses divines, en même temps qu'aux affaires humaines, doit tout voir et être en communication avec tout. La règle morale qu'il tire de la toute-présence, c'est de penser, de parler et d'agir sous le regard de Dieu. Il y a dans la fin de ce beau morceau le sentiment de la crainte et du respect de l'Être saint qui connaît toutes choses. Et les paroles d'Épictète méritent d'être rapprochées du psaume par lequel David célèbre la toute-présence de l'Éternel : « Tu m'as sondé et tu m'as connu. Tu m'environnes, soit que je marche, soit que je m'arrête, et tu as une parfaite connaissance de toutes mes voies. Où irai-je loin de ton Esprit ? Où fuirai-je loin de ta face ? » Épictète exprime aussi la confiance que l'âme droite trouve dans la présence de Dieu : « A quel protecteur plus puissant et plus vigilant aurait-il pu confier chacun de nous ? Lors donc que vous avez fermé votre porte, et qu'il n'y a point de lumière dans votre chambre, souvenez-vous de ne jamais dire que vous êtes seul, car vous ne l'êtes pas, Dieu est dans votre chambre. »

On lui demandait comment on pourrait prouver à quelqu'un que toutes ses actions tombaient sous l'œil de Dieu. — Ne crois-tu pas, dit-il, à l'unité du monde ? — J'y crois. — Mais quoi ! ne crois-tu pas à l'harmonie du ciel et de la terre ? — J'y crois. — Comment, en effet, les plantes fleurissent-elles si singulièrement, comme sur un ordre de Dieu, quand il leur a dit de fleurir? Comment germent-elles, quand il leur a dit de germer? Comment produisent-elles des fruits, quand il leur a dit d'en produire? Comment mûrissent-elles, quand il leur a dit de mûrir? Comment laissent-elles tomber leurs fruits, quand il leur a dit de les laisser tomber? Comment perdent-elles leurs feuilles, quand il leur a dit de les perdre? Et, quand il leur a dit de se replier sur elles-mêmes pour rester tranquillement à se reposer, comment restent-elles à se reposer? Puis, lorsque la lune croit et décroit, lorsque le soleil arrive ou se retire, pourquoi voit-on sur la terre tant de changements, tant d'échanges des contraires? Et les plantes et nos corps se relieraient ainsi avec le grand tout, et seraient en harmonie avec lui, sans que cela fût plus vrai encore de nos âmes! Et nos âmes se relie-raient et se rattacheraient ainsi à Dieu, comme des parties qui en ont été détachées, sans que Dieu s'aperçût de leur mouvement qui est de même nature que le sien, et qui est le sien même! Tu pourrais, toi, appliquer ton esprit au gouvernement de Dieu, et à toutes les choses divines en même temps qu'aux affaires humaines, recevoir tout à la fois des milliers d'objets, des sensations ou des pensées, et donner ton adhésion aux unes, rejeter les autres, t'abstenir sur d'autres; tu pourrais con-server dans ton âme les images de tant d'objets divers, t'en faire un point de départ pour arriver à d'autres idées analogues à celles qui t'ont frappé les premières, passer d'un procédé à un autre, et garder le souvenir de milliers de choses : et Dieu ne serait pas capable de tout voir, d'être présent partout, d'être en communication avec tout! Le soleil serait capable d'éclairer une si grande por-tion de l'univers en ne laissant dans l'obscurité que la petite partie qui est occupée par l'ombre que

projette la terre : et celui qui a fait le soleil (cette
partie de lui-même, si minime par rapport au tout),
celui qui le promène autour du monde, ne serait pas
capable de tout connaître ?

— Mais moi, dis-tu, mon esprit ne peut s'occuper
de toutes ces choses en même temps. — Et qui est-
ce qui te dit aussi que tu as des facultés égales à
celles de Jupiter ? C'est pour cela que (bien qu'il
nous ait faits intelligents), il n'en a pas moins placé
près de chacun de nous un surveillant, le génie particulier de chacun, auquel il a commis le soin de
nous garder, et qui n'est sujet ni au sommeil ni à
l'erreur. A quel protecteur plus puissant et plus
vigilant aurait-il pu confier chacun de nous ? Lors
donc que vous avez fermé votre porte, et qu'il n'y a
point de lumière dans votre chambre, souvenez-
vous de ne jamais dire que vous êtes seul, car vous
ne l'êtes pas, Dieu est dans votre chambre, et votre
génie aussi ; et qu'ont-ils besoin de lumière pour
voir ce que vous faites ? (Epictète, *Entretiens*, i, 14.)

V

DIEU DANS L'HOMME

Sénèque est encore plus affirmatif qu'Épictète sur
la toute-présence de Dieu, et ses paroles sont l'expression d'un profond sentiment qui indique une
expérience personnelle de la vie en Dieu. Non seulement il sent que Dieu est près de l'homme, il est
convaincu aussi que Dieu est dans l'homme. « Oui,
je dis qu'il réside au dedans de nous un esprit saint. »
Saint Paul a dit de même : « Ne savez-vous pas que
votre corps est le temple du Saint Esprit qui est en
vous. » C'est à cette inspiration divine que Sénèque

attribue « les conseils hardis et courageux », l'intré-
pidité de l'homme de bien que rien d'extérieur
n'ébranle. « Une force divine lui est venue d'en
haut », dit-il. Et ce qui vibre en l'homme, sous l'impulsion de cette puissance céleste, c'est l'âme
grande et sainte qui « aspire au lieu de son origine ».

Il ne faut point lever les mains au ciel, ni prier
le sacristain qu'il vous laisse approcher de l'idole,
afin que vous puissiez lui parler à l'oreille; car
Dieu est près de vous; il est avec vous, il est
au dedans de vous. Oui, je vous dis qu'il réside
au dedans de vous un esprit saint, qui observe et
qui garde comme un dépôt le bien et le mal que
nous faisons; il nous traite selon que nous l'avons
traité. Sans ce Dieu, personne n'est homme de
bien; sans son secours, personne ne se pourrait
mettre hors du pouvoir de la fortune. Il donne des
conseils hardis et courageux. Il y a certainement
un Dieu dans tous les gens de bien. Si vous remarquez un homme intrépide dans les dangers, invincible aux plaisirs, heureux dans l'adversité, tranquille au milieu de la tempête, et qui voit les
hommes au-dessous de lui, et les dieux à ses côtés,
n'aurez-vous point quelque vénération pour lui? Ne
direz-vous pas: Cela est trop grand et trop relevé
pour croire que rien de semblable se puisse trouver
dans un si petit corps? Une force divine lui est
venue d'en haut, et c'est une puissance toute céleste
qui fait agir cette âme si modérée, qui passe légèrement sur toutes choses, comme lui étant inférieures,
et qui méprise celles que nous craignons ou que nous
désirons. Une chose si grande ne pourrait subsister

sans l'assistance de quelque divinité. C'est pourquoi elle tient par sa meilleure partie au lieu d'où elle est descendue. Comme les rayons du soleil touchent bien la terre, mais ne quittent point le lieu d'où ils sont envoyés ; de même cette âme grande et sainte, qui n'est envoyée ici-bas que pour nous montrer de plus près les choses divines, converse à la vérité avec nous ; mais elle demeure attachée au lieu de son origine ; c'est d'où elle relève ; c'est où elle jette ses regards, et où elle aspire. Cependant elle est parmi nous comme la plus excellente chose que nous ayons.

Mais quelle est cette grande âme ? Celle qui ne reluit que par ses bonnes qualités. C'est une âme en qui la raison est parfaite. (Sénèque, *Epître* XLI.)

CHAPITRE II

L'AME

I

« L'âme, dit Sénèque, est une portion de la divinité. La nature l'a formée pour avoir les mêmes sentiments qu'ont les dieux. » Emanation de l'esprit céleste, l'âme ne trouve sa paix, son harmonie qu'en Dieu. Au milieu des choses extérieures par lesquelles nous essayons de la captiver, elle s'agite, elle erre d'objet en objet jusqu'à ce qu'elle ait compris sa fin et la poursuive de toutes ses forces. « Malgré la lourde enveloppe qui l'enserre, elle parcourt le ciel sur les ailes rapides de la pensée. » Aucune entrave ne peut enchaîner sa liberté, si elle ne se donne pas à elle-même des chaînes en s'attachant aux choses terrestres, et si, comme nous le dit Marc-Aurèle, « elle ne se laisse pas entraîner à l'injustice, à la colère, à la douleur et à la crainte ». C'est là pour les stoïciens « une rébellion contre la nature », car, pour eux, l'âme est faite pour la justice ainsi que l'œil pour la lumière. Sans doute, ce qui trouble l'harmonie de l'âme et la détourne de sa véritable destinée est contraire à sa nature divine.

2

Mais les stoïciens n'ont pas compté assez avec toute la nature de l'homme ; et, dans la tension extraordinaire de leur volonté vers le bien souverain, ils étaient tellement exaltés par le sentiment de leur force qu'ils semblent avoir été plus ou moins insensibles à la douleur de l'effort qui leur procurait la joie de conquérir la liberté. Malgré le principe divin qui est en l'homme, ce n'est pas sans lutte que l'âme triomphe du mal pour s'élever jusqu'à Dieu ; mais plus elle s'élève, plus elle acquiert de force pour résister à la nature inférieure et vivre selon Dieu.

Celui-là est égal aux dieux
> Qui dans le fond du cœur a la vertu présente.

Il aspire vers le ciel, se souvenant de son origine, et que c'est un louable effort de remonter au lieu duquel on est descendu. Pourquoi ne croirez-vous pas qu'il a quelque chose de divin, puisqu'il est une portion de la divinité ? Ce grand tout qui vous environne est un, c'est Dieu ; nous sommes ses compagnons et ses membres ; notre âme est capable de le recevoir, et de s'élever jusqu'à lui, si elle n'était retenue par le vice. Comme la taille de notre corps est droite et regarde vers le ciel, notre âme a les mêmes inclinations, et s'étend si loin qu'il lui plaît. La nature l'a formée pour avoir les mêmes sentiments qu'ont les dieux, et pour user de ses forces dans toute l'étendue de leur activité ; car elle aurait eu bien de la peine à monter au ciel, si le secours d'autrui lui avait été nécessaire. Elle y retourne quand elle marche hardiment par ce chemin que la nature lui a frayé, méprisant les biens extérieurs, et regar-

dant l'or et l'argent comme des sujets dignes de la
prison où ils étaient enfermés, sans être touchés de
leur éclat qui éblouit les ignorants, et qui les empêche de regarder le ciel, depuis que l'avarice a
exposé ces métaux sur la terre. Elle sait, dis-je, que
les véritables richesses ne sont point aux lieux
où l'on en fait amas, et qu'il vaut mieux remplir son
âme que son coffre. (Sénèque, *Epître* XCII.)

Il a été donné à l'homme une âme inquiète et
remuante; jamais elle ne se tient en place; elle se
répand et promène sa pensée en tous lieux connus
et inconnus, vagabonde, impatiente de repos, amou-
reuse de la nouveauté, ce qui ne doit pas t'émer-
veiller, si tu considères le principe de son origine.
Elle n'est pas formée de ce corps terrestre et pesant;
c'est une émanation de l'esprit céleste; or, la nature
des choses célestes est d'être toujours en mouvement, et de fuir emportées par une course agile.
..... Crois-tu que l'âme humaine, formée de la
même substance que les choses divines, supporte à
regret les voyages et les émigrations, tandis que
la divine nature trouve dans un changement perpétuel et rapide, son plaisir et sa conservation? (Sénèque, *Consolation à Helvia*, VI.)

C'est l'âme qui fait la richesse : c'est elle qui suit
l'homme en exil, et qui, dans les plus âpres déserts,
tant qu'elle trouve de quoi soutenir le corps, jouit
elle-même de ses biens et nage dans l'abondance. La
richesse n'importe en rien à l'âme, non plus qu'aux
dieux immortels. Ces objets admirés par des esprits
aveugles et trop esclaves de leur corps, ces pierres,
cet or, cet argent, ces tables polies aux vastes
contours, sont des produits de la terre, auxquels

ne peut s'attacher une âme pure et qui n'a pas
oublié son origine : légère, libre de tout soin, et
prête à s'envoler aux sublimes demeures dès
qu'elle verra tomber ses chaînes : en attendant,
malgré la pesanteur de ses membres et la lourde
enveloppe qui l'enserre, elle parcourt le ciel sur les
ailes rapides de la pensée. Ainsi, jamais on ne peut
condamner à l'exil cette âme libre, formée de divine
essence, qui embrasse le monde et les âges. La
pensée se promène dans tout l'espace du ciel, dans
les temps accomplis, dans les temps à venir. Ce vil
corps, prison et lien de l'âme, est ballotté dans
tous les sens ; sur lui s'exercent et les supplices et
les brigandages et les maladies ; mais l'âme est
sacrée, l'âme est éternelle ; sur elle on ne peut
porter la main. (Id., XI.)

Souviens-toi que ce qui te remue comme les
ficelles font une marionnette, c'est ce qui est caché
en toi : oui, c'est là le principe de nos desseins,
c'est là la vie, c'est là, s'il faut le dire, l'homme
même. Ne mêle jamais à cette pensée l'idée du vase
qui te renferme, et de ces organes qui ont été faits
pour toi ; car ils sont comme une doloire, avec cette
seule différence qu'ils sont nés en même temps que
toi. Ces parties de ton être n'auraient pas plus
d'utilité, sans la cause qui les meut et qui les modère, que n'en aurait, dans le même cas, la navette
pour la tisseuse, le roseau pour l'écrivain, le fouet
pour le cocher. (Marc Aurèle, X.)

L'âme embrasse dans ses spéculations le monde
tout entier et le vide qui environne le monde ; elle
examine la figure du monde ; elle s'étend jusque
dans l'infini de la durée ; elle comprend, elle conçoit

la régénération de toutes choses au bout de périodes déterminées. Le propre d'une âme raisonnable, c'est encore l'amour du prochain, la vérité, la modestie, un extrême respect d'elle-même comme aussi de la loi. C'est ainsi que la droite raison ne diffère en rien de la règle de justice. (Id., xi.)

— — —

Tout ce qui entraîne l'âme à l'injustice, à l'intempérance, à la colère, à la douleur, à la crainte, n'est pas autre chose qu'une rébellion contre la nature. Pour une âme, se fâcher de quelqu'un des accidents de la vie, c'est déserter son poste. L'âme n'est pas moins faite pour la piété et le respect des dieux que pour la justice. (Id., xi.)

II

DIVINITÉ DE L'AME

Épictète reconnaît en l'homme une double nature, « une funeste parenté de mort et une bienheureuse parenté divine » ; et, selon lui, un petit nombre d'hommes vivent de manière à montrer qu'ils se souviennent d'être nés de Dieu. Avec quelle sainte fierté il exalte notre glorieux titre d'enfants de Dieu ! Avec quelle conviction il blâme les hommes de négliger leur âme et leur rappelle les devoirs des enfants de Dieu ! « Pourquoi, dit-il, méconnais-tu ta noble origine ? Ne sais-tu pas d'où tu es venu ? » On reproche à Épictète sa superbe, mais saint Paul n'a-t-il pas dit de même aux Athéniens : « Nous sommes aussi de la race de Dieu ? » Saint Jean n'a-t-il pas écrit : « Nous sommes dès à présent enfants de Dieu ? » Et nul ne songe à accuser les apôtres de s'être enorgueillis de cette noble origine qui est commune à tous les hommes et dans laquelle la volonté humaine n'a aucune part. S'ils s'en souviennent, c'est pour en glorifier Dieu par une vie sainte et pure.

Si l'on pouvait partager autant qu'on le doit cette croyance, que nous sommes tous enfants de Dieu au premier chef, que Dieu est le père des hommes et des divinités, jamais, je pense, on n'aurait de soi des idées qui nous amoindrissent ou nous rapetissent. Quoi, si César t'adoptait, personne ne pourrait supporter ton orgueil; et, quand tu sais que tu es le fils de Dieu, tu ne t'en enorgueilliras pas! Nous ne le faisons guère aujourd'hui! Bien loin de là! Comme à notre naissance deux choses ont été mises en nous, le corps qui nous est commun avec les animaux, la raison et le jugement qui nous sont communs avec les dieux, une partie d'entre nous se tourne vers cette funeste parenté de mort, un très petit nombre vers cette bienheureuse parenté divine. Or, comme il est impossible de ne pas user de chaque chose suivant l'opinion qu'on s'en fait, ce petit nombre, qui se croit né pour la probité, pour l'honneur, pour le bon usage des *idées*, n'a jamais de lui-même une opinion qui le rapetisse ou l'amoindrisse, mais la foule fait le contraire: « Que suis-je, en effet (dit-on)? Un homme misérable et chétif? » — Ou bien encore : « Pitoyable chair que la mienne! » — Oui, bien pitoyable, en effet! mais tu as quelque chose de mieux que cette chair! Pourquoi le négliges-tu, pour t'attacher à elle? (Épictète, *Entretiens*, I, 3.)

Pourquoi donc celui qui comprend le gouvernement du monde, celui qui sait que de toutes les familles il n'en est point de plus grande, de plus importante, de plus étendue que celle qui se compose des hommes et de Dieu, et que Dieu a laissé tomber sa semence non seulement dans mon père et dans mon grand-père, mais dans tous les êtres qui naissent et croissent sur la terre, et en particulier dans les êtres raisonnables (parce que seuls ils sont de nature à entrer en relations avec Dieu, à qui ils sont unis par la raison), pourquoi celui-là me dirait-il : « Je suis du monde ? » Pourquoi ne dirait-il pas : « Je suis fils de Dieu ? » Et pourquoi craindrait-il rien de ce qui arrive parmi les hommes ? La parenté de César, ou de quelqu'un des puissants de Rome, suffit pour nous faire vivre en sûreté, pour nous préserver du mépris, pour nous affranchir de toutes craintes ; et avoir Dieu pour auteur, pour père et pour protecteur, ne nous affranchirait pas de toute inquiétude et de toute appréhension ? (Id. IX.)

Toi, tu es né pour commander ; tu es un fragment détaché de la divinité ; tu as en toi une partie de son être. Pourquoi donc méconnais-tu ta noble origine ? Ne sais-tu pas d'où tu es venu ?... C'est un Dieu que tu exerces ; un Dieu que tu portes partout ! et tu n'en sais rien, malheureux ! Et crois-tu que je parle ici d'un Dieu d'argent ou d'or en dehors de toi ? Le Dieu dont je parle, tu le portes en toi-même, et tu ne t'aperçois pas que tu le souilles par tes pensées impures et tes actions infâmes ! En présence de la statue d'un Dieu, tu n'oserais rien faire de ce que tu fais et, quand c'est le Dieu lui-même qui est présent en toi, voyant tout, entendant tout, tu ne rougis pas de penser et d'agir de cette façon, ô toi, qui méconnais ta propre nature et qui attires sur toi la colère divine ! (Id., II, 8.)

III

IMMORTALITÉ DE L'AME

Il serait difficile d'admettre que les stoïciens, si bien convaincus de la divinité de l'âme, n'aient pas cru à l'immortalité. Plusieurs affirment cette croyance, d'autres ne l'expriment que dubitativement, et d'autres encore n'y font pas même allusion. Chrysippe croit à la permanence « des choses que nous avons apprises et du bien qui nous en est revenu ». Sénèque console ses amis de la mort d'êtres aimés par l'espérance de leur immortalité. Il dit à Marcia : « Ton fils, désormais éternel, en possession d'un état meilleur, débarrassé de liens étrangers, est tout lui-même. L'âme aspire aux régions d'où elle est sortie ; c'est là que l'attend le repos éternel, c'est là qu'après avoir triomphé du chaos et de la nuit, elle ira contempler les clartés célestes. » Ainsi Sénèque croit que la mort est le commencement de la véritable vie et que, dans notre courte existence terrestre, nos forces sont entravées dans leur action comme dans un demi-sommeil. De même, il dit à Polybe, d'une manière moins affirmative, il est vrai : « S'il reste après la mort quelque sentiment, l'âme de mon frère, comme délivrée d'une longue prison, s'applaudit d'être enfin libre et maîtresse d'elle-même. » Lui-même, il ne doute pas de la durée de l'âme, mais de celle du

sentiment. Mais c'est surtout lorsqu'il songe à sa
propre mort qu'il parle avec le plus de conviction :
« Le jour étant venu qui doit séparer ce qu'il y a
chez moi de mortel et de divin, je laisserai ce corps
où je l'ai trouvé, et je m'en retournerai en la compagnie des Dieux. » Et pour lui l'espérance de cette
vie bienheureuse « doit éloigner de l'âme tout ce
qui est bas, sordide et criminel ». Elle doit l'aider à
se faire « une âme rectifiée, pure et nette, qui
s'élève au-dessus de la terre, qui veut imiter Dieu
et qui n'estime point en soi tout ce qui est hors de
soi ». Aussi croit-il que les grandes âmes, celles qui
se sont le plus affranchies du mal, sont plus
pressées de quitter cette terre : « Elles brûlent de
sortir, de se faire jour ; elles souffrent avec peine
cette étroite prison. » De même saint Paul a dit :
« Nous soupirons en nous-mêmes, en attendant l'adoption, savoir la rédemption de notre
corps. »

Épictète ne parle pas de l'immortalité ; Marc-
Aurèle ne comprend pas que « les dieux qui ont si
bien ordonné toutes choses, et avec tant d'amour
pour les hommes, aient négligé un seul point, à
savoir que des hommes d'une vertu éprouvée ne
revivent pas après la mort ». N'est-ce pas, dans la
bouche du meilleur des princes et d'un des plus
parfaits d'entre les hommes, une manière d'exprimer
sa foi dans la vie future ? Il ne lui semble pas que
le néant des hommes vertueux soit conciliable avec
la sagesse, la justice et la bonté de la divinité. C'est

dire en d'autres termes que la vertu des gens de bien nous est un garant de l'immortalité.

Persuadé que tu es mortel, perfectionne ta raison par les sciences et les vertus; tout le reste s'évanouit; il ne nous reste que les choses que nous avons apprises, que les sages réflexions que nous avons faites et que le bien qui nous en est revenu. (Chrysippe.)

———

Ton fils a dépassé les limites entre lesquelles on est esclave. Dans le sein d'une paix profonde, éternelle, il n'est plus tourmenté par la crainte de la pauvreté, par le souci des richesses, par les passions qui harcèlent notre âme avec l'aiguillon de la volupté; il n'est pas envieux du bonheur des autres, ni envié dans le sien; jamais la calomnie ne blesse ses chastes oreilles; il n'a plus à prévoir ni calamités publiques ni privées; jamais sa pensée inquiète ne s'attache à l'avenir plein de tristes inquiétudes. Enfin, il est dans un asile d'où rien ne peut le bannir, où rien ne saurait l'effrayer. (Sénèque, *Consolation à Marcia*, XIX.)

———

Toutes les choses humaines sont éphémères, périssables et ne tiennent aucune place dans l'infini des temps... Notre vie est quelque chose de moins qu'un point, en regard de tous les temps. ..... Le seul moyen d'avoir vécu beaucoup, c'est d'avoir assez vécu. Cite-moi, si tu veux, ces vieillards dont la tradition nous raconte la longévité; mène-les jusqu'à cent dix ans; quand ton âme se reportera vers l'éternité, tu ne verras plus de différence entre l'existence la plus longue et la plus courte si, considérant tout le temps que chacun a

vécu, tu le compares à tout le temps qu'il n'a pas
vécu. (Id., xx.)

Ton fils, désormais éternel, en possession d'un
état meilleur, débarrassé de liens étrangers, est
tout lui-même. Ces os que tu vois entourés de
muscles, cette peau qui les recouvre, ce visage, ces
mains, ministres du corps, et toute cette enveloppe
extérieure ne sont pour l'âme qu'entraves et
ténèbres. Elle en est accablée, obscurcie, souillée ;
voilà ce qui l'entraîne loin du vrai, loin d'elle-même,
pour la plonger dans le faux ; toutes ces luttes sont
contre cette chair qui lui pèse, qui voudrait l'enchaîner et l'abattre ; elle aspire aux régions d'où
elle est sortie ; c'est là que l'attend le repos éternel,
c'est là qu'après avoir triomphé du chaos et de la
nuit, elle ira contempler les célestes clartés.
(Id., xxiv.)

S'il reste après la mort quelque sentiment, l'âme
de mon frère, comme délivrée d'une longue prison,
s'applaudit d'être enfin libre et maîtresse d'elle-
même ; jouit du spectacle de la nature ; des hauteurs où elle est placée, voit à ses pieds toutes les
choses humaines, et contemple de près les choses
divines, dont elle avait longtemps, en vain, inter-
rogé les causes. Pourquoi donc me consumer à regretter un être auquel appartient la béatitude ou le
néant ? Gémir sur la béatitude, c'est envie ; c'est folie
de gémir sur le néant.

..... Ne sois donc pas ennemi du bonheur de ton
frère ; il repose : il est enfin libre, enfin tranquille, enfin éternel.

..... Il jouit maintenant d'un ciel pur et sans
nuage. De cette humble et basse région il s'est

élancé vers ce lieu, quel qu'il soit, où, pour les
âmes dégagées de leurs chaînes, s'ouvre le sanctuaire des bienheureux ; et maintenant il est en
liberté ; il découvre avec un suprême ravissement
tous les trésors de la nature. Tu te trompes. Ton frère
n'a point perdu la lumière ; mais il en contemple une
qui est impérissable. Tous nous devons suivre cette
même route. Pourquoi pleurer son destin ? Il ne
nous a pas quittés ; il a pris les devants. (Sénèque,
Consolation à Polybe, XXVII.)

———————

Montrez-nous combien il est naturel à l'homme
de porter ses pensées jusqu'à l'infini. L'esprit de
l'homme est quelque chose de grand et de généreux
qui ne souffre point d'autres bornes que celles qui
sont communes avec Dieu ; il ne reconnaît pour sa
patrie aucun endroit ici-bas, soit Éphèse, Alexan-
drie ou quelque autre lieu plus spacieux ou plus
habité. Sa véritable patrie est l'enceinte de tout
cet univers, et cette voûte qui enferme les mers et
les terres, où l'air unit, sans le confondre, ce qui
est mortel avec ce qui est divin, où tant d'intelligences sont rangées pour y exercer leurs fonctions.
De plus, il ne veut pas qu'on lui donne un terme si
court : tous les âges, dit-il, m'appartiennent. Il n'y
a point de siècle fermé pour les grands génies, ni
de temps impénétrable à la pensée. Le jour étant
venu qui doit séparer ce qu'il y a chez moi de mortel et de divin, je laisserai ce corps où je l'ai trouvé,
et je m'en retournerai en la compagnie des dieux. Je
n'en suis pas à cette heure entièrement privé, je suis
seulement retenu par la pesanteur de la matière. Ce
séjour mortel est comme un prélude d'une meilleure
et plus longue vie. Comme le sein de notre mère
nous retient neuf mois enfermés, afin de nous pré-

parer non pour lui, mais pour le lieu où il nous
envoie lorsque nous sommes capables de respirer
l'air et de demeurer à découvert, ainsi, depuis le
bas âge jusqu'à la vieillesse, nous demeurons dans
le sein de la nature pour être enfantés à une autre
vie et à un état plus avantageux qui nous attend.
Nous ne pouvons encore souffrir le ciel ni ses bril-
lants, qu'à une longue distance. Regardez donc sans
peur cette heure fatale, qui est la dernière du corps,
et non point la dernière de l'âme. Considérez tous
les biens qui vous environnent comme les biens d'une
hôtellerie où vous passez ; il faut déloger, et la
nature fouille ceux qui sortent, comme ceux qui
y entrent. Il n'est pas permis d'en emporter davantage que l'on en a apporté. Il en faut même quitter
une bonne partie.

Ce jour, que vous appréhendez comme le dernier
de votre vie, est celui de votre naissance pour l'éternité..... Défaites-vous de tout ce qui n'est point
nécessaire, et commencez à prendre des pensées
plus relevées. Les secrets de la nature vous seront
un jour révélés. Les ténèbres seront dissipées, et la
lumière vous environnera de tous côtés. Imaginez-
vous quelle clarté produiront tant d'astres, qui
mêleront leurs lumières ensemble. Il n'y aura
point de nuage qui trouble la sérénité. Le ciel sera
partout lumineux, puisque le jour et la nuit ne sont
faits que pour la terre. Vous direz alors que vous
avez vécu dans les ténèbres, voyant la lumière toute
pleine que vous regardez maintenant et que vous
admirez de loin par les fenêtres obscures de vos
yeux. Que direz-vous de cette clarté divine quand
vous la pénétrerez dans sa source?

Cette pensée doit éloigner de notre âme tout ce
qui est bas, sordide et criminel ; elle nous dit que
les dieux sont témoins de toutes nos actions ; que

nous devons rechercher leur approbation, nous préparer pour le ciel, nous proposer une éternité. Quand on est bien persuadé, on voit les armées en bataille, on entend les menaces sans crainte et sans émotion. Pourquoi un homme, qui espère de mourir, ne serait-il pas exempt de toute appréhension, vu même que celui qui croit que l'âme ne dure qu'autant de temps qu'elle remue dans le corps, et qu'elle s'évanouit aussitôt qu'elle en est détachée, fait tout ce qu'il peut pour se rendre utile et considérable après sa mort? Car, quoiqu'on ne la voie plus, toutefois

> La vertu du héros, sa naissance et sa gloire
> Se viennent présenter souvent à la mémoire.

Si vous considérez le profit qu'apportent les bons exemples, vous trouverez que le souvenir des grands hommes n'est pas moins utile que leur présence. (Sénèque, *Epître*, CII.)

———————

L'homme ne paraît jamais plus divin que lorsqu'il songe qu'il est né pour mourir et que son corps n'est plus qu'une hôtellerie qu'il doit quitter aussitôt qu'il est à charge à son hôte. Oui, c'est un témoignage que l'âme vient d'en haut, puisqu'elle estime petit et bas le lieu qu'elle habite, et ne craint point d'en sortir. On sent bien où l'on doit retourner quand on se souvient d'où l'on est venu..... Quoique nous ayons un corps caduc, nous ne laissons pas de nous proposer des choses éternelles, et prétendons durer aussi longtemps que la vie de l'homme se peut étendre, sans être contents de quelque fortune ou de quelque puissance qui nous arrive..... Le dernier pas où nous tombons ne fait pas notre lassitude; il la fait connaître seulement. Le dernier jour arrive à la mort, tous les autres y vont; elle nous mène, elle ne nous enlève pas. C'est pourquoi une grande âme, qui sait qu'elle est réservée pour une meilleure vie, a soin de se comporter sagement dans ce poste où elle a été placée, sans regarder ce qui est autour d'elle, comme lui appartenant, mais comme des choses empruntées, dont elle use, ainsi que fait un voyageur qui veut gagner son pays? (Sénèque, *Epître* cxx.)

Ne voulez-vous pas quitter le soin de toutes ces choses étrangères pour vous appliquer à la recherche de votre bien particulier? Mais quel est-il? C'est une âme rectifiée, pure et nette, qui s'élève au-dessus de la terre, qui veut imiter Dieu, et qui n'estime point en soi tout ce qui est hors de soi. (Id., cxxiv.)

Notre âme aura sujet de se réjouir, lorsqu'étant sortie de ces ténèbres où elle est enveloppée, elle verra toutes choses, non plus au travers d'un voile, mais au grand jour et à découvert; et lorsqu'étant retournée en sa patrie, elle aura repris la place qui lui appartient par la condition de sa naissance. Son origine l'appelle en haut; mais elle y montera avant que de sortir de cette prison, pourvu qu'elle se décharge des vices, et que, devenue pure et légère, elle s'élève à la contemplation des choses divines. C'est ce que nous avons à faire; c'est à quoi nous devons employer toutes nos forces. (Id., LXXIV.)

La route vers les régions supérieures est bien plus facile aux âmes retirées de bonne heure du commerce des humains; car elles traînent après elles moins de fange, moins de fardeaux: affranchies

avant d'être souillées, avant de se mêler trop intimement aux choses terrestres, elles remontent plus
légères vers les lieux de leur origine, et se dégagent
plus vite de leur élément impur et grossier. Aussi,
jamais un long séjour dans le corps n'est-il cher aux
grandes âmes ; elles brûlent de sortir, de se faire
jour ; elles souffrent avec peine cette étroite prison,
accoutumées qu'elles sont à s'égarer dans de sublimes essors, et à regarder d'en haut les choses
humaines. Voilà pourquoi Platon s'écrie que l'âme
des sages se porte tout entière vers la mort, que
c'est là ce qu'elle veut, là ce qu'elle songe, là ce
qui l'entraîne dans sa passion constante de s'élancer
en dehors. (Sénèque, *Consolation à Marcia*, XXIII.)

Je vous écris de la maison de Scipion l'Africain,
après avoir adoré son ombre au pied de l'autel sous
lequel je crois que ce grand personnage est enterré.
Pour son âme, je suis persuadé qu'elle est retournée au ciel, d'où elle était venue, non point pour
avoir commandé de grandes armées (car Cambyse
le furieux, de qui la témérité fut si heureuse, a fait
la même chose), mais pour son insigne modération,
et pour sa piété qui éclata davantage quand il se
retira de sa patrie que lorsqu'il la défendit. « Puisqu'il faut que Scipion sorte de Rome, afin que la
liberté y demeure sans ombrage, je veux, dit-il,
obéir aux lois ; je ne prétends point de privilège
contre mes concitoyens ; je suis bien aise que ma
patrie jouisse du bien que je lui ai procuré. J'ai été
la cause de sa liberté, j'en serai encore l'exemple,
je m'en vais, puisque ma présence et ma grandeur
lui sont suspectes. » Qui n'admirerait une âme si
élevée ! (Sénèque, *Épître*, LXXXVI.)

Comment se fait-il que les dieux, qui ont ordonné si bien toutes choses, et avec tant d'amour pour les hommes, aient négligé un seul point, à savoir, que des hommes d'une vertu éprouvée, qui ont eu pendant toute leur vie une sorte de commerce avec la divinité, qui se sont faits amis d'elle par leurs actions pieuses et leurs sacrifices, ne revivent pas après la mort, mais soient éteints pour jamais ? (Marc-Aurèle, XII.)

CHAPITRE III

Foi. — Culte

Puisque nous sommes enfants de Dieu, notre âme étant issue de Dieu, nous devons vivre en constante communion avec Dieu. Les stoïciens ont entrevu l'idée de l'adoration en esprit et en vérité dont parle Jésus-Christ. Chrysippe, Sénèque et Perse protestent contre le culte formaliste et servile que les hommes rendent à la divinité. « Non, ce n'est pas un bon moyen de détourner les hommes de l'injustice par la crainte des dieux. » Chrysippe assimile les discours sur les vengeances divines aux « contes par lesquels les femmes empêchent les petits enfants de mal faire ». Sénèque veut qu'on défende les pratiques extérieures en usage chez les païens et auxquelles l'esprit n'a point de part. « Le premier culte des dieux, dit-il, c'est de croire qu'il y a des dieux. Il faut ensuite reconnaître leur majesté et leur bonté ! » C'est les honorer que de les imiter. La divinité est donc honorée par la foi sincère qui fait que l'homme se transforme à l'image de Dieu. Et Sénèque appelle la foi « l'hôtesse la plus sainte qui puisse loger dans le cœur humain ». C'est à la foi, à l'inspiration divine qu'il attribue tout ce qui est grand dans l'homme, tous les sublimes actes de vertu, tous les sentiments héroïques. Perse s'élève avec indignation contre le culte hypocrite de ceux qui portent leur « dépravation même dans le sanctuaire. » « Que n'offrons-nous aux dieux, s'écrie-t-il, une âme également juste et équitable, une conscience pure en ses replis, un cœur pénétré de nobles sentiments. » De même, le culte pour Marc-Aurèle, « c'est de se faire homme de bien, d'honorer Dieu par des pensées de justice, des actions utiles au bien public, des discours purs de tout mensonge ; par la disposition à se résigner à tout ce qui nous arrive ».

Non, ce n'est pas un bon moyen de détourner les hommes de l'injustice par la crainte des dieux. Tout ce discours sur les vengeances divines est sujet à beaucoup de controverses et de difficultés. Il ne diffère pas beaucoup des contes sur Acio et sur Alphitto par lesquels les femmes empêchent les petits enfants de mal faire. (Chrysippe.)

On enseigne communément comme il faut adorer les dieux. Mais défendons d'allumer les lampes aux jours de fête, parce que les dieux n'ont pas besoin d'être éclairés, et que les hommes n'aiment pas à sentir la fumée. Abolissons cette coutume d'aller saluer les images des dieux au matin et de s'asseoir aux portes de leurs temples ; ces sortes d'honneurs ne plaisent qu'à l'ambition des hommes ; on honore Dieu en le connaissant. Défendons de porter des linges et des vases à Jupiter, et de tenir le miroir

devant Junon. Dieu n'a que faire de personne pour
le servir. N'est-ce pas lui qui sert tout le genre
humain et qui prête son assistance en tous lieux et
à tout le monde ? On a beau savoir comme on se
doit comporter dans les sacrifices, comme il faut
s'éloigner de toutes superstitions ; jamais on n'en
sera suffisamment instruit si l'on ne comprend,
comme on doit, la grandeur de Dieu, qu'il possède
tout, qu'il donne tout, et que ses libéralités sont
gratuites. Qu'est-ce qui porte les dieux à nous faire
du bien ? C'est leur nature. Si quelqu'un pense qu'ils
aient volonté de nous nuire, il se trompe. Ils n'en
sont point capables, car ils ne sauraient faire ni
recevoir aucune injure, puisque offenser et être
offensé sont deux choses réciproques. Cette excellente et suprême nature n'a point rendu dangereux
ces esprits divins qu'elle a affranchis de tout danger. En un mot, le premier culte des dieux c'est de
croire qu'il y a des dieux. Il faut ensuite reconnaître
leur majesté et leur bonté, sans laquelle il n'y a
point de majesté ; il faut savoir que ce sont eux qui
gouvernent le monde, qui conduisent toutes choses,
comme étant de leur domaine, qui prennent soin du
genre humain et quelquefois des particuliers. Ils ne
font point de mal, ils n'en reçoivent point aussi.
Cependant ils reprennent, châtient et ordonnent
quelquefois des peines qui portent l'apparence du
mal ; mais voulez-vous avoir les dieux propices ?
Soyez homme de bien. C'est les honorer que les
imiter. (Sénèque, *Epître* xcv.)

———

La foi est l'hôtesse la plus sainte qui puisse
loger dans le cœur humain ; car il n'y a point de
nécessité ni de profit assez grand pour la corrompre
et l'induire à tromper. Brûlez, dit-elle, frappez, tuez

si vous voulez, je ne révèlerai rien, et plus fortement vous me tourmenterez pour arracher mon
secret, plus soigneusement je le garderai. (Sénèque,
Epître LXXXVIII.)

Il y a deux choses qui fortifient grandement notre
âme : la foi qu'on ajoute à la vérité, et la confiance
qu'on a en elle ; par conséquent, les avertissements
produisent l'un et l'autre ; car ils ont crédit sur
nous et, par ce moyen, l'âme conçoit de beaux sentiments et se remplit de confiance. (Id., XCIX.)

Platon a dit : « Vainement un homme de sang-froid
frappe aux portes des Muses » ; et Aristote : « Il n'y
eut jamais de grand génie sans un grain de folie. »
Il n'y a qu'une âme émue qui puisse parler dans un
langage au-dessus du vulgaire. Lorsque, dédai-
gnant les pensées de tous les hommes et de tous
les jours, elle s'élève dans ses inspirations sacrées,
alors elle fait entendre des accents surhumains.
Tant qu'elle se renferme en elle-même, elle ne peut
atteindre rien de sublime et aucune cime escarpée.
Il faut qu'elle s'écarte des routes battues, qu'elle
prenne son essor et que, mordant son frein, elle
entraîne son guide et le transporte en des lieux qu'il
n'aurait osé de lui-même escalader. (Sénèque, *De la
Tranquillité de l'Ame*, XV.)

O âmes courbées vers la terre et vides de toute
pensée émanée du ciel ! A quoi bon porter au
sanctuaire cette dépravation de nos mœurs et juger
de ce qui flatte les dieux par les attentats de la
chair ?... Prêtres, parlez. Que fait l'or en un sanctuaire ?...

Que n'offrons-nous aux dieux ce que ne saurait

3.

lui offrir en un riche bassin l'indigne race du grand
Messala ! Une âme également juste et équitable,
une conscience pure en ses replis, un cœur pénétré
de nobles sentiments. (Perse, *Satire*, II.)

———

C'est pour un bien que la nature est forcée d'agir
comme elle fait.

Tout ce qui arrive, arrive justement. C'est ce que
tu reconnaîtras si tu observes attentivement les
choses. Je ne dis pas seulement qu'il y a un ordre
de succession marqué, mais que tout suit la loi de
la justice et dénote un être qui distribue les choses
selon le mérite. Prends-y donc garde, comme déjà
tu as commencé ; et tout ce que tu fais, fais-le dans
la vue de te rendre homme de bien ; je dis homme
de bien dans le sens propre du mot ; que ce soit là
la règle constante de chacune de tes actions.

Aime l'art que tu as appris ; c'est à cela qu'il faut
t'arrêter. Ce qui te reste de vie, passe-le en homme
qui a remis aux dieux, du fond du cœur, le soin de
ses affaires. Ne te fais ni le tyran, ni l'esclave
d'aucun homme au monde.

Quel est donc l'objet sur lequel il faut porter tous
nos soins ? Un seul, et le voici : pensées de justice,
actions utiles au bien public, discours purs de tout
mensonge, disposition à se résigner à tout ce qui
nous arrive, comme à chose nécessaire, qui nous
est familière et qui découle du même principe, de la
même source que nous. (Marc-Aurèle, IV.)

CHAPITRE IV

RAPPORTS DE L'AME AVEC DIEU

Prière

Sénèque dit, dans un texte déjà cité : « Il ne faut point lever les mains vers le ciel, ni prier le sacristain qu'il vous laisse approcher de l'idole, afin que vous puissiez lui parler à l'oreille, car Dieu est près de vous ; il est avec vous, il est au dedans de vous. » Le sens de ces paroles n'est pas l'inutilité de la prière, mais la vanité des prières purement extérieures. Puisque Dieu est près de nous, au dedans de nous, notre prière, c'est le sentiment de sa présence et l'hommage, la louange d'un cœur sincère. Ce beau morceau de Sénèque, inspiré par une foi toute spiritualiste, nous rappelle ces paroles de saint Jacques : « Vous demandez et vous ne recevez point, parce que vous demandez mal, et dans la vue de fournir à vos voluptés. » Il a bien connu l'hypocrisie et les convoitises sensuelles et égoïstes du cœur humain, celui qui nous recommande « de ne rien demander à Dieu que nous ne puissions lui demander en public ». Toutes nos

prières pourraient-elles résister à l'épreuve à
laquelle Sénèque nous conseille de les soumettre,
en nous exhortant à « parler à Dieu comme si les
hommes nous écoutaient » ? Si nous essayons de
saisir la pensée de Marc-Aurèle sur la prière, nous
comprenons que nous devons prier pour tous,
rapporter à Dieu tout ce qui nous arrive, et lui
demander surtout la paix, la soumission de l'âme,
plutôt que les biens matériels qui flattent nos désirs.
Il semble d'ailleurs nous faire connaître le véritable
objet de la prière en nous disant que « les pythagoriciens nous engagent à porter le matin les yeux au
ciel, afin de nous rappeler à la pensée ces êtres qui
accomplissent leur ouvrage toujours d'après les
mêmes lois, toujours de la même manière; leur
ordonnance, leur pureté, leur simplicité nue, car
un astre n'a point de voile ».

Quand vous remercierez les dieux d. 'on succès
de vos prières, ne craignez point de les fatiguer par
d'autres ; faites-leur encore celles-ci, demandez-leur
le bon sens, la santé de l'esprit et celle du corps ;
pourquoi ne feriez-vous pas souvent ces prières ?
Vous pouvez hardiment demander à Dieu quand
vous ne lui demanderez on du bien d'autrui...
Croyez que vous serez libres de toute convoitise,
lorsque vous viendrez à ce point de ne rien demander
à Dieu que vous ne lui puissiez demander en public.
Mais que les hommes d'aujourd'hui sont fous ! Ils
font aux dieux des prières qui sont honteuses, aussi
les font-ils tout bas ; si quelqu'un prête l'oreille, ils
se taisent incontinent; ainsi ils disent à Dieu ce

qu'ils ne voudraient pas dire à un homme ; faites donc que l'on ne soit pas contraint de vous dire : Vivez avec les hommes comme si Dieu vous regardait, et parlez à Dieu comme si les hommes vous écoutaient. (Sénèque, *Epître* x.)

Prière des Athéniens : Fais pleuvoir, fais pleuvoir, ô bon Jupiter, sur les champs et les prés des Athéniens ! Ou il ne faut jamais prier, ou il faut prier ainsi, simplement et noblement. (Marc-Aurèle, v.)

M'arrive-t-il quelque chose, je le reçois en le rapportant aux dieux et à la source universelle d'où procèdent toutes choses dans leur intime connexion. (Id., viii.)

Ou les dieux ne peuvent rien, ou ils peuvent quelque chose. S'ils ne peuvent rien, pourquoi les pries-tu ? S'ils peuvent quelque chose, pourquoi ne les pries-tu pas de te délivrer de cette crainte, de ce désir, de cette douleur que tu sens en toi à propos de certains objets, plutôt que de demander qu'ils t'accordent ceci, qu'ils éloignent cela ? Car enfin, si les dieux peuvent venir au secours des hommes, ils peuvent bien les aider en cela. (Id., ix.)

Les pythagoriciens nous engagent à porter le matin les yeux au ciel, afin de nous rappeler à la pensée ces êtres qui accomplissent leur ouvrage toujours d'après les mêmes lois, toujours de la même manière ; leur ordonnance, leur pureté, leur simplicité nue, car un astre n'a point de voile. (Id., xi.)

CHAPITRE V

Soumission à Dieu

I

Tous les stoïciens ont compris et prêché la soumission à Dieu. Mais les uns confondent avec Dieu la divinité inflexible du destin. Lui obéir, c'est être sage en se soumettant à la nécessité. Le sentiment de Cléanthe est plutôt la résignation à ce qu'il ne peut empêcher : « Conduis-moi où tu voudras, dit-il, me voici, je suis prêt à te suivre sans hésiter. Aussi bien, quand je ne le voudrais pas, je n'en serais pas moins forcé de te suivre. » L'idée de destinée est aussi dans l'obéissance de Chrysippe ; mais il s'y joint l'empressement et la joie de vouloir ce qui est décrété. « Si je savais, dit-il, qu'il est dans la destinée que je fusse malade aujourd'hui, je courrais de mon propre mouvement et avec joie au-devant de la maladie. » Il faut bien, me semble-t-il, pour que l'on puisse se soumettre avec cette promptitude de la bonne volonté, qu'il y ait dans l'âme autre chose

que l'impassibilité produite par la nécessité, et qu'il
s'y joigne la confiance dans la justice et la sagesse
de l'arrêt irrévocable et la conviction de faire ce que
l'on doit en contribuant, par l'obéissance, à l'harmonie universelle. Nous trouvons ce sentiment dans
Sénèque : A côté de « l'ordonnance du destin », il y
a « la volonté de Dieu à laquelle il consent plutôt
qu'il n'y obéit ». « Je le suis de bon cœur et non point
par force... Ce serait un mauvais soldat qui suivrait
son capitaine en pleurant. Recevons donc ses commandements avec promptitude et allégresse. »
Marc-Aurèle parle aussi de « l'effet de l'enchaînement des choses, de l'ordre que déroule la destinée ».
L'idée d'une Providence « qui veut qu'on la fléchisse » se présente bien à son esprit. Mais il ne
sait s'il doit l'admettre, ou croire à « une nécessité
fatale, un ordre inviolable ». Il comprend bien la
soumission du cœur à la vérité et à la justice,
c'est-à-dire à la divinité, et il exprime d'une manière
touchante la paix, la patience et la force que donne
cette soumission à l'âme, alors même « que tous les
hommes refusent de croire à la simplicité, à la modestie, à la tranquillité de sa vie ». Mais ce qui
domine dans les « pensées » de Marc-Aurèle, c'est
la croyance au « concert des choses, à l'ensemble de
toutes les causes qui constitue la destinée ». Et
la résignation placide produite par cette croyance
ressemble presque à l'indifférence apathique des
fatalistes. Tout ce qui nous arrive, selon Marc-
Aurèle, « était filé de tout temps avec notre des-

tinée, on vertu des causes les plus antiques, et contribue à l'accomplissement des vues de celui qui gouverne l'univers ». Mais Marc-Aurèle adore l'Être qui nous gouverne et il met en lui tout son repos, toute sa confiance. Il sait que ce qui lui arrive est fait avec sagesse et que les dieux ne veulent pas lui faire de mal, ce mal étant inutile à « la communauté qui est l'objet de tous leurs soins ». Aussi Marc-Aurèle conseille-t-il « l'indifférence pour les choses qui tiennent le milieu entre la vertu et le vice ». Et en cela ne méconnaît-il pas toute une partie de la nature humaine, celle qui aime, qui souffre et qui jouit? Lui-même « chérit le genre humain, il aime la nature ». Il souffre des maux qui atteignent les siens et son ami Frontin. Le mot indifférence ne peut donc avoir dans sa langue la même signification que dans la nôtre.

O Jupiter, conduis-moi où tu voudras ; me voici, je suis prêt à te suivre sans hésiter. Aussi bien, quand je ne le voudrais pas, je n'en serais pas moins forcé de te suivre; je n'y gagnerais que de devenir méchant. Celui qui se résigne comme il faut à la nécessité est sage : il sait les choses divines. (Cléanthe.)

————

Tant que la volonté de Dieu m'est inconnue sur les choses extérieures, je choisis ce qui m'est le plus commode et le plus selon la nature. Mais si je savais qu'il est dans la destinée que je fusse malade aujourd'hui, je courrais de mon propre mouvement et avec joie au-devant de la maladie..... Si la boue avait le sentiment et la pensée, elle se réjouirait d'être foulée aux pieds des passants, car elle saurait que cela est dans sa destinée, et elle s'y soumettrait d'elle-même avec empressement. (Chrysippe.)

Vous vous fâchez, vous vous plaignez d'une chose sans prendre garde que tout le mal qu'il y a n'est qu'à cause que vous vous fâchez et que vous vous plaignez. Si vous en demandez mon sentiment, je ne pense pas qu'il y ait rien de fâcheux pour un homme de courage, si ce n'est qu'il croie qu'il y a dans le monde quelque chose de fâcheux. Car, qui ne peut supporter le moindre inconvénient, devient bientôt insupportable à soi-même. Suis-je malade? C'est une ordonnance du destin. Mes esclaves sont-ils morts? Mes créanciers me tourmentent-ils? Ma maison est-elle tombée? M'arrive-t-il des pertes, des blessures, des traverses, des appréhensions? Cela est assez fréquent dans le monde, ce n'est pas grand cas, cela me devait arriver, c'est le ciel qui ordonne ainsi, non pas le hasard. Si vous me croyez quand je vous découvre mon cœur, voici comme je me comporte dans toutes les rencontres fâcheuses. Je consens plutôt que je n'obéis à la volonté de Dieu. Je le suis de bon cœur, et non point par force. (Sénèque, *Épître* xcvi.)

Résolvons-nous à la patience, et payons sans répugnance le tribut de notre mortalité... Quand une partie du ciel s'abaisse, l'autre se lève, et l'on peut dire que la perpétuité des choses ne consiste qu'en leurs contrariétés. Notre esprit doit s'accoutumer et obéir à cette loi, sans accuser la nature, croyant que tout ce qui arrive devait ainsi arriver. Car il est bon de souffrir ce qu'on ne saurait corriger, et de suivre

sans murmure les ordres de Dieu, qui est autour
de tous les événements. Ce serait un mauvais soldat qui suivrait son capitaine en pleurant. Recevons
donc ses commandements avec promptitude et allégresse... Parlons et vivons de telle sorte que le
destin nous trouve toujours prêts à le suivre. Une
belle âme s'abandonne à la volonté de Dieu ; au contraire, un cœur lâche lui résiste, et, censurant l'ordre de l'univers, il a plus soin de corriger la nature
que de réformer sa vie. (Id., CVII.)

A chaque événement, il faut se dire : Ceci vient
de Dieu ; ceci est un effet de l'enchaînement des
choses, de l'ordre que déroule la destinée, de tel ou
tel concours de circonstances, de tel ou tel hasard.
Ce qui reste le propre de l'homme de bien, c'est
l'acceptation sans murmure de ce qui lui arrive, de
ce qui est la trame de son existence ; c'est le soin
de ne jamais souiller le génie qui habite dans
sa poitrine ; de ne le point troubler d'une foule
confuse de perceptions, mais de le conserver calme,
modestement soumis à la divinité, ne disant jamais
un mot qui ne soit vrai, ne faisant jamais une
action qui ne soit juste. Que si tous les hommes
refusent de croire à la simplicité, à la modestie,
à la tranquillité de sa vie, il ne s'irrite contre personne ; il ne se détourne pas non plus de la route
qui conduit à la fin de l'existence, à cette fin où
il faut qu'on arrive pur, paisible, préparé pour le
départ, et plein d'une résignation volontaire à sa
destinée. (Marc-Aurèle, III.)

Essaie de voir comment tu te trouveras de vivre en
homme de bien, qui se résigne à ce que lui envoie
l'ordre général des événements, et qui fait consister

son bonheur dans la pratique de la justice et dans la bonté. (Id., IV.)

A tout prendre, le concert des choses est unique ; et, de même que le monde, ce grand corps, se compose de tous les corps, de même l'ensemble de toutes les causes constitue la destinée, cette cause suprême. Ce que je dis est bien connu, même des hommes les plus simples. Ils disent, en effet : *Sa destinée le portait ainsi*. Oui, c'est là ce que portait sa destinée, ce qui était ordonné de tout temps pour lui. Recevons donc ce qui nous arrive, comme ce que nous ordonne Esculape : il y a, dans les remèdes, bien des choses désagréables, mais auxquelles nous nous soumettons de bon cœur, dans l'espoir de la santé. Envisage l'accomplissement, l'exécution complète des décrets de la nature commune, comme tu fais ta santé. A tout ce qui t'arrive, soumets-toi de bon gré, quelque dur que cela te paraisse, comme à une chose qui a pour résultat la santé du monde, le succès des vues de Jupiter, et sa satisfaction. Car il ne nous l'eût point envoyé, s'il n'y eût vu l'intérêt de l'univers. La nature ne porte jamais rien, dans ce que nous voyons, qui ne concorde avec l'être vivant sous sa loi.

Voilà donc deux raisons pour lesquelles il te faut aimer ce qui t'arrive : l'une, que c'est pour toi que la chose s'est faite, et qu'elle était ordonnée pour toi, et qu'elle t'appartenait en quelque sorte, puisqu'elle était de tout temps avec ta destinée, en vertu des causes les plus antiques ; l'autre, que même ce qui arrive à chaque homme en particulier est cause du succès, de l'accomplissement des vues de celui qui gouverne l'univers, et, par Jupiter, de la durée même du monde. En effet, le tout lui-même serait mutilé, si tu retranchais la moindre des

causes qui constituent son ensemble et sa continuité. Or, c'est en retrancher quelque chose, autant
qu'il est en toi, que de montrer de la répugnance à
te soumettre. C'est en quelque façon retrancher
l'accident du monde. (Id., v.)

Il faut vivre avec les dieux. C'est vivre avec les
dieux que de leur montrer sans cesse une âme satisfaite de son partage, obéissant à tous les ordres du
génie qui est son gouverneur et son guide : don de
Jupiter, émanation de sa nature. Ce génie, c'est
l'intelligence et la raison de chaque homme. (Id., v.)

Mets toute ta joie, toute ta satisfaction, à passer
d'une action utile à l'État à une autre action qui
lui soit encore utile, en te souvenant toujours de
Dieu.

J'adore l'être qui nous gouverne, je mets en lui
tout mon repos, toute ma confiance.

Dans toutes choses, invoque le secours des dieux,
et ne t'inquiète pas de savoir pendant combien de
temps tu vivras ainsi : trois heures passées de la
sorte suffisent.

Si les dieux ont délibéré sur moi et sur ce qui doit
m'arriver, ils l'ont fait avec sagesse. Un dieu sans
sagesse n'est pas chose facile même à imaginer.
Mais quel motif pourrait les avoir poussés à me
faire du mal ? Que leur en adviendrait-il, ou à cette
communauté qui est l'objet de tous leurs soins ? S'ils
n'ont pas délibéré en particulier sur moi, ils ont du
moins décrété le plan général de l'univers. Ce qui
m'arrive est une conséquence nécessaire de ce plan :
je dois donc m'y résigner, le recevoir avec amour.
(Id., VI.)

Embellis-toi de simplicité, de pudeur, d'indifférence pour les choses qui tiennent le milieu entre la vertu et le vice. Chéris le genre humain. Obéis à Dieu : Dieu, dit le poète, fait tout par des lois.

Si les dieux me négligent, moi et mes deux enfants, il y a à cela même une raison.

Donne la joie aux dieux immortels et à nous. (Id., VII.)

L'homme qui connaît ses devoirs et qui a de la modestie dit à la nature, d'où viennent et où rentrent toutes choses : Donne-moi ce que tu veux ; reprends-moi ce que tu veux ! Et il parle ainsi, non par fierté, mais par un sentiment de résignation et d'amour pour la nature. (Id., x.)

L'homme a un bien grand pouvoir, celui de ne rien faire autre chose que ce que Dieu doit approuver, et de recevoir avec résignation tout ce que Dieu lui départ.

Ou il y a dans le monde une nécessité fatale, un ordre inviolable ; ou bien c'est une Providence qu'on peut fléchir ; ou enfin il n'y a qu'un mélange produit par le hasard, sans cause modératrice. Si c'est une immuable nécessité, pourquoi lutter contre elle ? Si c'est une Providence qui veut bien qu'on la fléchisse, rends-toi digne de l'assistance divine. Mais s'il n'y a qu'une confusion pure sans nul modérateur, qu'il te suffise, au milieu de ce flot agité des choses, d'avoir en toi-même un esprit qui te guide. Que si le flot t'emporte avec lui, eh bien ! qu'il entraîne cette chair, ce souffle, tout le reste : il n'emportera pas l'intelligence. (Id., XII.)

II

De tous les stoïciens, c'est Épictète qui me semble avoir compris le plus largement la soumission à Dieu. Il nous l'exprime d'abord sous sa forme passive, la résignation, par des paroles qui nous rappellent celles de Job : « L'Éternel l'avait donné, l'Éternel l'a ôté. Le nom de l'Éternel soit béni! » Puis il nous montre l'obéissance active, l'homme ne voulant que ce que Dieu veut, et se considérant comme le serviteur de Dieu pour faire sa volonté, remplir sa mission dans le monde, y être le témoin du maître qui l'y a envoyé. L'homme doit marcher d'après le conseil de Dieu qui est son guide, jouer le rôle que Dieu lui a choisi et « le jouer avec grâce », « s'attacher à Dieu seul et se dévouer à l'exécution de ses commandements ». « Jupiter, dit-il, a voulu me présenter comme un témoin..... Il m'exerce ; il se sert de moi comme d'une preuve vivante pour les autres hommes. Et, quand il m'a assigné un pareil service, je m'occuperais encore de l'endroit où je suis, des gens avec qui je suis et de ce qu'ils disent de moi! Je ne me donnerais pas tout entier à Dieu, à ses commandements, à ses ordres ! » Pénétré de sa haute vocation, Épictète s'efforce de faire sentir aux autres hommes que c'est à cela qu'ils sont appelés. Et son discours, d'un souffle si élevé, nous fait penser à cette parole de l'Évangile : « Que votre lumière luise ainsi devant les hommes, afin qu'ils voient vos bonnes œuvres et qu'ils glorifient votre Père qui est dans les cieux. » Épictète ne veut pas que l'homme soit fier de « sa haute magistrature » : « Ne te donne pas de grands airs, à cause d'elle, dit-il, et ne fais pas le glorieux. Contente-toi de la révéler par tes actes et, quand personne ne s'en apercevrait, qu'il te suffise d'être sage et heureux pour toi-même. »

Ne demande pas que ce qui arrive arrive comme tu le veux, mais veux ce qui arrive comme il arrive, et tu couleras une vie heureuse. (Épictète, *Manuel*, VIII.)

———————

Sur quoi que ce soit, ne dis jamais : J'ai perdu cela ; mais : Je l'ai rendu. Ton fils est mort ? tu l'as rendu. Ta femme est morte ? tu l'as rendue. — On m'a pris ma terre. Encore une chose que tu as rendue. — Mais c'est un méchant qui me l'a prise. — Que t'importe par qui celui qui te l'a donnée te l'a redemandée ? Tant qu'il te la laisse, uses-en comme d'une chose étrangère, comme usent d'une hôtellerie ceux qui passent. (Id., XI.)

———————

Que devons-nous faire ? aller trouver les oracles, sans rien désirer, sans rien craindre, semblables au voyageur qui demande à un passant celle des deux routes qui conduit où il va : il ne désire pas que ce soit celle de droite plutôt que celle de gauche qui y conduise ; car ce qu'il veut ce n'est pas d'aller de préférence par une d'entre elles, mais par celle qui conduit où il va. C'est ainsi qu'il faut aller trouver Dieu, pour qu'il nous guide. (Épictète, *Entretiens*, II, 7.)

———————

Quelle est donc la loi de Dieu ? Veiller sur ce qui est à nous ; user de ce que l'on nous donne ; ne pas regretter ce qu'on ne nous donne pas ; rendre de nous-mêmes et sans difficulté ce que l'on nous enlève, en sachant gré du temps pendant lequel nous nous en sommes servis, à moins que nous ne voulions pleurer après notre nourrice et après le sein. Qu'importe, en effet, quel est ton maître et de qui tu dépends ?

Ose lever les yeux vers Dieu, et lui dire : Fais de moi désormais ce que tu voudras : je me soumets à toi ; je t'appartiens. Je ne refuse rien de ce que tu jugeras convenable ; conduis-moi où il te plaira ; revêts-moi du costume que tu voudras. (Id., II, 16.)

Souviens-toi que tu es acteur dans une comédie, celle qui plaît au maître : s'il la veut longue, joue-la longue ; si courte, joue-la courte ; s'il veut que tu joues le rôle d'un pauvre, joue-le avec grâce ; de même, si c'est celui d'un boiteux, d'un magistrat, d'un plébéien. Car c'est ton fait de bien jouer le rôle qui t'est donné ; mais le choisir, c'est le fait d'un autre. (Épictète, *Manuel*, XVII.)

Dans la piété à l'égard des dieux, sache que le principal est d'avoir sur eux des opinions droites, de croire qu'ils sont et qu'ils administrent toutes choses avec convenance et justice ; que toi-même tu as été créé pour leur obéir, pour accepter tout ce qui arrive, pour t'y conformer volontairement, comme à l'œuvre d'une intelligence très bonne. De cette manière tu ne te plaindras jamais des dieux, et tu ne les accuseras jamais de te négliger. (Id., XXXI.)

Avec assurance, et comme vers des conseillers,

va vers les dieux. Au reste, quand tu auras reçu d'eux un conseil, rappelle-toi quels conseillers tu as pris, et à qui tu désobéiras si tu n'as pas confiance en eux. (Id., XXXII.)

En toute occasion aie présentes à l'esprit ces pensées :

Conduis-moi, Jupiter, et toi, Destinée,
En quelque lieu que vous ayez fixé ma place,
Je vous suivrai sans hésitation ; si je refusais,
Je serais coupable, et je ne vous en suivrais pas moins.
Quiconque sait céder à la nécessité,
Nous le tenons pour sage et pour savant dans les choses
                                                    [divines.
                              (Id., LIII.)

Remets l'ordre chez toi : chasse de ton cœur la tristesse, la crainte, la convoitise, l'envie, la malveillance, l'avarice, la mollesse, l'intempérance. Tu ne pourras les en chasser qu'en tournant tes regards vers Dieu seul, qu'en t'attachant à lui seul, qu'en te dévouant à l'exécution de ses commandements. Si tu ne veux pas le faire, tu suivras avec des larmes et des gémissements ceux qui seront plus forts que toi ; tu chercheras le bonheur hors de toi, et tu ne pourras jamais le trouver, car tu auras renoncé à le chercher où il est, pour le chercher où il n'est pas. (Épictète, *Entretiens*, II, 16.)

Ne veuille pas autre chose que ce que Dieu veut. Pourra-t-on alors te forcer, te contraindre? pas plus qu'on ne le peut pour Jupiter.

Lorsque tu as un pareil guide, quand tel est celui à la suite de qui tu peux désirer et vouloir, peux-tu redouter quelque échec?

4

Remets tes craintes ou tes désirs entre les mains de Jupiter et des autres dieux ; confie-les leur ; que ce soient eux qui les gouvernent, et que ceux-ci se règlent sur eux, comment seras-tu encore malheureux ? (Id., XVII.)

———

Le sage craindra-t-il que les aliments viennent à lui manquer ? Ils ne manquent pas à l'aveugle ; ils ne manquent pas au boiteux ; et ils manqueraient au sage ! Un bon soldat trouve toujours qui le paye ; un bon ouvrier, un bon cordonnier aussi ; et celui qui est l'homme parfait ne le trouverait pas ! Dieu serait-il insoucieux de ses propres affaires, de ses ministres, de ses témoins, de ceux qui lui servent à prouver par des faits aux hommes ordinaires qu'il existe, qu'il gouverne sagement le monde, qu'il ne néglige pas l'humanité, et qu'il n'y a jamais de mal pour le sage, ni de son vivant, ni après sa mort. (Id., III, 26.)

———

Pour moi, puisse-t-il m'arriver d'être pris par la maladie et la mort ne m'occupant d'autre chose que de ma faculté de juger et de vouloir, afin que, soustraite aux troubles, aux entraves, à la contrainte, elle soit pleinement libre ! Voilà les occupations où je veux qu'elles me trouvent, pour pouvoir dire à Dieu : « Est-ce que j'ai transgressé tes ordres ? Est-ce que j'ai mal usé des facultés que tu m'avais données ? mal usé de mes sens ? de mes notions *a priori* ? T'ai-je jamais rien reproché ? Ai-je jamais blâmé ton gouvernement ? J'ai été malade, parce que tu l'as voulu. Les autres aussi le sont, mais moi je l'ai été sans mécontentement. J'ai été pauvre, parce que tu l'as voulu ; mais je l'ai été, content de l'être. Je n'ai pas été magistrat, parce que

tu ne l'as pas voulu; mais aussi je n'ai jamais désiré
de magistrature. M'en as-tu jamais vu plus triste?
Ne me suis-je pas toujours présenté à toi le visage
radieux, n'attendant qu'un ordre, qu'un signe de
toi? Tu veux que je parte aujourd'hui de ce grand
spectacle du monde; je vais en partir. Je te rends
grâce, sans réserve, de m'y avoir admis avec toi, de
m'avoir donné d'y contempler tes œuvres et d'y
comprendre ton gouvernement. » Que ce soit là ce
que je pense, écrive ou lise, au moment où me prendra la mort ! (Id., III, 5.)

Le sage se rappelant qui il est, d'où il vient, et
de qui il est né, ne s'occupe que d'une seule chose,
de jouer son rôle conformément à l'ordre et à la
volonté de Dieu. « Veux-tu que je continue de
vivre? Oui, mais libre, et le cœur haut, comme tu
l'as voulu, car tu m'as créé indépendant en tout ce
qui m'appartient. N'as-tu plus besoin de moi? Qu'il
soit fait à ton gré ! Je ne suis resté jusqu'à présent
que pour toi, et non pour un autre ; à présent je
pars pour t'obéir. Et comment partiras-tu? Encore
comme tu l'as voulu; comme un être libre, qui est
ton ministre, et qui a l'intelligence de tes commandements et de tes défenses. Mais, tant que je reste
dans ton empire, que veux-tu que je sois? gouver-
nant ou simple citoyen? sénateur ou plébéien, soldat ou général? précepteur ou maître de maison?
Quel que soit le poste, quelles que soient les fonctions que tu m'assignes, comme le dit Socrate, je
mourrai mille fois avant de les abandonner.
« A la place de tous les plaisirs mets celui de comprendre que tu obéis à Dieu, et que tu joues ici le
rôle de sage, non par ce que tu dis, mais par ce
que tu fais... Jupiter a voulu me présenter comme

un témoin, qui dit au sujet des choses qui ne dépendent pas de notre libre arbitre : *Voyez ! c'est en vain que vous vous effrayez, et c'est sans raison que vous désirez ce que vous désirez. Ne cherchez pas le bien au dehors, cherchez-le en vous-mêmes ; autrement vous ne le trouverez pas.* C'est pour cela qu'aujourd'hui il me conduit ici, que demain il m'envoie là, qu'il me montre aux autres hommes, pauvre, sans pouvoir et malade ; qu'il m'envoie à Gyaros ; qu'il me conduit en prison. Il ne me hait pas (loin de nous cette pensée !) car, qui peut haïr le meilleur de ses serviteurs ? Il ne me néglige pas, lui qui ne néglige pas le plus humble des êtres. Il m'exerce ; il se sert de moi comme d'une preuve vivante pour les autres hommes. Et, quand il m'a assigné un pareil service, je m'occuperais encore de l'endroit où je suis, des gens avec qui je suis, et de ce qu'ils disent de moi ! Je ne me donnerais pas tout entier à Dieu, à ses commandements, à ses ordres ! »

Si tu as constamment ces maximes en main, si tu les médites constamment, et fais qu'elles se présentent d'elles-mêmes à ta pensée, tu n'auras jamais besoin de personne pour te donner du cœur et te fortifier. Ce qui est honteux, ce n'est point de ne pas avoir de quoi manger, mais de ne pas avoir assez de raison pour écarter de soi la crainte et les chagrins. Or, une fois que tu te seras mis au-dessus du chagrin et de la crainte, y aura-t-il encore pour toi des tyrans, des gardes, des césariens ? Souffriras-tu encore de la nomination des autres, et de ce qu'ils offrent des sacrifices au Capitole en remerciement de leurs charges, toi qui as reçu de Jupiter une telle magistrature ? Seulement ne te donne pas de grands airs à cause d'elle, et ne fais pas le glorieux. Contente-toi de la révéler par tes actes ; et,

quand personne ne s'en apercevrait, qu'il te suffise
d'être sage et heureux pour toi-même. (Id., II, 24.)

Je lui obéis ; je le suis en chantant les louanges
de mon général, en approuvant bien haut tout ce
qu'il fait. Je suis venu, en effet, quand il l'a voulu ;
je m'en irai de même, quand il le voudra ; et en
vivant qu'avais-je précisément à faire que de chanter les louanges de Dieu, soit seul avec moi-même,
soit en face d'un autre ou de plusieurs ? Il me donne
peu, il ne me donne pas en abondance, il ne veut
pas que je vive dans la mollesse ; mais il n'a pas
donné davantage à Hercule, son propre fils. (Id., III,
26.)

Jamais je n'ai été empêché de faire ce que je
voulais, ni contraint à faire ce que je ne voulais pas.
Et comment ai-je pu en arriver là ? J'ai subordonné
ma volonté à celle de Dieu. Veut-il que j'aie la
fièvre ? Moi aussi je le veux. Veut-il que j'entre-
prenne quelque chose ? Moi aussi je le veux. Veut-il
que je tende à un but ? Moi aussi je le veux. Veut-il
que quelque chose m'arrive ? Moi aussi je le veux.
Ne le veut-il pas ? Je ne le veux pas. Veut-il que je
meure ? Veut-il que je sois torturé ? Je veux mourir ; je veux être torturé. Qu'est-ce qui peut alors
m'entraver ou me contraindre contrairement à ce
qui me semble bon ? On ne le peut pas plus pour
moi que pour Jupiter.
Le sage conclut que c'est en se mettant à la
suite de Dieu qu'il fera son voyage sans danger.
Qu'appelles-tu donc se mettre à la suite de Dieu ?
C'est vouloir soi-même ce qu'il veut, et ne pas vouloir ce qu'il ne veut pas. Et comment le peut-on
faire ? Le peut-on autrement qu'en étudiant les des-

seins de Dieu et sa façon de disposer les choses?
Que m'a-t-il donné qui soit à moi et dont je sois le
maître? Que s'est-il réservé à lui-même? Il m'a
donné ma faculté de juger et de vouloir, il l'a faite
dépendante de moi seul, au-dessus de tout empêchement et de toute contrainte. Mais ce corps de boue,
comment pouvait-il le faire exempt d'entraves? Il a
donc subordonné aux évolutions du grand tout le
sort de notre fortune, de nos meubles, de notre
maison, de nos enfants, de notre femme. Pourquoi
dès lors, à propos d'eux, lutter contre Dieu? Pourquoi vouloir ce que je ne dois pas vouloir? Pourquoi
prétendre avoir à tout jamais des choses qui ne
m'ont pas été données pour cela? Comment dois-je
donc désirer les avoir? Comme elles m'ont été
données, et dans la mesure où elles l'ont été. Mais
celui qui me les a données me les retire! Eh bien!
pourquoi lui résister? Je ne me borne pas à dire que
je serais absurde de lutter contre un plus fort: de
plus, et avant tout, je manquerais à mes devoirs.
Car de qui avais-je toutes ces choses en arrivant au
monde? C'est mon père qui me les avait données.
Mais lui, qui est-ce qui les lui avait données? Qui
est-ce qui a fait le soleil, les fruits, les saisons; qui
est-ce qui a fait cette vie en commun et cette asso-
ciation des hommes entre eux?

Et, quand tu tiens tout d'un autre, jusqu'à ton être
propre, tu t'emportes et tu accuses celui qui t'a
tout donné, pour peu qu'il te reprenne quelque
chose? Qu'es-tu donc? Et pourquoi es-tu venu ici?
N'est-ce pas lui qui t'y a amené? N'est-ce pas lui
qui t'a fait voir la lumière, qui t'a donné des compagnons de travail, qui t'a donné les sens, qui t'a
donné la raison? Mais qui a-t-il amené ici? un être
mortel, n'est-ce pas vrai? Un être qui doit vivre sur
la terre en compagnie d'un corps chétif, et pendant

quelque temps y contempler la façon dont Dieu gouverne, y célébrer les jeux avec lui, et avec lui assister aux fêtes ? Ne consentiras-tu donc pas, après avoir contemplé les fêtes et l'assemblée tant qu'il te l'aura permis, à t'en aller quand il t'emmènera, en lui témoignant ton respect, et en le remerciant pour tout ce que tu as vu et entendu ? — Non, car j'aurais voulu rester encore à la fête. — Ceux, en effet, qu'on initie voudraient que l'initiation durât plus longtemps ; et sans doute ceux qui sont à Olympie voudraient voir d'autres athlètes encore ; mais la solennité est terminée ! Va-t'en, et pars en homme reconnaissant, en homme réservé.

La seule route qui conduise à la liberté, le seul moyen de s'affranchir de la servitude, c'est de pouvoir dire du fond de son cœur : « O Jupiter ! O destinée ! Conduisez-moi où vous avez arrêté de me placer. »

Quant à ses vrais parents, les dieux, et quant à sa véritable patrie, jamais il (Diogène) n'y aurait renoncé ; jamais il n'aurait permis qu'un autre fût plus obéissant et plus soumis à ces dieux ; et personne ne serait mort plus volontiers que lui pour cette patrie. Ce n'est pas qu'il cherchât jamais à paraître faire quelque chose en vue d'autres que lui ; mais il se rappelait que tout ce qui arrive vient de ces dieux, que tout se fait pour cette patrie, et par l'ordre de celui qui la gouverne. (Id., IV, 1.)

Ce qui se fait est toujours ce que je préfère ; car je crois ce que Dieu veut supérieur à ce que je veux moi-même. Je serai toujours à ses côtés comme un serviteur, comme un homme de sa suite ; je m'unis à lui d'efforts, de désirs, de volonté en un mot. (Id., IV, 7.)

CHAPITRE VI

Imitation de Dieu. — Culture morale

Toute l'œuvre du perfectionnement de l'homme, tous ses devoirs envers Dieu, envers lui-même et envers autrui sont renfermés dans la soumission à Dieu, telle qu'Épictète l'a comprise. L'âme, née de Dieu, appartient à Dieu et doit manifester sa parenté avec Dieu. L'imitation de Dieu, telle est l'idée religieuse qui est le principe et la fin de la culture morale. « Les semences divines répandues dans le cœur de l'homme, ainsi que nous le dit Sénèque, étant bien cultivées, poussent un germe semblable à notre origine. » Et ce développement ne doit s'arrêter, selon Épictète, « que là où s'arrête notre nature », c'est-à-dire « à l'accord de notre conduite avec la nature générale », à l'harmonie parfaite de notre âme. « Dieu t'a confié à toi-même et il t'a dit : garde-moi cet homme, tel qu'il est né, honnête, sûr, à l'âme haute. » Marc-Aurèle nous exhorte à prendre soin de ce qu'il y a de divin en nous et à le diriger vers la sainteté et la justice.

C'est, en d'autres termes, sculpter notre statue, d'après le type divin auquel Épictète nous recommande de conformer toute notre vie. Ainsi, selon l'expression de Marc-Aurèle, « l'homme devient le prêtre, le ministre de la divinité qui a en lui son temple ».

Vous semble-t-il étrange que l'homme aille trouver les dieux ? Dieu vient bien trouver les hommes et, qui plus est, faire sa demeure chez eux. L'âme ne peut être bonne si Dieu n'est avec elle. Il y a des semences divines répandues dans le cœur des hommes, lesquelles, étant bien cultivées, poussent un germe semblable à notre origine ; mais étant négligées, elles perdent entièrement leur vertu, et, comme si elles avaient été jetées dans une terre stérile et marécageuse, au lieu de grain, elles ne produisent que de méchantes herbes. (Sénèque, *Epître* LXXIV.)

Dieu a mis l'homme dans le monde pour y contempler lui et ses œuvres, et non seulement pour les contempler, mais encore pour les expliquer. Aussi est-il honteux pour l'homme de commencer et de s'arrêter où commence et où s'arrête la brute, ou plutôt il doit commencer au même point, mais ne s'arrêter qu'où s'arrête notre nature elle-même ; or elle s'arrête à la contemplation, à l'intelligence, à l'accord de notre conduite avec la nature générale. Avisez donc à ne pas mourir sans avoir vu tout cela.

Vous courez à Olympie pour voir l'œuvre de Phidias et chacun de vous regarderait comme un malheur de mourir sans le connaître, et ce pour quoi vous n'avez pas besoin de courir, ce pour quoi vous êtes tout portés et sur les lieux mêmes, vous n'aurez pas l'envie de le regarder et de chercher à le comprendre! Ne sentirez-vous donc jamais qui vous êtes, à quelle fin vous êtes nés et pourquoi vous avez reçu le don de la vue? — Mais dans la vie, il y a du bien, des désagréments et des peines! — N'y en a-t-il donc pas à Olympie? N'y êtes-vous pas brûlés par le soleil, et pressés par la foule? Vous y lavez-vous toujours bien? N'y êtes-vous pas mouillés quand il pleut? N'y souffrez-vous pas du tumulte, des clameurs et de bien d'autres ennuis? Mais vous mettez, je crois, en regard de tout cela, la magnificence du spectacle, et dès lors vous acceptez et supportez tout. Eh bien, n'avez-vous pas reçu des moyens de braver tous les événements? N'avez-vous pas reçu l'élévation d'âme? N'avez-vous pas reçu le courage? N'avez-vous pas reçu la patience? Et dès que j'ai l'élévation de l'âme, que m'importe ce qui peut arriver? Qui pourra me mettre hors de moi et me troubler? Qui pourra me sembler pénible? Vais-je donc, au lieu d'employer ma force à ce pour quoi je l'ai reçue, pleurer et gémir sur les événements? (Épictète, *Entretiens*, I, 6.)

Sans tarder, fixe-toi à toi-même une sorte de caractère et de type de conduite auquel tu te conformeras, soit que tu te trouves seul en présence de toi-même, soit que tu te trouves en présence des hommes. (Épictète, *Manuel*, XXXIII.)

Où donc est le progrès? Celui qui, se détachant des choses du dehors, se donne tout entier à l'éducation et au perfectionnement de sa faculté de juger et de vouloir pour les mettre d'accord avec la

nature, pour lui donner l'élévation, la liberté, l'indépendance, la possession d'elle-même, l'honnêteté,
la réserve ; celui qui sait qu'en désirant ou qu'en
fuyant les choses qui ne dépendent pas de lui, il ne
peut être ni honnête ni libre, mais doit forcément
changer et être emporté avec elles, forcément se
soumettre aux gens qui peuvent les lui donner ou
les écarter de lui ; celui qui, en plus, dès qu'il se
lève le matin, observe et applique ces préceptes,
qui se lave comme un homme honnête et réservé,
qui mange de même et qui, dans toutes les circonstances, s'efforce de suivre ses principes, comme un
coureur ceux de l'art du coureur, comme un chanteur ceux de l'art du chanteur, voilà celui qui est
réellement en progrès. (Épictète, *Entretiens*, i, 4.)

Que quelqu'un d'entre vous me montre une âme
d'homme qui veuille être en communauté de pensées
avec Dieu, n'accuser ni Dieu ni homme, n'être
frustrée de rien, n'aller se heurter contre rien,
n'avoir ni colère, ni haine, ni jalousie ; une âme qui
veuille (car à quoi bon tant d'ambages ?) devenir un
Dieu au lieu d'un homme et qui songe, dans ce misérable corps périssable, à vivre en société avec
Jupiter.

Et maintenant, moi, je suis votre maître, et vous,
vous étudiez sans moi. Mon but, à moi, c'est de
faire enfin de vous des hommes affranchis de toute
entrave, de toute contrainte, de tout obstacle, libres,
tranquilles, heureux, qui tournent leurs regards
vers Dieu dans les petites comme dans les grandes
choses. (Id., iii, 19.)

Si tu étais une statue de Phidias, la Minerve ou le
Jupiter, tu te souviendrais de toi-même et de l'ar-

tiste qui t'aurait fait ; et, si tu avais l'intelligence,
tu voudrais ne rien faire qui fût indigne de ton auteur
ou de toi, et ne jamais paraître aux regards sous des
dehors inconvenants. Vas-tu maintenant, parce que
c'est Jupiter qui t'a fait, être indifférent à l'aspect
sous lequel tu te montreras ? Est-ce qu'il y a égalité
entre les deux artistes, égalité entre les deux créa-
tions ? Est-il une œuvre de l'art qui ait réellement
en elle les facultés que semble y attester la façon
dont elle est faite ? En est-il une qui soit autre chose
que de la pierre, de l'airain, de l'or et de l'ivoire ? La
Minerve même de Phidias, une fois qu'elle a étendu
la main, et reçu la Victoire qu'elle y tient, reste
immobile ainsi pour l'éternité, tandis que les œuvres
de Dieu ont le mouvement, la vie, l'usage des *idées*
et le jugement. Quand tu es la création d'un pareil
artisan, voudras-tu le déshonorer ? Mais que dis-je ?
Il ne s'est pas borné à te créer : il t'a confié à toi-
même, remis en garde à toi-même ? Ne te le rappel-
leras-tu pas ? Et souilleras-tu ce qu'il t'a confié ? Si
Dieu avait remis un orphelin à ta garde, est-ce que
tu le négligerais ainsi ? Il t'a commis toi-même à
toi-même, et il t'a dit : « Je n'ai personne à qui je
me fie plus qu'à toi : garde-moi cet homme, tel
qu'il est né, honnête, sûr, à l'âme haute, au-dessus
de la crainte, des troubles et des perturbations. »
Et toi tu ne le gardes pas. (Épictète, ii, 8.)

Les philosophes disent que la première chose à
apprendre, c'est qu'il y a un Dieu, que sa clair-
voyance s'étend d'avance sur tout l'univers, et que
nous ne pouvons lui dérober, je ne dis pas nos actes,
mais nos pensées ou même nos sentiments. La
seconde, c'est ce que sont les dieux, car ce qu'ils se
trouvent être, il faudra que l'homme qui veut leur

plaire en leur obéissant cherche à l'être, pour leur ressembler dans la mesure de ses forces. Si la divinité est loyale, il faudra que l'homme soit loyal ; si elle est libre, il faudra qu'il soit libre ; si elle est bienfaisante, il faudra qu'il soit bienfaisant ; si elle a le cœur haut placé, il faudra qu'il l'ait ; enfin ce sera à l'imitation de Dieu qu'il lui faudra tout dire et tout faire. (Epictète, *Entretiens*, ii, 14.)

———

Qu'est-ce qui fera la beauté d'un homme, si ce n'est la présence de la perfection humaine ? Si donc jeune homme, tu veux être beau, cherche à acquérir la perfection humaine.— Mais quelle est-elle ?— Vois quels sont ceux que tu loues, lorsque tu loues impartialement ; sont-ce les hommes justes ou les hommes injustes ? — Les justes. — Les hommes chastes ou les libertins ? — Les hommes chastes. — Ceux qui sont maîtres d'eux-mêmes ou ceux qui ne le sont pas ? — Ceux qui en sont maîtres. — Te rendre tel, sache-le donc, c'est te faire beau ; si tu y manques, tu seras laid inévitablement, alors même que tu emploieras tous les moyens pour être beau en apparence. (Id., iii, 21.)

———

Il te faut commencer par purifier ta partie maitresse ; et voici quels doivent être tes principes : « Mon âme est la matière que je dois travailler, comme le charpentier le bois, comme le cordonnier le cuir ; et ce que j'en dois faire, c'est une âme qui use convenablement des *idées*. Mon corps n'est rien pour moi ; ses membres ne sont rien pour moi. Et la mort ? Qu'elle vienne, quand elle voudra pour le tout, ou pour une partie. *Va-t'en en exil*, me dit-on. Mais où ? Est-il quelqu'un qui puisse me chasser du monde ? Non ; et quelque part que j'aille, j'y trou-

verai le soleil, j'y trouverai la lune et les astres ;
j'y trouverai des songes, des présages, des moyens
de converser avec les dieux. » (Id., III, 22.)

———

Et quel ordre, quel commandement as-tu reçu de
Jupiter, quand tu es venu de là-bas ici ? « Sauve-
garde par tout moyen ce qui est à toi ; ne convoite
pas ce qui ne t'appartient pas. La probité est tienne;
le respect de toi-même est tien. Qui peut te les enlever ? Quel autre que toi peut t'empêcher de les
pratiquer ? Et comment t'en empêcheras-tu ? C'est
en convoitant ce qui n'est pas à toi que tu perdras
ce qui est à toi. » (Id., I, 25.)

———

Quand un cheval est-il malheureux ? Quand il a
perdu ses facultés naturelles ; non quand il ne peut
point chanter comme le coq, mais quand il ne peut
plus courir. Et le chien ? Non quand il ne peut
point voler, mais quand il ne peut plus suivre la piste.
Eh bien ! n'est-il pas pareillement vrai que l'homme
malheureux n'est pas celui qui ne peut étrangler des
lions, ou embrasser des statues (nul n'est venu au
monde en tenant de la nature des moyens pour cela),
mais celui qui perd sa bienveillance et sa loyauté ?
Voilà celui sur qui devraient gémir ceux qui les
rencontrent, à la vue des maux dans lesquels il est
tombé. Il faut le plaindre, non pas d'être né ou d'être
mort, mais d'avoir perdu de son vivant ce qui lui
appartenait en propre ; non point son patrimoine,
son champ, sa maison, son hôtellerie, ses esclaves
(rien de tout cela n'appartient à l'individu ; ce sont
toutes choses en dehors de lui, au pouvoir et à la
merci d'autrui, que donnent tantôt à l'un, tantôt à
l'autre, ceux qui en sont les maîtres), mais ce qui
est vraiment de l'homme, la marque qu'il portait

dans son âme, lorsqu'il est venu au monde, marque
semblable à celle que nous cherchons sur les mon-
naies, pour les juger bonnes quand nous l'y trouvons,
pour les rejeter quand nous ne l'y trouvons pas.....
Quelle marque portent ses façons de penser et de
vouloir ? Celle d'un être doux, sociable, patient, affectueux. Apporte. Je le reçois ; j'en fais mon concitoyen ;
je le reçois pour voisin et pour compagnon de traver-
sée... Pour faire un homme, il ne suffit pas des nari-
nes et des yeux : il y faut encore des façons
de penser et de vouloir qui soient d'un homme.
(Id., IV, 5.)

———————

Rien n'est plus misérable qu'un homme qui
tourne en tous sens autour de toutes choses ; qui
fouille, comme on dit, les *souterrains*, et dont les
conjectures veulent pénétrer ce qui se passe dans
l'âme du prochain. Sentons bien qu'il nous suffit de
vivre avec le génie qui est au dedans de nous, et de
l'honorer d'un culte sincère. C'est lui rendre ce
culte que de le préserver du contact de toute
passion, de toute légèreté téméraire, de toute impatience contre les choses qui viennent des dieux
ou des hommes. Car ce qui vient des dieux mérite
nos respects, au nom de la vertu ; ce qui vient des
hommes, notre amour, au nom de leur parenté avec
nous, et quelquefois une sorte de pitié, à cause de
leur ignorance des vrais biens et des vrais maux ;
aveuglement aussi grand que celui qui nous empêche de distinguer le blanc d'avec le noir. (Marc-
Aurèle, II.)

———————

Honore ce qu'il y a dans le monde de plus excellent : c'est l'être qui se sert de tout, et qui admi-
nistre toutes choses. Pareillement, honore ce qu'il
y a de plus excellent en toi : c'est un être de la

même famille que le premier ; car, lui aussi, il se
sert des autres choses qui sont en toi, et c'est lui
qui gouverne ta vie. (Id., v.)

Si tu respectes, si tu honores uniquement ton
âme, tu te rendras satisfait de toi-même, agréable
dans le commerce de la vie ; tu seras d'accord avec
les dieux ; tu les loueras, veux-je dire, de tout ce
qu'ils t'envoient, de tout ce qu'ils ont décrété. (Id.,
vi.)

L'homme qui ne néglige rien pour se mettre au
rang des hommes vertueux, est comme un prêtre,
un ministre des dieux. Il vit aussi dans une intime
familiarité avec celui qui a au dedans de lui son
temple ; c'est cette divinité qui préserve l'homme
de la souillure de toute volupté, de la blessure de la douleur, des atteintes de la calomnie ;
c'est elle qui le rend insensible à toute perversité,
et qui fait de lui un athlète pour le plus grand des
combats, la victoire à remporter sur toutes les
passions ; un homme profondément imprégné de
justice; saluant du fond de son âme la bienvenue
de tout ce qui lui arrive, de tout ce qui est son partage ; occupant rarement son esprit, et jamais
sans une nécessité d'intérêt public, de ce que dit,
de ce que fait, de ce que pense un autre. C'est à ses
propres affaires qu'il emploie toute son activité ;
et l'objet perpétuel de ses pensées, c'est la destinée que lui dispensent les lois de l'univers. Il assi-
gne à son activité l'honnête pour but ; il vit persuadé
que toujours le bien est dans sa destinée, car,
emportée suivant les lois de l'univers, la destinée qui
est notre partage y entraîne à son tour chacun de
nous. Il se souvient que tout être raisonnable est

son parent, et qu'il est dans la nature de l'homme de chérir tous ses semblables ; qu'il faut s'attacher non pas à la gloire que dispense la foule, mais à l'estime de ceux qui vivent conformément à la nature, (Id., III.)

———

Quand tu te seras fait donner les titres de bon, de modeste, d'ami de la vérité, de prudent, de résigné, de magnanime, prends bien garde de ne pas mériter les titres contraires ; et si tu perds ces noms-là, reviens-y au plus vite. Souviens-toi que le mot prudent signifie que tu dois examiner attentivement et sans distraction chaque objet ; que celui de résigné t'oblige à accepter sans murmurer tout ce que la commune nature te donne en partage ; que celui de magnanime suppose une grandeur, une élévation d'âme supérieure aux impressions douces ou rudes de la chair, à la vaine gloire, à la mort, à tous les autres accidents. Si tu conserves ces titres, mais sans te mettre en peine que d'autres te les donnent, tu deviendras tout autre, tu entreras dans une vie nouvelle. Car, de rester ce que tu as été jusqu'à ce jour, et de mener encore cette vie pleine d'agitation et de souillures, c'est n'avoir plus aucun sentiment, c'est être esclave de la vie, c'est ressembler à ces bestiaires à demi dévorés, qui, tout couverts de blessures et de sang, demandent avec prières qu'on les conserve pour le lendemain, où ils seront pourtant, à la même place, livrés aux mêmes ongles et aux mêmes dents. Etablis-toi donc dans la possession de ce petit nombre de titres ; et, si tu peux t'y maintenir, restes-y, comme si tu avais été transporté dans une sorte d'île des bienheureux. Si tu t'aperçois que la possession t'échappe, que tu n'es plus le maître, va-t'en courageusement dans quelque coin où tu redeviendras

le maître... Un secours puissant pour te faire souvenir de ces titres, c'est de te souvenir qu'il y a des
dieux, et qu'ils ne se soucient pas simplement
d'être flattés par des animaux raisonnables, mais
de voir tous les êtres raisonnables se rendre semblables à eux ; que c'est le figuier qui fait ce que
doit faire le figuier, le chien ce qui est du chien,
l'abeille ce qui est de l'abeille, et l'homme ce qui
est de l'homme. (Id., x.)

Tu peux, dès maintenant, posséder tous ces biens
que tu cherches à atteindre par la voie détournée ;
sinon, tu t'en veux à toi-même. Tu n'as qu'à laisser
là tout le passé, à remettre l'avenir aux soins de la
Providence, et à diriger le présent tout seul vers la
sainteté et la justice : vers la sainteté, afin que tu
aimes ce qui te vient de la destinée, car la nature a
fait ton sort pour toi et toi pour ton sort ; vers la
justice, afin que tu dises la vérité librement et sans
détour, et que tu fasses ce que commande la loi, ce
que mérite chaque être. Ne te laisse empêcher ni
par la malice des autres, ni par leur opinion, ni par
leurs cris, ni par les sensations de cette chair qui
t'enveloppe : c'est à ce qui souffre d'y voir. A quelque instant que tu doives arriver au bout de ta
course, si tu dédaignes tout le reste pour t'occuper
uniquement de la partie principale de ton âme et de
ce qu'il y a de divin en toi ; si ce que tu crains, ce
n'est pas de cesser de vivre, mais de ne jamais commencer à vivre conformément à ta nature ; alors tu
seras un homme digne du monde qui t'a donné l'être ;
tu cesseras d'être un étranger dans ta patrie, et de
t'étonner, comme des choses inopinées, de ce qui
arrive chaque jour ; enfin tu ne dépendras plus de
ceci et de cela.

Comprends enfin que tu as dans toi-même quelque chose de plus excellent et de plus divin que ce qui fait naître les passions, que ce qui t'agite en un mot comme les cordons font les marionnettes. Qu'est-ce présentement que ma pensée? est-ce crainte, torpeur, désir ou quelque chose de semblable? (Marc-Aurèle, XII)

C'est être porté par l'esprit de Dieu, de se porter vers les mêmes objets que Dieu et de conformer notre pensée à la sienne. (Id., XII.)

CHAPITRE VII

IMITATION DE DIEU

Pureté

Les pensées d'Épictète et de Marc-Aurèle sur la pureté ne paraissent être que des commentaires de cette divine parole : « Bienheureux ceux qui ont le cœur pur, car ils verront Dieu. » L'un et l'autre partent d'un même principe en insistant sur la pureté intérieure pour devenir semblable à Dieu. Ils sentent combien il est difficile de purifier complètement son âme. Épictète nous exhorte à veiller sur nos pensées : « Si tu penses bien, dit-il, tu te conduiras bien. » Et Marc-Aurèle, affligé de ne pouvoir rendre « sa partie maîtresse plus pure que le soleil », s'écrie : « O mon âme, seras-tu, quelque jour enfin, bonne, simple, toujours la même, et toute nue, plus visible à l'œil que le corps qui t'enveloppe ? » Ce cri de l'âme trouve un écho dans tous ceux qui s'efforcent de se purifier, comme Dieu aussi est pur.

Veuille te plaire à toi-même ; veuille être beau aux yeux de Dieu ; veuille vivre pur avec toi-même qui resteras pur, et avec Dieu. Puis, quand il se présentera à toi quelque tentation, Platon te dit : « Recours aux sacrifices expiatoires, recours, en suppliant, aux temples des dieux tutélaires » ; mais il te suffira de te retirer dans la société de quelqu'un des sages, et de rester avec lui en te comparant à lui, qu'il soit un de ceux qui vivent ou un de ceux qui sont morts. (Épictète, *Entretiens*, II, 18.)

———

Si tu me demandes comment tu te conduiras, je puis te dire que, si tu penses bien, tu te conduiras bien ; et que, si tu penses mal, tu te conduiras mal ; car la cause de nos actes est toujours notre façon de juger des choses. (Id., III, 9.)

———

Avant tout, il faut que sa partie maîtresse soit plus pure que le soleil ; autrement, il ne serait qu'un brelandier et qu'une pratique, lui qui se ferait le censeur des autres, quand le mal serait maître chez lui. Vois, en effet, l'état des choses. Les rois et les tyrans ont des gardes et des armes, qui leur donnent les moyens de réprimander les autres et de les punir quand ils font mal, quelque pervers qu'ils soient eux-mêmes ; mais le cynique n'a ni armes ni gardes ; il n'y a que sa conscience qui puisse lui donner le même pouvoir, quand il se voit veillant et travaillant par amour pour l'humanité ; quand il se voit s'endormant le cœur pur et se réveillant plus pur encore ; quand il voit que toutes ses pensées sont les pensées d'un ami des dieux, d'un de leurs ministres, d'un associé à la souveraineté de Jupiter ; quand il voit que partout il a présent à l'esprit ce mot : « O Jupiter, ô destinée, conduisez-moi », et cet autre encore :

« Si les dieux le veulent ainsi, qu'il en soit fait ainsi, » pourquoi n'aurait-il pas le courage de parler librement à ses frères, à ses enfants, à sa famille, en un mot ? (Id., III, 22.)

Les dieux, par leur nature, sont purs et sans tache ; autant donc l'homme se rapproche d'eux par la raison, autant il devra s'efforcer d'être pur et sans souillure. Il est impossible à son être de se trouver jamais complètement pur, avec les matériaux dont il est composé ; mais la raison, qui lui a été donnée, essaye du moins de le rendre pur dans la mesure du possible. La première pureté, la plus noble, est celle de l'âme ; et réciproquement pour l'impureté. On ne découvre pas les impuretés de l'âme aussi aisément que celles du corps ; mais que peuvent être ces impuretés de l'âme, si ce n'est ce qui l'encrasse et la gêne dans ses fonctions ? Or, les fonctions de l'âme sont de vouloir, de repousser, de désirer, de fuir, de se préparer, d'entreprendre, de donner son adhésion. Qu'est-ce donc qui nuit chez elle à ces fonctions, en la salissant et la rendant impure ? Rien autre chose que ses méchants jugements. L'impureté de l'âme, ce sont donc ses opinions défectueuses ; et le moyen de la purifier, c'est de lui faire des opinions telles qu'elle doit en avoir. L'âme pure est celle qui a les opinions qu'elle doit avoir ; car c'est la seule dont les fonctions ne soient troublées par aucune saleté.

Il y a quelque chose de pareil à faire pour le corps, à son tour, autant qu'il s'y prête... C'est pour cela que la nature nous a donné de l'eau ; c'est pour cela qu'elle nous a donné des mains.

Pour moi, j'aime mieux que le jeune homme qui vient à moi pour la première fois, s'y présente bien frisé, que sale et les cheveux en désordre. On voit du moins en lui quelque idée du beau, quelque amour de ce qui sied. Il le cherche où il croit qu'il est. On n'a plus qu'à lui montrer où il est, et à lui dire : « Jeune homme, tu cherches le beau, et tu fais bien, sache donc qu'il est pour toi où est ta raison. Cherche-le où est ta faculté de vouloir et de repousser, de désirer et de fuir, car c'est là chez toi ce qui a de la valeur.....» Quoi donc! doit-on vouloir se faire beau ? A Dieu ne plaise! si ce n'est dans notre raison, dans nos jugements, dans nos actes ; quant au corps, il ne faut s'en occuper que pour qu'il soit propre et ne choque personne. (Id., iv, 11.)

Tu ne trouveras dans la pensée d'un homme de bien châtié, bien purifié, nulle sanie, nulle immondice, nulle fourbe. Jamais ce n'est une vie incomplète que brise en lui la destinée, comme qui dirait l'acteur tragique sortant de la scène avant la fin et le dénoûment de la pièce. En lui non plus rien de servile, rien d'affecté, nulle dépendance d'autrui, nul déchirement, nul acte qui redoute la censure ou dont il doive se cacher. (Marc-Aurèle, iii.)

Il serait d'un homme plus parfait de sortir du milieu des hommes, pur de tout mensonge, de toute dissimulation, de tout luxe et de tout faste. La corruption de l'âme est peste, bien plus que telle intempérie, tel changement dans l'air qui nous environne. (Id., ix.)

O mon âme, seras-tu, quelque jour enfin, bonne, simple, toujours la même, et toute nue, plus visible à l'œil que le corps qui t'enveloppe? Goûteras-tu enfin le bonheur d'aimer, de chérir les hommes ? Seras-

tu un jour enfin assez riche de toi-même pour n'avoir
aucun besoin, aucun regret ; ne désirant ni objet de
plaisir, ayant vie ou non, ni temps pour prolonger tes
jouissances, ni d'être en un autre lieu, dans quelque
vaste contrée, de respirer un air plus pur, d'avoir
affaire avec des hommes plus sociables ? Si tu te
contentes de ta condition présente, tu feras ton
plaisir de tout ce qui est présentement et tu te per-
suaderas à toi-même que tout ce qui t'arrive est bien
pour toi ; que tout vient des dieux et qu'il ne peut y
avoir que du bien dans tous leurs décrets, dans tout
ce qu'ils feront pour la conservation de cet être
parfait, bon, juste, beau, qui produit, embrasse,
contient toutes choses, où tout se dissout pour produire d'autres êtres semblables aux premiers ; seras-
tu enfin en état quelque jour de vivre avec les dieux
et les hommes dans une telle communion, que
jamais tu ne te plaignes d'eux et que jamais ils ne te
condamnent. (Id., x.)

CHAPITRE VIII

IMITATION DE DIEU

Droiture et véracité

La pureté et la droiture sont étroitement unies comme deux vertus qui découlent de la même source. Elles se confondent dans l'âme qui vit en la présence de Dieu et s'efforce de se préserver de toute souillure. « Si, comme dit Sénèque, Dieu se trouve au milieu de nos pensées », elles deviennent pures et se manifestent au dehors par une conduite droite devant les hommes. Épictète, dont le point d'appui est toujours le sentiment d'une conscience droite que l'amour du devoir rend inébranlable, nous dit : « Lorsque, sachant bien que tu dois faire une chose, tu la fais, n'évite jamais d'être vu en la faisant, même si le vulgaire doit en penser du mal. » Aux yeux de Marc-Aurèle, le mensonge est une impiété. S'il est trop sévère pour le mensonge involontaire, c'est que tout mensonge trouble l'ordre du monde. Il nous exhorte à « mettre dans nos paroles une héroïque vérité », et il ajoute que « personne ne peut nous empêcher d'agir ainsi ». Il reconnaît donc qu'il faut du courage pour être sincère et droit en toutes circonstances, et il condamne tous les compromis avec la vérité qui est au-dessus de tout. Et après avoir dit : « Il faut être droit ou redressé », il corrige sa pensée dans cette autre parole : « Nous devons être droits, et non point redressés ». En effet, les fautes contre la droiture causent un si grand dommage à l'âme qu'il faut bien des efforts héroïques pour le réparer. De la droiture intérieure, Marc-Aurèle passe naturellement à la simplicité, que j'appellerais volontiers la droiture en action. Il veut que nous bannissions de notre langage toute protestation « l'homme vertueux, le simple, le bienveillant, portant leurs intentions dans leurs yeux où on les voit toujours ».

Que sert-il de se cacher et d'éviter les yeux et les oreilles des hommes ? Une bonne conscience est bien aise de paraître en public ; une mauvaise porte son trouble et sa défiance jusque dans le désert. Si vos actions sont honnêtes, que tout le monde les sache ; si elles sont vicieuses, qu'importe que personne ne les sache, puisque vous les savez? Oh! que vous êtes malheureux si vous méprisez un tel témoin ! (Sénèque, *Epître* XLIII.)

Vous avez bonne opinion de moi, si vous croyez que je ne fais rien que je voulusse vous cacher. Il est vrai qu'il faut régler notre vie comme si tout le monde la regardait, et nos pensées comme si l'on pouvait pénétrer au fond de notre cœur, et on le peut aussi. Car, que sert-il de se dérober à la connaissance des hommes, puisque Dieu connaît toutes choses, qu'il est présent dans notre âme et qu'il se trouve au milieu de nos pensées ? (Id., LXXXIII.)

———

Lorsque, sachant bien que tu dois faire une chose, tu la fais, n'évite jamais d'être vu en la faisant, même si le vulgaire doit en penser du mal. Car si tu as tort d'agir ainsi, fuis l'action même, et si tu n'as pas tort, pourquoi crains-tu ceux qui te blâmeront à tort ? (Épictète, *Manuel*, XXXV.)

———

Il faut être droit ou redressé. (Marc-Aurèle, VII.)

———

Autre est le mouvement d'une flèche, autre le mouvement de l'esprit : l'esprit, même alors qu'il prend ses précautions, qu'il considère les objets en tous sens, n'en marche pas moins droit et à son but. (Id., VIII.)

———

Celui qui commet l'injustice est un impie. En effet, la nature de l'univers ayant organisé les êtres raisonnables les uns pour les autres, afin qu'ils se prêtent, suivant le mérite de chacun, un mutuel secours, et qu'ils ne se nuisent jamais, celui qui transgresse la volonté de la nature commet évidemment une impiété envers la plus ancienne des déesses. Mentir, c'est aussi commettre une impiété envers la même déesse ; car la nature de l'univers est la nature de tous les êtres : par conséquent, les êtres ont tous un lien de parenté entre eux. Ce n'est pas tout : on l'appelle encore vérité, et elle est la première cause de tout ce qui porte le caractère du vrai. Par conséquent, mentir sciemment c'est être impie, en tant qu'il est impie de tromper. Mentir involontairement, c'est l'être encore, en

tant qu'on se met en désaccord avec la nature de
l'univers, et en tant qu'on trouble l'ordre du monde
en combattant contre la nature du monde. En effet,
on combat contre elle quand on se porte, même
contre son propre gré, à ce qui est contraire à la
vérité ; car la nature nous avait doués d'un penchant à la vérité : nous avons négligé ce penchant
et il ne nous est plus possible de distinguer le faux
du vrai. (Id., IX.)

***

Ne montre dans tes actions ni mauvaise volonté
ni misanthropie, ni préoccupation, ni distraction ;
jamais à ta pensée d'ornement frivole ; point de
prolixité dans tes discours ; jamais d'air affairé.
Offre, d'ailleurs, au gouvernement du dieu qui est
au dedans de toi, un être viril, mûri par l'âge, ami
du bien public, un Romain, un empereur ; un soldat à
son poste, comme s'il attendait le signal de la trom-
pette ; un homme prêt à quitter sans regret la vie,
et dont la parole n'a besoin ni de l'appui d'un
serment, ni du témoignage de personne. C'est là
qu'on trouve la sérénité de l'âme, qu'on apprend à
se passer, et des services d'autrui, et de cette tranquillité que pourraient nous donner les hommes.
Nous devons être droits, et non point redressés.

Si, dans l'exécution de l'affaire présente, c'est la
droite raison qui te guide ; si tu y mets tout ton soin,
toute ta vigueur, toute ta douceur ; si rien d'étranger ne t'en peut distraire ; si tu conserves pur
et sans tache le génie qui est en toi, comme s'il te
fallait le rendre tout à l'heure ; si tu agis, en un
mot, sans désir, sans crainte, et qu'il te suffise de
régler conformément à la nature l'action présente,
et de mettre dans tes paroles, dans tes accents,
une héroïque vérité, tu mèneras une vie de bonheur :

or, il n'y a personne qui puisse t'empêcher d'agir
ainsi. (Id., III.)

————————

Des hommes qui se méprisent les uns les autres
se font des compliments réciproques; et des hommes
qui cherchent réciproquement à se supplanter se
font des soumissions les uns aux autres

Il y a de la corruption et de l'hypocrisie dans ce
discours : J'ai résolu d'en agir franchement avec
vous. Que fais-tu, ô homme? ce préambule est
inutile; la chose se fera bien voir à l'instant. Ton
front doit porter écrites, dès le premier instant, ces
paroles : Voilà ce que j'ai résolu. On doit les lire
dans tes yeux à l'instant, comme celui qui est aimé
découvre dans un regard toutes les pensées de sa
maîtresse. L'homme franc et vertueux doit être, en
un mot, comme un homme qui a mauvaise odeur.
A peine assis à ses côtés, qu'on le veuille ou non,
on s'en aperçoit. L'affectation de la franchise est un
poignard caché. Rien n'est plus honteux qu'une
amitié de loup. C'est là ce qu'il faut surtout éviter.
L'homme vertueux, le simple, le bienveillant,
portent leurs intentions dans leurs yeux ; et on les y
voit toujours. (Id., XI.)

DEUXIÈME PARTIE

Culture morale et moyens de culture

CHAPITRE PREMIER

IDÉAL DES STOÏCIENS

Malgré la conviction sincère exprimée dans certaines pages des stoïciens, malgré l'élévation, je dirai presque le souffle chrétien de leur foi spiritualiste, nous sommes forcée de reconnaître que l'étude approfondie de leurs écrits ne nous permet pas de croire qu'ils aient eu autre chose que des notions vagues et flottantes sur Dieu, sur l'âme et sur la vie future. Si, d'une part, leurs affirmations nous semblent prouver qu'ils ont entrevu la vérité religieuse, d'autre part leurs diverses conjectures et même leurs négations constatent l'absence de principes religieux assez fermes, pour servir de base à leur morale. C'est la droiture de leur conscience, la pureté de leur vie, qui leur a fait pressentir le

Dieu saint et parfait. Ils ont été conduits à Dieu par l'amour désintéressé du bien et c'est par une illumination supérieure, une inspiration divine qu'ils ont compris que l'âme est faite à l'image de Dieu, et que c'est en cela que consiste la grandeur, la dignité de l'homme. Quelle que soit l'origine de ce sentiment sublime et fécond, il serait difficile de nier que toute la morale stoïcienne en est pénétrée. Nous le retrouvons, plus ou moins vivant, chez tous les principaux représentants du stoïcisme. Il est au fond de toutes leurs conceptions de l'idéal moral, que cet idéal soit la vie conforme à la nature, ou l'imitation de Dieu, ou la perfection de l'âme, sa liberté, son harmonie et sa beauté. L'idée exprimée par ces divers termes n'est-elle pas, en effet, la culture, le perfectionnement du principe divin qui est en nous ? C'est l'honorer que d'aimer le bien et de le pratiquer ; c'est au contraire le dégrader que de s'adonner au mal qui est incompatible avec la nature divine de l'âme. Tous les hommes participent à cette nature, quelles que soient les circonstances extérieures qui les distinguent entre eux ; tous peuvent et doivent manifester leur ressemblance avec Dieu et vivre avec Dieu, en travaillant à rendre leur âme parfaite. « La vertu, dit Sénèque, n'est interdite à personne, elle est accessible à tous ; elle accueille, elle invite tout le monde, les hommes libres, les affranchis, les esclaves, les rois, les bannis ; elle ne choisit ni la noblesse, ni le cens, elle se contente de l'homme dans sa nudité. » Le seul titre de gloire pour

les stoïciens c'est donc la dignité humaine; tous
leurs efforts ont pour but de garder leur âme pure
de toute souillure, et de la rendre forte, grande et
sainte par la vertu. Exaltés par la haute idée qu'ils
se font de l'homme, pénétrés de la grandeur de la
fin qu'ils poursuivent, les stoïciens, ainsi que nous
le dit Sénèque « s'occupent moins de faire paraître
leur vertu agréable à ceux qui la recherchent, que
de nous sauver au plus tôt et de nous transporter
dans ces régions élevées qui sont tellement hors de
la portée des traits, qu'elles dominent la fortune ».
Et ces vaillants champions de la dignité humaine
ont une foi invincible dans la puissance de l'âme
qu'ils croient capable de réaliser la perfection
divine et même de surpasser par sa constance
« l'impassibilité de Dieu ».

Le souverain bien est dans le jugement même et
dans la disposition d'une âme parfaite; lorsqu'elle
s'est déployée dans toute sa sphère, lorsqu'elle
s'est retranchée dans ses propres limites, pour elle
le souverain bien est complet; elle ne désire rien
de plus, car il n'y a rien au delà du tout, pas plus
qu'au delà des limites. C'est donc une folie de me
demander quelle est la chose pour laquelle je poursuis la vertu; car c'est chercher quelque chose au
delà de ce qui est tout. Tu me demandes ce que je
poursuis dans la vertu? elle-même : car elle n'a rien
de meilleur; elle-même elle est son prix. Est-ce là
une chose peu considérable? Quand je te dis que le
souverain bien est la fermeté d'une âme inflexible,
et sa prévoyance, et son discernement, et son bon

sens et sa liberté, et son harmonie, et sa beauté ;
veux-tu donc exiger encore quelque chose de plus
grand qui soit le but de tout cela ? (Sénèque, *De la
Vie humaine*, IX.)

Ceux qui n'admettent pas le bienfait de l'esclave
envers son maître méconnaissent les droits de
l'humanité : car il importe de considérer les sentiments de celui qui donne, et non sa condition. La
vertu n'est interdite à personne, elle est accessible
à tous ; elle accueille, elle invite tout le monde, les
hommes libres, les affranchis, les esclaves, les rois,
les bannis ; elle ne choisit ni la noblesse ni le cens,
elle se contente de l'homme dans sa nudité. Quelle
protection y aurait-il contre les revers imprévus ? A
quoi de grand pourrait aspirer l'âme, si la fortune
devait changer une vertu éprouvée ?

. . . .

Un esclave peut être juste, courageux, magnanime : donc il peut être bienfaisant. Car c'est aussi
de la vertu ; et il est si vrai qu'un esclave peut
accorder un bienfait à son maître, que souvent sa
vie est le bienfait de son esclave. Il n'est pas dou-
teux qu'un esclave ne puisse être le bienfaiteur de
tout autre : pourquoi donc pas de son maître ?

C'est une erreur de croire que la servitude
descende dans l'homme tout entier : la plus noble
partie de lui-même en est exempte. Le corps seul est
l'esclave et la propriété du maître : l'âme s'appartient à elle-même ; elle est si libre, si indépendante
que, même dans cette prison qui l'enferme, elle ne
peut être empêchée de prendre tout son essor pour
s'élever aux plus grandes choses, et s'élancer dans
l'infini, compagne des célestes intelligences. C'est
donc le corps que la fortune a livré au maître ; c'est
le corps qu'il achète, c'est le corps qu'il vend. L'âme

ne peut être traînée au marché ; tout ce qui vient d'elle est libre. (Sénèque, *Des Bienfaits*, 3, XVIII, XX, XXI.)

———

Les stoïciens, marchant dans la route des vrais hommes, s'occupent moins de la faire paraître agréable à ceux qui s'y engagent, que de nous sauver au plus tôt, et de nous transporter dans ces régions élevées qui sont tellement hors de la portée des traits, qu'elles dominent la fortune. — Mais la voie où ils nous appellent est escarpée et raboteuse. — Est-ce donc par la plaine qu'on gagne les hauteurs? Et même cette route n'est pas si malaisée que quelques-uns se l'imaginent. C'est la première partie seulement qui a des pierres et des rochers, et semble sans issue ; souvent ainsi la plupart des objets vus de loin paraissent escarpés et liés entre eux tant que la distance trompe les regards. Ensuite, quand on s'en approche, ces mêmes objets, dont l'illusion des yeux avait fait une seule masse, se dégagent insensiblement, et ceux qui, dans l'éloignement, semblaient taillés à pic, reprennent la forme d'une douce pente. (Sénèque, *De la Constance du Sage*, I.)

CHAPITRE II

CULTURE MORALE

Moyens de cette culture. — Connaissance

I

L'ÉTUDE

Perfectionner l'âme, c'est agrandir, élever la pensée en lui donnant un aliment spirituel et pur, fortifier la volonté et la diriger selon la raison et la justice. « La pensée, a dit Marc-Aurèle, tend par sa nature propre à s'unir à ce qui lui ressemble. » Le poète stoïcien Perse nous fait connaître quels sont les objets dignes de notre pensée : « Les principes des choses, ce que nous sommes, la fin pour laquelle nous recevons l'être, le rang qui nous est assigné, la volonté de Dieu à notre égard, le poste où il nous a placés, le dévouement que nous y devons pratiquer. » Tous les autres grands maîtres du devoir et de la vertu nous disent la même chose en d'autres termes, et nous font comprendre que la connaissance qui ne nous rend ni plus sages, ni meilleurs, est vaine et stérile. Même Sénèque, en nous parlant des charmes de l'étude et des plaisirs infinis qu'il trouve dans la lecture, n'oublie pas qu'au-dessus de la jouissance intellectuelle qu'elle nous procure, elle a une influence morale bien grande : « Il faut, dit-il, se nourrir de l'esprit des auteurs, si nous en voulons tirer quelque chose qui demeure au fond de notre âme..... Faites chaque jour quelque fonds contre la mort, contre la pauvreté et contre les autres misères de la vie. Quand vous aurez parcouru beaucoup de choses, choisissez-en une pour la bien digérer ce jour-là. » La science pour lui n'est pas ce que l'on donne à garder à la mémoire, mais ce qu'on a su transformer en sa propre substance ; et le but de tout ce qu'il apprend, c'est de travailler à l'harmonie de son âme.

Il n'y a qu'une lumière du soleil, bien qu'elle se divise à l'infini, sur des murailles, sur des montagnes. Il n'y a qu'une matière commune, bien que disséminée en une infinité de corps particuliers. Il n'y a qu'une vie unique, bien qu'elle se partage entre une infinité de natures et de corps limités. Il n'y a qu'une âme intelligente, malgré ses apparentes divisions. Des choses que je viens de dire, les unes, comme le souffle, la matière, n'ont pas de sentiment et sont sans rapport 'd'affection les unes avec les autres, nonobstant l'intelligence universelle qui les embrasse et la pesanteur qui les retient au même lieu : au contraire, la pensée tend, par sa nature propre, à s'unir à ce qui lui ressemble. Ce penchant est tout en elle ; rien ne peut en arracher l'instinct qui fait vivre les êtres ensemble. (Marc-Aurèle, XII.)

Apprends, malheureux, à connaître les principes des choses ; ce que nous sommes, à quelle fin nous recevons l'être ; quel rang nous fut assigné ; comme on effleure la limite de la vie pour se trouver au retour ; où doit s'arrêter l'amour de l'argent ; ce qu'il est permis de désirer ; de quelle utilité est un écu difficile à gagner ; tout ce qu'on doit de dévouement à la patrie, à ses parents ; ce que Dieu a voulu que tu fusses, à quel poste il t'a placé au sein de la société. (Perse, *Satire*, III.)

———

Prenez garde que dans cette lecture que vous faites de plusieurs auteurs et de toutes sortes de livres, il n'y ait quelque chose de vague et de trop léger. Il faut s'attacher et se nourrir de leur esprit, si nous en voulons tirer quelque chose qui demeure au fond de notre âme. Qui est partout, n'est nulle part. Ceux qui ne s'arrêtent à aucun auteur, et qui passent légèrement sur les matières, sont semblables aux voyageurs, lesquels se font beaucoup d'hôtes et point d'amis. La viande prise et rendue presque en même temps ne sert de rien pour la nourriture du corps ; rien n'est si contraire à la guérison que de changer souvent de remèdes. La plaie ne se ferme point tant qu'on y essaie divers médicaments ; un arbre ne prend point racine s'il est souvent transplanté, et il n'y a rien dans la nature de si salutaire qui puisse servir quand il ne fait que passer.

Car enfin la multitude des livres dissipe les forces de l'esprit : c'est pourquoi, comme on n'en peut pas lire autant qu'on en peut avoir, il suffit d'en avoir autant qu'on en peut lire. — Mais, direz-vous, je veux lire tantôt celui-ci, tantôt celui-là ! — C'est la marque d'un estomac dégoûté de vouloir tâter de

.plusieurs viandes, qui, par leurs qualités différentes,
corrompent plutôt qu'elles ne nourrissent. Lisez
donc toujours des auteurs approuvés, et, s'il vous
arrive d'en lire d'autres, reprenez les premiers.
Faites chaque jour quelque fonds contre la mort,
contre la pauvreté et contre les autres misères de
la vie. Quand vous aurez parcouru beaucoup de
choses, choisissez-en une pour la bien digérer ce
jour-là. (Sénèque, *Epître*, II.)

———

Il est honteux à un homme fait de chercher de
beaux mots, de s'attacher à certaines phrases qui
sont communes, et de ne se faire considérer que
par sa mémoire. Qu'il se soutienne de soi-même,
qu'il dise et ne récite pas ; car il n'est pas honnête
à un vieillard ou à un homme avancé dans l'âge,
de parler par tablettes. Zénon a dit ceci, Cléanthe
cela. Et vous, que je sache ce que vous dites, jusqu'à quand vous laisserez-vous conduire par un
autre ? Parlez et produisez quelque chose de votre
âme. C'est ce qui me fait croire que ces gens qui
sont toujours interprètes et jamais auteurs et qui
se couvrent de l'ombre d'autrui, ne sont guère
hardis, puisqu'ils n'osent faire une fois ce qu'ils ont
étudié si longtemps. Ils n'apprennent que pour
exercer leur mémoire. Autre chose est de se souvenir, et autre chose est de savoir : se souvenir c'est
garder ce qui a été mis dans sa mémoire ; savoir,
au contraire, c'est s'approprier une chose, n'avoir
plus besoin de patron, ni de regarder son maître.
Zénon et Cléanthe disent cela. Mettez, je vous prie,
quelque différence entre vous et votre livre ;
apprendrez-vous toujours ? Il est temps que vous
enseigniez. Qu'ai-je à faire d'écouter ce que je puis
lire quand il me plaira ?

Vous me direz la vive voix fait beaucoup : non pas celle qui ne fait que rapporter les paroles d'autrui, comme ferait un greffier ; joint que ces tutelles suivent leurs auteurs en des opinions qui ne sont plus à la mode, ou bien en des choses que l'on cherche encore. Ainsi, l'on ne trouvera jamais rien si l'on se contente de ce qui a été trouvé ; d'ailleurs, celui qui suit un autre, ne suit rien, ne trouve rien, mais plutôt ne cherche rien. Quoi donc ! ne marcherai-je point sur les traces des anciens ? Pour moi, je me servirai de leur route ; mais si j'en trouve une plus courte, je la prendrai. Tous ceux qui ont remué des questions avant nous ne sont pas nos maîtres, mais seulement nos guides. La vérité est exposée à tout le monde ; personne ne s'en est encore emparé ; il en reste encore assez pour ceux qui viendront après nous. (Id., XXXIII.)

J'ai quitté la lecture : je crois pourtant qu'elle m'est nécessaire : premièrement, pour ne pas me croire entièrement dans mes opinions, et puis afin qu'ayant vu ce que les autres ont inventé, j'en puisse juger et inventer quelque chose à mon tour ; d'ailleurs la lecture nourrit l'esprit, et, quand il est fatigué de l'étude, la lecture le délasse par l'étude même. Mais il ne peut pas toujours écrire, ni toujours lire ; le premier serait ennuyeux et épuiserait nos forces, et le dernier les relâcherait. Il faut les prendre alternativement, et tempérer l'un par l'autre, en sorte que la plume fasse un corps de ce que la lecture a recueilli en divers endroits. Nous devons imiter en cela les abeilles, qui volent de tous côtés pour sucer sur les fleurs ce qui est propre à faire leur miel, puis le rapportent dans leurs ruches et le rangent par rayons, et, comme dit notre Virgile :

Elles sucent le miel, volent de fleur en fleur,
Et mettent par rayons cette douce liqueur.

On ne sait pas bien si le suc qu'elles ont tiré des
fleurs devient miel incontinent après, ou si c'est le
mélange et la propriété de leur haleine qui le fait
passer en cette nature. Il y en a qui tiennent qu'elles
n'ont pas l'adresse de faire le miel, mais seulement
de l'amasser... Mais, pour ne point nous écarter de
notre sujet, nous devons, dis-je, imiter les abeilles
et mettre séparément ce que nous avons recueilli
de diverses lectures (car il se conservera mieux
étant ainsi séparé) ; puis confondre ces sucs différents, et leur donner, par notre industrie, un goût
composé de tout cela, en sorte que, bien qu'on
s'aperçoive de ce qui a été pris ailleurs, on voie
bien toutefois que ce n'est pas la même chose.
C'est ce que fait tous les jours la nature dans notre
corps: les aliments que nous avons pris ne sont
qu'une charge incommode tant qu'ils demeurent
entiers et conservent leurs qualités dans notre
estomac ; mais sitôt qu'ils sont altérés et changés
par la chaleur naturelle, ils deviennent notre sang
et nous donnent de la vigueur. Faisons la même
chose de ce qui sert à la nourriture de notre esprit.
Ne permettons pas qu'il demeure en son entier,
parce qu'il ne serait pas à nous ; mais ayons soin
de le mâcher et de le digérer. Autrement il ne passera point dans notre âme et demeurera seulement
dans notre mémoire. Embrassons ces beaux sentiments, formons-en les nôtres, afin que de plusieurs
choses il ne s'en fasse qu'une seule, comme de plusieurs nombres il ne s'en fait qu'un lorsque diverses petites sommes sont jointes ensemble. Mais
cachons avec industrie ce que nous avons emprunté,
et ne faisons paraître que ce qui est à nous. Si l'on

reconnaît dans vos ouvrages quelques traits d'un auteur que vous estimiez particulièrement, que ce soit une ressemblance de fils, et non pas le portrait ; car un portrait est une chose morte...

Quand toutes les avenues sont bordées de chanteurs, que le bas du théâtre est environné de trompettes, et que les galeries retentissent de flûtes, de hautbois, et de toutes sortes d'instruments, il se fait une agréable symphonie de tous ces tons différents. Je veux que nous mettions notre âme dans une semblable disposition, qu'elle ait beaucoup de connaissances, de préceptes et d'exemples des siècles passés, et que tout cela conspire à une même fin. Mais comment cela se pourra-t-il faire ? me direz-vous. En veillant continuellement sur notre conduite et ne faisant rien que par le conseil de la raison. (Id., LXXXIV.)

II

LA MÉDITATION, LA PHILOSOPHIE

La méditation n'est pas plus que l'étude, pour Sénèque, une simple occupation de l'esprit : « Je songe premièrement, dit-il, à ce qui peut établir le repos de mon âme, et, après que je me suis bien examiné, je considère ce grand univers..... Ces méditations, pourvu qu'elles ne soient pas réduites en questions frivoles, élèvent et contentent l'esprit, lequel, se sentant pressé de la matière, n'aspire qu'à retourner au lieu de son origine. » La contemplation fortifie l'âme et la détache de la vie matérielle pour l'affermir dans sa haute vocation. Tous les phénomènes physiques ramènent sans cesse la pensée de

Sénèque à la fin de l'humanité, à sa destinée future, au lieu où « l'âme sera reçue étant affranchie de la servitude du corps ». Aussi bénit-il la philosophie à laquelle, dit-il, « nous serions plus obligés qu'aux dieux, si les dieux mêmes n'étaient auteurs de la philosophie et n'avaient rendu tout le monde capable de l'acquérir ». Il voit surtout dans la philosophie le moyen de parvenir à la sagesse et à la vertu, et il ne la sépare pas de « la justice, de la piété, de la religion et de toutes les autres vertus qui sont liées et jointes ensemble ». Pour lui, la philosophie est la vie même de l'âme. Aussi, loin d'en faire un objet de vanité « une pièce de montre » pour ceux qui sont éclairés par cette lumière supérieure, il veut qu'elle soit pour l'homme un guide, la règle même de toutes ses actions. « Que la Providence nous gouverne, ou que le destin nous entraîne », les enseignements de la philosophie restent les mêmes pour Sénèque : c'est « d'affermir ses bonnes intentions et de les faire passer en habitude ». Et sous la haute inspiration de ses grandes pensées, il exalte la noblesse de l'homme qui s'efforce de mettre sa vie d'accord avec ses sublimes contemplations : « Admire, dit-il, même lorsqu'ils tombent, des hommes qui s'efforcent à de grandes choses. C'est une noble tâche que de vouloir, en consultant, non pas ses forces, mais celles de sa nature, se porter vers les hauteurs, s'y essayer ; que de concevoir en son esprit des projets supérieurs à ce que pourraient exécuter ceux-là

mêmes qu'ennoblit une grande âme. » Ici Sénèque
distingue entre les forces de l'homme, c'est-à-dire
celles qui sont limitées par toutes sortes de nécessités plus ou moins inévitables, et les forces de sa
nature, savoir, les forces de sa nature divine qui
sont infinies. Oui, s'efforcer même sans succès, c'est
encore de la grandeur ; et celui qui ne se lasse pas
d'aspirer à des sommets presque inaccessibles, qui
reprend chaque jour sa pénible ascension à travers
« des pentes escarpées », est encore digne d'éloges,
alors même qu'il reste en deçà du but. Sénèque ne
songe pas un instant à abaisser son idéal pour l'ac-
commoder à sa faiblesse : ce serait se diminuer volontairement, ce serait dégrader son âme que de se
résigner à rester au-dessous de la perfection que sa
pensée a conçue. C'est au moment même où il sent
les contradictions incessantes entre la pratique et la
théorie, l'infirmité d'une nature inférieure qui l'entrave dans sa vocation divine, qu'il affirme avec le
plus de force son idéal si parfait.

Je songe premièrement à ce qui peut établir le
repos de mon âme, et, après que je me suis bien
examiné, je considère ce grand univers. Mais ne
croyez pas que ce temps-là soit perdu ; car ces
méditations, pourvu qu'elles ne soient pas ainsi
divisées et réduites en questions frivoles, élèvent et
contentent l'esprit, lequel, se sentant pressé de la
matière, n'aspire qu'à se mettre au large et à retourner au lieu de son origine. Le corps lui est un supplice et un poids qui le retient attaché, si la philo-

sophie ne le vient soulager en lui découvrant les
secrets de la nature, et le faisant passer de la terre
au ciel. C'est ainsi qu'il se met en liberté, et que,
s'étant dérobé de sa garde, il se va récréer dans le
ciel. De même que les artisans qui ont longtemps
travaillé sur un ouvrage délicat, dans un lieu
sombre, sortent, et vont se promener au grand jour
dans une place publique, afin de réjouir leur vue
qui est fatiguée ; ainsi l'esprit qui est enfermé dans
cette obscure et triste demeure prend l'essor quand
il le peut, et va se reposer dans la contemplation
des effets de la nature.

Le sage et celui qui aspire à la sagesse, quoiqu'il
soit attaché à son corps, ne laisse pas de s'en détacher quelquefois par la meilleure partie, et d'élever
en haut toutes ses pensées. Il croit, comme s'il y
était obligé par serment, que le temps qu'il demeure
ici-bas lui est donné de grâce, et, sans avoir de
l'amour non plus que du dégoût pour la vie, il s'ac-
commode aux choses de la terre, sachant bien qu'on
lui en réserve de meilleures autre part. Me défen-
drez-vous de considérer ce qu'il y a dans l'univers ?
Voulez-vous, en me détachant du grand tout, me
renfermer dans la partie que j'habite ? Ne pourrai-
je point rechercher quels sont les principes de
toutes choses ? qui les a formées ? qui a séparé et
mis en ordre ce qui était auparavant confondu dans
une masse brute et immobile ? Ne m'informerai-je
point qui est l'architecte de ce monde ? Comment
une si vaste étendue se trouve si bien rangée ? Qui
a ramassé ce qui était épars, et distingué ce qui était
pêle-mêle ? Qui a donné des figures différentes aux
choses qui étaient cachées sous la difformité de la
matière ? D'où procède cette grande clarté qui fait
le jour ; si c'est le feu, ou quelque chose de plus lui-
sant que le feu ? Ne saurai-je point d'où je suis

venu? Si je verrai ces choses-là une seule fois ou plusieurs ? Où je dois aller en partant d'ici ? Où l'âme sera reçue étant affranchie de la servitude du corps? Voulez-vous m'empêcher de m'élever au ciel? c'est-à-dire, voulez-vous que je vive la tête baissée contre la terre? Je suis de trop bon lieu ; je suis destiné à des choses trop grandes, pour me rendre esclave de mon corps ; je ne le regarde que comme une prison dont je suis environné. C'est pourquoi je le présente à la fortune pour arrêter ses traits, et je n'en laisse passer un seul jusqu'à moi, chez qui rien n'est susceptible d'injure, que ce misérable logis ; mais l'âme qui l'habite est franche et libre. Jamais cette chair ne me soumettra à la crainte et à la dissimulation, qui est indigne d'un homme de bien. Jamais je ne commettrai un mensonge en sa faveur; je romprai notre société quand bon me semblera ; et cependant, quoique nous soyons liés ensemble, il n'y aura point d'égalité entre nous, et l'âme prendra l'autorité tout entière. Le mépris de notre corps est la véritable liberté. Mais, pour revenir à mon propos, ce qui sert beaucoup à cette liberté est la contemplation dont je parlais tout à l'heure ; savoir, que tout est composé de Dieu et de la matière ; que Dieu gouverne tous les êtres qui sont répandus autour de lui et le suivent comme leur maître et leur conducteur. Or, Dieu, qui agit sur la matière, est plus puissant que la matière qui reçoit l'action de Dieu. Le rang que Dieu tient dans le monde, notre âme le doit tenir dans l'homme : la matière est au regard de Dieu ce que le corps est au nôtre. Il faut donc que le pire obéisse au meilleur, que nous soyons fermes contre les accidents; que nous n'appréhendions point les injures, les violences, la peine, ni la pauvreté. Qu'est-ce que la mort? ou elle est une fin, ou bien un passage. Je ne crains point de n'être plus ; car c'est de même que si je n'avais jamais été ; ni de passer aussi, parce qu'il m'est incommode d'être si étroitement logé. (Sénèque, *Epître*, LXV.)

Nous serions plus obligés à la philosophie qu'aux dieux, si les dieux mêmes n'étaient auteurs de la philosophie et n'avaient rendu tout le monde capable de l'acquérir ; car si la chose eût été vulgaire et que nous fussions tous nés prudents, la sagesse aurait perdu le plus grand avantage qu'elle ait ; je veux dire de n'être pas du nombre des choses fortuites. Ce qu'elle a d'excellent et de magnifique, c'est qu'elle ne vient point du hasard, que chacun la tient de soi-même, et n'en est obligé à personne. Qu'y aurait-il tant à admirer dans la philosophie, si c'était une chose qui se pût donner par gratification ? Toute son application consiste à trouver la vérité des choses divines et humaines. La justice, la piété, la religion, et toutes les autres vertus qui sont liées et jointes ensemble, ne l'abandonnent jamais ; c'est elle qui a établi le culte des dieux et l'amitié entre les hommes, qui nous a appris que les dieux sont maîtres du monde, et que les hommes y doivent vivre en communauté.

La sagesse dresse les âmes... Elle n'entreprend rien qui ne soit utile ; elle porte tout le monde à la paix et à la concorde. C'est elle qui gouverne la vie... Elle se propose la félicité pour objet ; elle nous y conduit, elle nous en ouvre le chemin, elle fait connaître ce qui est mal en effet et ce qui ne l'est que par opinion. Elle chasse la vanité et met en sa place une grandeur solide. Elle montre la différence qu'il y a entre l'illustre et l'orgueilleux, et fait voir ce que c'est du monde et ce qu'elle est

elle-même. Elle enseigne ce qui est des dieux, des
enfers, des lares et des génies ; quelle est la nature
des âmes immortelles qui tiennent le second rang
après les dieux ; leur séjour, leurs occupations,
leurs désirs, et leur puissance... Elle recherche la
nature de l'âme, son origine, son siège, sa durée...
Elle fait l'examen de la vérité. (Id., xc.)

Retirez-vous, autant que vous le pourrez, à l'abri
de la philosophie ; elle vous conservera dans son sein.
Vous serez en repos dans son sanctuaire et plus
assuré qu'en tout autre lieu. On ne s'entre-choque
que quand on passe dans un même endroit. Il ne faut
pas pourtant tirer vanité de cette même philosophie.
Bien des gens, pour s'en être glorifiés avec insolence, sont tombés en de grands périls. Servez-vous-
en pour corriger vos défauts, et non pour blâmer
ceux d'autrui. Ne vous éloignez point des coutumes
qui sont publiques, et vivez de sorte que l'on ne
croie pas que vous voulez condamner tout ce que
vous ne faites pas. On peut être sage sans montrer
du faste et sans attirer l'envie. (Id., ciii.)

La philosophie n'est pas une pièce de montre,
destinée pour le peuple ; elle s'arrête seulement aux
choses et non aux paroles ; on ne la prend pas pour
se divertir durant quelque journée, ou pour se
désennuyer quand on est de loisir. Elle forme
l'esprit, ordonne la vie, règle les actions, montre ce
qu'il faut faire et ce qu'on ne doit pas faire ; elle
tient le gouvernail et conduit le vaisseau dans les
passages dangereux. Sans elle personne n'est en
sûreté ; il arrive à toute heure une infinité de
choses où l'on a besoin de conseil, et c'est ce
qu'elle vous donnera. Mais (dira quelqu'un) à quoi

me servira ma philosophie, s'il y a une destinée ?
Si Dieu gouverne toutes choses, ou si le hasard
en est le maître (car les événements certains ne peuvent être changés, et l'on ne sait qu'opposer contre les incertains) ; à quoi, dis-je, me servira la
philosophie, si Dieu a prévenu mon dessein et a
ordonné ce que je ferai, ou si la fortune ne me
donne pas le loisir de délibérer ?

Que cela soit vrai en tout ou en partie, je raisonne ainsi. Soit que la destinée nous lie par une
nécessité immuable, soit que Dieu, comme arbitre
de l'univers, ordonne de toutes choses, soit que le
hasard roule et conduise aveuglément les affaires
humaines, il est certain que la philosophie nous
assistera toujours ; elle nous exhortera de nous
soumettre volontairement à Dieu, de résister à la
fortune, de suivre les ordres de la Providence et
de supporter les coups du hasard. Mais je ne veux
pas examiner présentement ce qui demeure en
notre pouvoir, soit que la Providence nous gouverne, ou que le destin nous entraîne, ou que les
accidents subits se rendent maîtres de notre liberté.
Je reviens donc à mon sujet, et je vous avertis de ne
pas laisser refroidir la chaleur de vos bonnes intentions ; affermissez-les et faites-les passer en habitude. (Id., xiv.)

La philosophie enseigne à faire, non à parler ;
elle veut que chacun vive à la manière qu'elle
prescrit, que nos paroles et nos actions se rapportent, et qu'il n'y ait point en cela de bigarrures ; c'est
un des plus grands avantages et la principale
marque de la sagesse, quand les actions conviennent
avec les paroles, et que l'on voit un homme toujours égal à soi-même. Qui pourra faire cela ? Peu

de gens à la vérité; il s'en trouve pourtant quelques-uns; j'avoue que la chose est difficile; aussi, je ne dis pas que le sage doive marcher toujours d'un même pas, mais bien par un même chemin.

..... L'inégalité est un défaut qui marque un esprit vacillant, dont la conduite n'est pas encore assurée.

Mais je veux vous dire d'où vient cette légèreté, et cette contrariété d'actions et de volontés : c'est que personne ne se propose un but arrêté, et, si l'on s'en propose quelqu'un, on ne s'y arrête pas, mais on passe par-dessus, on le quitte, on y retourne, embrassant quelquefois ce qu'on avait auparavant condamné. C'est pourquoi, sans rechercher les anciennes définitions de la sagesse, je me contenterai de celle-ci, qui s'étend à toutes les conditions de la vie humaine. En quoi consiste la sagesse ? A vouloir toujours une même chose, ou à la rejeter toujours. Je n'y ajoute point cette condition : pourvu que la chose que vous vouliez soit juste, parce qu'il n'y a rien qui puisse toujours plaire s'il n'est juste. Ainsi vous voyez que la plupart des hommes ne savent ce qu'ils veulent qu'au moment qu'ils le veulent, et que personne n'est certain de ce qu'il doit vouloir ou ne vouloir pas. On change tous les jours de sentiment, on passe même dans celui qui est opposé. Aussi, la vie de beaucoup de gens n'est, à vrai dire, qu'un badinage. Achevez donc ce que vous avez commencé ; vous arriverez peut-être au plus haut degré, au moins à tel degré que vous seul pourrez connaître que ce n'est pas encore le plus haut.

. . . .

N'ayez donc point d'autre pensée, d'autre soin, ni d'autre désir que de trouver le fond de votre satisfaction et de votre bonheur en vous-mêmes;

peut-il y avoir une félicité qui approche davantage de celle de Dieu? (Id., xx.)

Savez-vous qui j'appelle bon? C'est un homme parfait et accompli, que la violence et la nécessité ne sauraient rendre mauvais. Je prévois que vous serez tel si vous continuez, et si vous faites en sorte que toutes vos paroles et vos actions s'accordent ensemble, et soient comme frappées à un même coin. L'esprit n'est pas bien droit quand les actions se trouvent toujours opposées. (Id., xxxiv.)

Les philosophes ne font pas ce qu'ils disent? Ils font cependant beaucoup, en ce qu'ils le disent, en ce que leur esprit conçoit l'honnête. Car si leurs actions étaient d'accord avec leurs discours, qu'y aurait-il de plus heureux que les philosophes? En attendant, il n'y a pas lieu de mépriser de bonnes paroles, et des cœurs pleins de bonnes pensées. Poursuivre de salutaires études, dût-on même rester en deçà du but, est digne d'éloges. Est-il surprenant qu'ils ne montent pas jusqu'au sommet, ceux qui gravissent des pentes escarpées? Admire plutôt, même lorsqu'ils tombent, des hommes qui s'efforcent à de grandes choses. C'est une noble tâche que de vouloir, en consultant, non pas ses forces, mais celles de sa nature, se porter vers les hauteurs, s'y essayer; que de concevoir en son esprit des projets supérieurs à ce que pourraient exécuter ceux-là mêmes qu'ennoblit une grande âme. L'homme qui a pris cette résolution, voici sa pensée : « Moi, j'entendrai mon arrêt de mort du même air que je prononcerai, que je contemplerai la mort d'un criminel; moi, je me soumettrai au travail, quelque rude qu'il puisse être; l'âme étaiera le corps; moi j'aurai un

égal mépris pour les richesses et présentes et absentes
sans être plus triste, si quelque part elles gisent inutiles, ni plus présomptueux, si elles brillent autour
de moi; moi, je ne serai sensible à la fortune, ni
quand elle viendra, ni quand elle s'en ira; moi, je
regarderai toutes les terres comme étant à moi,
les miennes comme étant à tous; moi je vivrai
comme sachant que je suis né pour les autres,
et, à ce titre, je rendrai grâce à la nature des
choses. Comment, en effet, pouvait-elle mieux arran-
ger mes affaires ? Elle m'a donné moi seul à tous, et
tous à moi seul. Ce que j'aurai, je ne veux ni le
garder en avare, ni le répandre en prodigue. Rien
ne sera mieux en ma possession que ce que j'aurai
bien donné. Je n'évaluerai les bienfaits ni par le
nombre, ni par le poids, ni par aucun autre mérite
que le mérite de celui qui reçoit. Jamais je ne croirai
donner beaucoup quand un homme digne recevra.
Dans ce que je ferai, rien pour l'opinion, tout pour
ma conscience : je croirai avoir le peuple pour
témoin de tout ce que je ferai avec le témoignage de ma conscience. En mangeant et en bu-
vant, mon but sera d'apaiser les besoins de la nature,
non de remplir le ventre et de le vider. Moi,
gracieux pour mes amis, doux et facile pour
mes ennemis, je serai fléchi avant d'être prié ;
j'irai au-devant des demandes honnêtes. Je saurai
que ma patrie c'est le monde auquel président les
dieux, que ceux-ci se tiennent au-dessus de moi,
autour de moi, censeurs de mes actions et de mes
paroles. En quelque moment que la nature rappelle mon âme, ou que ma raison la délivre, je
m'en irai en prouvant que j'aimais la bonne conscience et les bonnes études, que je n'ôtai rien à la
liberté de personne, que personne n'osa rien sur la
mienne. (Sénèque, *De la vie humaine*, xx.).

Celui qui se proposera d'agir ainsi, qui le voudra, qui le tentera, entrera dans la voie de Dieu ; et certes, quand même il ne s'y tiendrait pas, il ne tombera pourtant qu'après avoir osé de grandes choses. (Id., XXI.)

———

S'il nous était permis de pénétrer dans l'âme d'un homme de bien, oh ! que nous y verrions de beauté, de pureté et de tranquillité ; nous verrions éclater d'un côté la justice, de l'autre la force, et dans un autre endroit la tempérance et la prudence. Nous y verrions encore reluire la sobriété, la continence, la patience, la franchise, l'affabilité et (qui le pourrait croire ?) l'humanité, qui est une qualité assez rare dans l'homme. D'ailleurs, ô bons dieux, combien la prévoyance, la magnificence et la grandeur de courage lui donneraient-elles de crédit et de gravité ! Combien verrait-on de grâce et de majesté saintes ensemble ! Personne ne croirait cette âme digne d'amour qui ne la jugeât aussi digne d'adoration. Oui, si quelqu'un voyait cette face, qui est plus auguste et plus éclatante que tout ce qui paraît dans l'univers, ne s'arrêterait-il pas tout étonné comme à la rencontre d'une divinité, la priant de lui permettre de la regarder ; puis, attiré par sa douceur, ne lui rendrait-il pas ses adorations.... Nous verrions la beauté de cette âme au travers de ses haillons. (*Epître*, cvx.)

III

CONNAISSANCE DE SOI

Après Sénèque, l'homme d'étude qui, de tous les stoïciens, a le plus écrit, Épictète et Marc-Aurèle insistent surtout sur la connaissance de soi et considèrent l'univers dans ses rapports avec l'homme. Épictète nous exhorte à distinguer entre les choses celles qui dépendent de notre libre arbitre, afin d'y placer notre bien et d'être indépendants, calmes, heureux, élevés d'esprit, religieux, reconnaissants à Dieu ». Et pour que nous agissions en hommes, il veut que la réflexion et la délibération précèdent toutes nos actions et que nous ne nous déterminions qu'après avoir pesé nos forces, les motifs qui nous font agir et les conséquences de nos actes. De même Marc-Aurèle pense que « rien n'est propre à élever les sentiments de l'âme comme de pouvoir faire l'examen méthodique et rationnel de chacun des objets qui se présentent à nous dans la vie » ; et il ajoute : « Oui, il me faut savoir quelle est la vertu dont j'ai besoin à son endroit ; si c'est la douceur, la force d'âme, la vérité, la confiance, la simplicité, la modération. » Ainsi subordonne-t-il la connaissance à la vertu, et il considère celle-ci comme une fin, tandis que l'autre n'est qu'un moyen. Il nous conseille de nous servir de la raison pour éprouver toutes nos paroles et nos actions ; et, pour éviter les actions superflues, de supprimer les pensées inutiles. Il remonte donc jusqu'au principe même de nos actes et nous rappelle que « bien penser, c'est le principe de la morale ».

Il ne nous recommande pas la solitude, ainsi que Sénèque et Épictète qui, tout en reconnaissant que nous sommes faits pour vivre en société, sentent aussi la nécessité de la retraite pour ramener l'âme à elle-même, lui apprendre à vivre seule, à se regarder en face, à s'examiner sérieusement et à scruter sa conduite. Celui qui fuit la solitude est pour Épictète un être inférieur. « Homme, si tu vaux quelque chose, dit-il, sache te promener seul, converser avec toi-même, et ne pas te cacher dans un chœur. » Sénèque nous signale ce qui nous détourne de la solitude : c'est le dégoût de notre être, l'orgueil, la cupidité, l'amour du plaisir et la soif de la louange ; et il nous prémunit contre les dangers du monde où la flatterie et l'adulation nous empêchent de parvenir à la connaissance de nous-mêmes. Épictète voit dans la solitude le calme et le recueillement nécessaires, pour se préparer à « descendre dans l'arène ». C'est dans la vie contemplative que l'âme se prépare à l'action, qu'elle mesure ses forces et se dresse pour la bataille. La solitude est pour lui le repos, le loisir. Et si nous lui appliquons ses propres préceptes, il aime la solitude, parce que son âme est droite et saine, et qu'elle se plaît à converser avec Dieu et avec elle-même ; peut-être aussi, parce qu'elle a le courage de se voir telle qu'elle est, de sonder ses plaies et d'user de remèdes héroïques pour les guérir.

L'homme qui ignore ce qu'il est et pourquoi il est né, qui ne sait ni ce qu'est ce monde où il est, ni ce que sont ses compagnons, ni ce qui est bon, ni ce qui est mauvais, ni ce qui est beau, ni ce qui est laid, qui ne comprend ni un raisonnement, ni une démonstration, ni ce que c'est que la vérité, ni ce que c'est que l'erreur, et qui ne sait pas les distinguer, ne se conformera à la nature ni dans ses désirs, ni dans ses craintes, ni dans ses vouloirs, ni dans ses entreprises, ni dans ses affirmations, ni dans ses négations, ni dans ses doutes. En somme, il s'en ira à droite et à gauche, sourd et aveugle; on le prendra pour quelqu'un, et il ne sera personne. (Épictète, *Entretiens*, II, 24.)

Toute faute renferme une inconséquence. Car celui qui commet une faute ne veut pas en commettre une, mais arriver à bien; d'où suit évidemment que ce qu'il fait n'est pas ce qu'il veut.

Mais toute âme raisonnable est naturellement ennemie de l'inconséquence; et si, tant qu'elle ne s'aperçoit pas qu'elle est tombée dans une inconséquence, rien ne l'empêche de faire des choses inconséquentes, en revanche, dès qu'elle s'en aperçoit, elle renonce inévitablement à son inconséquence et la fuit; de même que l'on cesse inévitablement de croire à l'erreur, quand on l'a reconnue pour une erreur, mais que, tant qu'elle ne nous est pas apparue comme telle, on y croit comme à une vérité. (Id., 26.)

Examine d'abord les antécédents et les conséquents de chaque action; ensuite, mets-toi à l'œuvre. Sinon, tu partiras d'abord avec ardeur, sans songer aux suites, et plus tard, quand se montreront les pas difficiles, tu te retireras honteusement.

Homme, examine d'abord l'affaire en elle-même; puis ta propre nature, et si tu peux porter un tel fardeau. (Épictète, *Manuel*, XXIX.)

Le raisonnement et la démonstration ne pourraient

apprendre à personne que c'est Dieu qui a tout fait dans le monde, et que dans son ensemble il l'a fait indépendant et sans autre fin que lui-même, tandis que les parties n'en existent que pour les besoins du tout ! Les autres êtres sont hors d'état de comprendre cette grande administration ; mais l'animal raisonnable a les moyens de démêler à la fois qu'il est une partie du tout et telle partie, et qu'il est convenable que les parties subissent les lois de l'ensemble. De plus, né avec un cœur noble, avec une âme grande et libre par nature, il voit que dans le milieu où il vit il y a des choses dont il est le maître et dont il dispose, tandis qu'il y en a d'autres qui sont dans la dépendance et sous la main d'autrui ; que celles dont il est le maître sont celles qui sont laissées à son libre arbitre, et celles dont il n'est pas le maître, celles qui n'y sont pas laissées ; il voit, par suite, que s'il ne place son bien et son intérêt que dans les premières seules, dans celles dont il est le maître et dont il dispose, il sera indépendant, calme, heureux, au-dessus de toute atteinte, élevé d'esprit, religieux, reconnaissant à Dieu de toute chose, ne se plaignant jamais de ce qui arrive en dehors de sa volonté, et ne blâmant quoi que ce soit. (Épictète, *Entretiens*, IV, 7.)

Aux règles dont j'ai parlé, il faut en ajouter une encore : Se faire toujours la définition ou la description de l'objet qui tombe sous l'action de la pensée, de façon à bien voir quel il est en soi et dans son essence, quelles parties intégrantes constituent son ensemble ; à pouvoir te dire à toi-même et son vrai nom, et les noms des parties qui le composent et dans lesquelles il doit se résoudre. Rien, en effet, n'est propre à élever les sentiments de l'âme comme de pouvoir faire l'examen méthodique et rationnel de chacun des objets qui se présentent à nous dans la vie, et d'y porter un regard tel, qu'à l'instant même on comprenne à quel ordre de choses chaque objet appartient, et de quelle utilité il y est; quel rang il tient dans l'univers, et quel par son rapport avec l'homme, avec le citoyen de cette cité suprême dont les autres cités sont comme les maisons. Oui, il me faut savoir ce qu'est, et de quoi est composé, et combien de temps doit durer cet objet qui affecte présentement ma vue; quelle est la vertu dont j'ai besoin à son endroit; si c'est la douceur, la force d'âme, la vérité, la confiance, la simplicité, la modération. (Marc-Aurèle, III.)

N'exécute aucune action au hasard, ni autrement que ne le comportent les règles que l'art prescrit. (Id., IV.)

Je t'engage à examiner, d'après Chrysippe, de quelle façon le monde est gouverné, et quelle place y tient l'être doué de vie et de raison. Examine aussi qui tu es, et quel est ton bien et ton mal. (Épictète, *Entretiens*, I, 10.)

La première chose à faire quand on a étudié la philosophie, c'est de connaître en quel état est notre partie maîtresse; car, si on la sait faible, on ne voudra pas l'appliquer aux choses les plus difficiles. Mais aujourd'hui des gens qui ne pourraient pas avaler un petit livre qui ne ferait qu'une bouchée, achètent de gros volumes qu'ils s'efforcent de digérer. De là les vomissements ou les indigestions, puis les coliques... On devrait d'abord se demander ce dont on est capable. Mais, si dans les questions de logique il est facile de confondre l'ignorant, dans la vie nous ne nous présentons jamais à qui peut nous confondre, et nous haïssons qui nous confond. Socrate disait pourtant que vivre sans examen ce n'était pas vivre. (Id., 26.)

Examine qui tu es : Avant tout, un homme, c'est-à-dire un être chez qui rien ne prime la faculté de juger et de vouloir. Tout le reste lui est soumis ; mais, quant à elle, elle est libre et indépendante. Examine de qui te distingue la raison. Elle te distingue des bêtes sauvages ; elle te distingue des bestiaux. En plus, tu es citoyen du monde, dont tu es une partie, et non pas une des parties destinées à servir, mais une partie destinée à commander ; car tu peux comprendre le gouvernement de Dieu, et te rendre compte de l'enchaînement des choses. Quel est donc le devoir du citoyen? De ne jamais considérer son intérêt particulier, de ne jamais calculer comme s'il était un individu isolé. (Id., ii, 10.)

Le commencement de la philosophie, chez ceux du moins qui s'y attachent comme il convient et en chasseurs sérieux, c'est le sentiment de notre infirmité et de notre faiblesse dans les choses indispensables.

Nous venons au monde sans avoir naturellement aucune notion du triangle rectangle, du dièse ou des demi-tons, chacune de ces choses ne s'apprenant que par la transmission de la science ; aussi ceux qui ne les savent pas ne croient-ils pas les savoir. Mais, quant au bien et au mal, quant à la beauté et à la laideur, quant à ce qui est séant ou malséant, quant au bonheur ou au malheur, quant à ce qui convient ou ne convient pas, quant à ce que nous devons faire ou ne pas faire, qui est-ce qui est ven

au monde sans en avoir en lui la notion? Aussi tout
le monde se sert-il de ces termes, et essaie-t-il
d'appliquer ces notions premières aux faits particuliers : « Un tel a bien agi. C'était son devoir. C'était
contre son devoir. Il a été heureux. Il a été malheureux. Il est injuste. Il est juste. » Qui de nous
s'abstient de ces façons de dire? Qui de nous en
remet l'usage au temps où il sera instruit, comme
le font, pour les figures de géométrie et pour les
notes de la musique, ceux qui ne s'y connaissent
pas? La cause en est que nous venons au monde en
tenant de la nature, sur ce point, une petite instruction, d'où nous partons pour nous permettre de
juger. « Pourquoi, en effet, dit-on, ne me connaî-
trais-je pas au beau et au bien? N'en ai-je donc
point les notions? Tu les as. Est-ce que je ne les
applique pas aux faits particuliers? — Tu les
appliques. — Est-ce que je ne les applique pas au
bien? » Toute la question est là; car c'est dans ces
applications mêmes que consistent les jugements.
Tous les hommes sont d'accord sur ces notions premières, qui sont leur point de départ; mais ils
arrivent à des conclusions douteuses, parce qu'ils
ne les appliquent pas bien. Si, avec ces notions
elles-mêmes, on avait en plus le talent de les appliquer, qu'est-ce qui empêcherait d'être parfait? (Id.,
II, 11.)

Il faut sans cesse que tu sois préparé à ces deux
choses : l'une, de faire uniquement ce que te suggère,
pour l'utilité des hommes, la faculté qui règne sur
toi et qui te soumet à sa règle; l'autre, de changer
d'avis s'il se trouve là quelqu'un qui te redresse, qui
te fasse abandonner ta pensée. Il faut pourtant que
toujours le changement ait pour motif une raison
probable de justice ou de publique utilité, ou toute

autre raison analogue ; mais seulement celles-là, et
non point le plaisir ou l'honneur que nous y avons
pu apercevoir.

Tu as la raison en partage ? — Oui. — Que ne
t'en sers-tu donc ? Car, si elle remplit sa fonction,
que veux-tu davantage?

*Fais peu de choses, dit celui-là, si tu veux que le
calme règne dans ton âme.* Il eût été mieux peut-
être de dire: Fais ce qui est nécessaire, et tout ce
qu'exige la condition d'un être sociable, et de la
manière qu'elle l'exige. Il y aura là tout ensemble
et la satisfaction du bien accompli, et aussi celle
d'avoir fait un petit nombre d'actions. En effet, la
plupart de nos paroles et de nos actions ne sont pas
nécessaires : les retrancher, c'est se donner plus de
loisir, moins de trouble d'esprit. Par conséquent,
il faut, sur chaque chose, se faire cette question :
Ceci n'est-il point chose sans nécessité? Or, il faut
supprimer, non seulement les actions inutiles, mais
encore les pensées inutiles; car, ôtez ces dernières,
il n'y a plus même cause d'actions superflues. (Marc-
Aurèle, iv.)

———

Il est nécessaire de se souvenir que le soin qu'on
donne à chaque action doit être proportionné à
son importance, et avoir une mesure. De cette manière, tu ne te désespéreras pas d'avoir jamais donné
à des choses futiles plus d'attention qu'il ne convenait. (Id., iv.)

———

Reviens de ton ivresse, et rappelle tes esprits.
Quand tu seras éveillé, quand tu t'apercevras que
c'était un songe qui te troublait, considère en homme
qui ne dort plus l'objet de ton trouble, comme tu l'as
considéré auparavant. (Id. vi.)

———

Dans le discours, il faut faire attention aux paroles ; dans les actions, à ce que l'on fait : il faut voir ici dès l'abord à quel but l'action se rapporte ; là, on doit examiner quel est le sens des expressions. (Id., VII.)

———

Dieu voit les âmes dépouillées de ces vases matériels, de ces écorces, de ces ordures qui les couvrent ; car son intelligence ne touche qu'à ce qu'il y a là d'émané, de dérivé d'elle-même. Si tu t'accoutumes à faire de même, tu te débarrasseras d'une foule de soucis. En effet, celui qui ne voit pas la masse de chair dont il est environné, ne perdra pas son temps à contempler un habit, une maison, la gloire même, toute cette sorte d'entour et d'appareil théâtral.

Il faut contempler les formes dépouillées de leurs écorces ; savoir les motifs des actions ; ce que c'est que la douleur, la volupté, la mort, la gloire ; comment c'est soi-même qu'on s'ôte le repos ; que ce n'est jamais dans un autre qu'on trouve son obstacle ; que tout est opinion. (Id., XII.)

———

Il faut souvent se retirer en soi-même ; car la société de ceux qui ne nous ressemblent pas trouble l'harmonie de notre âme, réveille les passions, irrite toutes les plaies du cœur qui ne sont pas bien fermées. Il faut néanmoins entremêler, alterner ces deux choses, la solitude et le monde. La solitude nous fera désirer les hommes, et le monde nous-mêmes ; l'une sera le remède de l'autre. La solitude nous guérira de l'aversion pour la foule ; la foule, des ennuis de la solitude. Il ne faut pas toujours tenir l'esprit tendu vers la même chose ; il faut donner du relâche à l'esprit ; après le repos, il se relève plus fort, plus ardent. De même qu'il ne faut pas trop exiger d'un champ fertile, car une fécondité toujours active l'épuiserait bientôt ; de même un travail assidu brise la vigueur de l'âme. Un instant de repos et de distraction lui rend ses forces. (Sénèque, *De la tranquillité de l'Ame*, xv.)

La nature nous a faits pour vivre en société, pour nous aimer les uns les autres, pour être heureux de nous trouver avec des hommes. Mais il n'en faut pas moins que chacun ait en lui les moyens de pouvoir se suffire, de pouvoir vivre seul ; de même que Jupiter vit seul, jouissant tranquillement de lui-même, songeant à la façon dont il gouverne, et tout entier aux pensées qui conviennent à sa divinité. Il faut que nous aussi, à son exemple, nous puissions converser avec nous-mêmes ; nous passer des autres ; n'avoir besoin d'aucune distraction ; réfléchir au gouvernement divin et à nos rapports avec le reste du monde ; songer à la conduite que nous avons tenue en face des événements, et à celle que nous tenons aujourd'hui ; chercher quelles sont les choses qui nous gênent encore, comment on peut y porter remède, comment on peut les faire disparaître ; et, si quelque côté en nous a besoin d'un perfectionnement, le lui donner conformément à la raison. (Épictète, *Entretiens*, III, 13.)

Les mauvais acteurs ne peuvent chanter seuls ; ils ne chantent qu'avec d'autres. Il est de même certaines gens qui ne peuvent se promener seuls. Homme, si tu vaux quelque chose sache te promener seul, converser avec toi-même, et ne pas te cacher dans un chœur. (Id., 14.)

Si les circonstances veulent que tu vives seul ou
en compagnie restreinte, appelle cela la tranquillité,
et tire de la situation le parti que tu dois en tirer ;
entretiens-toi avec toi-même, éprouve tes *idées*, et
perfectionne tes notions *a priori*. (Id., IV, 4.)

———

Que ceux-là regrettent le tourbillon des affaires
et du monde, qui ne peuvent se souffrir eux-mêmes.
Vous, au contraire, vous êtes si bien avec vous !
Je ne m'étonne pas que peu d'hommes aient ce
bonheur : nous sommes nos propres tyrans, nos
persécuteurs ; malheureux tantôt de nous trop
aimer, tantôt du dégoût de notre être ; tour à tour
l'esprit enflé d'un déplorable orgueil, ou tendu par
la cupidité ; nous laissant aller aux plaisirs ou nous
consumant d'inquiétudes ; et, pour comble de
misère, jamais seuls avec nous-mêmes. Nécessairement dans une demeure habitée par tant de vices,
il y a lutte perpétuelle. Faites donc ce que avez
coutume de faire, séparez-vous tant que vous
pourrez de la foule et ne prêtez pas le flanc aux
adulateurs ; ils sont adroits à circonvenir les
grands ; vous aurez le dessous avec eux, si bien en
garde que vous soyez. Croyez-moi, vous laisser flatter, c'est vous livrer à la trahison. Tel est l'attrait
naturel de la flatterie : même lorsqu'on la rejette,
elle plait ; longtemps exclue, elle finit par se faire
admettre ; car elle va jusqu'à nous faire un mérite
de ce que nous ne voulons pas d'elle, et les af-
fronts mêmes ne peuvent la déranger. On ne peut
croire ce que je vais dire et pourtant cela est vrai :
chacun de nous est surtout vulnérable à l'endroit
qu'on attaque en lui ; peut-être en effet, ne l'atta-
que-t-on que parce qu'il est vulnérable. Armez-
vous donc bien, mais sachez qu'il vous est impos-

sible d'être à l'épreuve des blessures. Eussiez-vous
tout prévu, vous serez frappé au défaut de vos
armes. L'un emploiera l'adulation avec déguise-
ment et sobriété ; l'autre ouvertement, en face,
affectant une bonhomie brusque, comme si c'était
franchise de sa part et non pas artifice.....

Plus la flatterie est à découvert, plus elle est
hardie ; plus elle s'est endurci le front et a fait
rougir celui des autres, plus son triomphe est
prompt. Car on en est venu à ce point d'extrava-
gance, que qui nous loue modérément nous paraît
injurieux. (Sénèque, *Questions naturelles*, 4, Préface.)

Ces jours derniers, Dieu voulait que tu eusses du
loisir, que tu t'entretinsses avec toi-même, que tu
écrivisses sur ce sujet, que tu lusses, que tu écou-
tasses, que tu te préparasses ; et tu as eu pour cela
un temps suffisant. Aujourd'hui il te dit : « Parais
dans l'arène ; montre-nous ce que tu as appris, et
comment tu as travaillé. » Jusques à quand t'exer-
ceras-tu tout seul ? Voici le moment de connaître
si tu es du nombre des athlètes qui méritent de
vaincre, ou du nombre de ceux qui parcourent
toutes les terres en se faisant battre. De quoi t'ir-
rites-tu ? Il n'y a pas d'arène sans foule tumul-
tueuse. Il y faut nombre de gens pour vous préparer,
nombre de gens pour crier, nombre de surveillants,
nombre de spectateurs. — Mais je voulais vivre au
sein du calme. — Gémis donc et pleure ; tu l'as
bien mérité. Peut-il, en effet, y avoir pour l'ignorant qui désobéit aux ordres des dieux un châtiment
plus grand que de se désoler, de se lamenter, de
porter envie à d'autres ? en deux mots, d'être malheureux et misérable ? N'est-ce pas là un lot

auquel tu voudras te soustraire ? (Épictète, *Entretiens*, ıv, 4.)

IV

EXAMEN DE SOI

Mais, pour que l'âme arrive à se connaître, il ne suffit pas qu'elle soit seule avec elle-même, car, dans la solitude même, à l'abri de la dissipation et de la flatterie du monde, elle est encore exposée à l'illusion la plus décevante, celle de l'orgueil que la contemplation d'elle-même continue d'entretenir. « Plus les maladies de l'âme sont grandes, moins on les sent », dit Sénèque. Et ailleurs : « C'est une preuve de l'amendement de notre vie, que d'en connaître les défauts, lesquels nous ne remarquions pas auparavant. L'on congratule certains malades, lorsqu'ils commencent à sentir leur mal. » Qu'est-ce qui peut réveiller l'âme du sommeil de mort où elle est plongée ? Sénèque, après avoir dit que la philosophie seule en est capable, ajoute cependant : « Examine toute ta vie, et tu trouveras qu'il n'y a que la mort seule qui puisse juger de ce que tu es..... On connaîtra par quel ressort tu auras agi, lorsque tu rendras l'esprit. » Sans doute, l'homme est incapable de se juger selon la justice absolue, dont il n'a lui-même qu'une idée imparfaite ; et il est trop intéressé à la sentence, trop enclin à la passion, à la prévention et à l'erreur pour qu'il soit tout à fait impartial. La répréhension d'autrui n'a pas souvent non plus le pouvoir d'éveiller en lui le

sentiment de ses fautes, car, ainsi que nous le dit
Épictète : « Si l'on dit à quelqu'un que ses appétits
sont en feu, que ses craintes sont basses, que ses
projets se contredisent, que ses volontés sont contre
nature, ses opinions irréfléchies et fausses, il sort
aussitôt en disant : On m'a insulté ». Comment
remédierons-nous donc à notre aveuglement, d'autant plus persistant qu'il est volontaire? C'est en
cherchant sincèrement la vérité, en prenant garde
à notre vie, en nous examinant sans cesse, ainsi
que le faisaient tous nos maîtres stoïciens ; en nous
demandant chaque jour avec Sénèque : « De quel
défaut t'es-tu guéri? quel vice as-tu combattu? En
quoi es-tu devenu meilleur? » Avec Épictète : « A
quel devoir ai-je failli? Quelle loi ai-je violée? »
Avec Marc-Aurèle, non seulement à la fin du jour,
mais dans chaque occasion : « Quel est l'usage que
je fais de mon âme? Quelle est l'âme que j'ai présentement? Est-ce celle d'un enfant? celle d'un jeune
homme? celle d'une femmelette? celle d'un tyran?
celle d'une bête de somme? celle d'un animal
féroce? » Ainsi l'habitude de nous observer deviendra si bien une fonction de notre vie morale qu'elle
s'appliquera à nos pensées et à nos sentiments les
plus intimes, aussi bien qu'à nos paroles et à nos
actes. Et notre examen de conscience ne sera plus
une étude plus ou moins factice que la fatigue et le
sommeil ne nous permettent pas toujours de faire
sérieusement et complètement ; ce sera le regard de
œil intérieur, dirigé sans cesse sur la vie de l'âme,

ainsi que l'œil extérieur est toujours ouvert sur le monde visible. Et ce regard sera de plus en plus attentif, clairvoyant et pur pour discerner tout ce qui émeut, trouble, agite et souille notre âme.

Plus les maladies de l'âme sont grandes, moins on les sent. Ne vous en étonnez pas. Car celui qui dort légèrement songe quelquefois, et, en dormant, il s'imagine dormir en effet, mais un profond sommeil plonge l'âme si avant qu'elle demeure sans fonction. Savez-vous pourquoi personne n'avoue ses défauts ? C'est parce qu'il y est encore engagé. Il faut être éveillé pour conter ses songes, et c'est un signe d'un esprit sain que de confesser ses fautes.

Éveillons-nous donc, afin que nous puissions connaître nos erreurs ; mais il n'y a que la philosophie qui nous puisse éveiller. Elle seule est capable de dissiper le sommeil profond et léthargique où nous nous trouvons plongés. Donnez-vous tout entier à cette maîtresse ; vous vous rendrez digne d'elle, comme elle est digne de vous. (Sénèque, *Epître*, LIII.)

––––––

Je m'aperçois que non seulement je deviens meilleur, mais que je me transforme pour ainsi dire. Ce n'est pas que je me promette qu'il ne refluera rien chez moi qui doive être changé. Pourquoi n'y aurait-il pas quantité de choses à corriger, à retrancher ou à perfectionner ? C'est une preuve de l'amendement de notre vie, que d'en connaître les défauts, lesquels nous ne remarquions pas auparavant. L'on congratule certains malades, lorsqu'ils commencent à sentir leur mal. Ne t'arrête point à l'opinion que les hommes ont de toi, qui est toujours

incertaine ; ne t'arrête point encore à tes études.
(Id., iv.)

Examine toute ta vie, et tu trouveras qu'il n'y a
que la mort seule qui puisse juger de ce que tu es.
Oui, je le dis, les disputes, les doctes conversations,
et les discours empruntés des sages de l'antiquité,
ne sont pas une preuve de la force de l'âme ; les
plus timides parlent quelquefois hardiment ; on connaîtra par quel ressort tu auras agi, lorsque tu
rendras l'esprit ; j'accepte volontiers cette condition, je n'appréhende point ce jugement. (Id., xxvi.)

« C'est déjà quelque amendement de reconnaître
sa faute. » Épicure, ce me semble, a dit cela fort à
propos : car celui qui ne reconnaît point sa faute ne
la veut pas corriger. En effet, il faut se surprendre
et se convaincre soi-même avant que de se pouvoir
réformer. Il y en a qui font gloire de leurs imperfections ; pensez-vous que ces gens-là songent à
guérir un mal qui passe dans leur esprit pour une
vertu ? C'est pourquoi je vous conseille de vous
reprendre et de veiller sur vous, soyez votre accusateur, puis votre juge ; demandez-vous grâce quelquefois, et, s'il est besoin, imposez-vous quelque
peine. (Id., xxviii.)

Si je te montre qu'il te manque précisément ce
qu'il y a de plus important et de plus essentiel pour
le bonheur ; que jusqu'ici tu t'es occupé de toutes
choses plutôt que de ce dont tu dois t'occuper ; si
j'ajoute, pour couronner le tout, que tu ignores ce
que c'est que Dieu, ce que c'est que l'homme, ce
que c'est que le bien, ce que c'est que le mal, peut-
être me laisseras-tu te dire tout cela ; mais, quand

je te dirai que tu ne te connais même pas toi-même,
pourras-tu me supporter, souffrir que je te le prouve,
rester là enfin ? Non, tu t'en iras tout de suite, et
furieux. Et cependant, quel tort t'aurai-je fait ?
aucun, à moins que tu ne trouves que le médecin
insulte le malade, quand il lui dit : « Mon ami, tu
crois ne rien avoir ! Tu as la fièvre. Fais diète
aujourd'hui et ne bois que de l'eau. » Personne ne
lui dit alors : « Quelle insolence ! » Mais, si l'on dit
à quelqu'un que ses appétits sont en feu, que ses
craintes sont basses, que ses projets se contredisent, que ses volontés sont contre nature, ses
opinions irréfléchies et fausses, il sort aussitôt en
disant : « On m'a insulté ». (Épictète, II, 14.)

Entreprendre ce que Jupiter lui-même n'a pu
faire, essayer de convaincre tous les hommes de ce
que sont les vrais biens et les vrais maux : est-ce
que ce pouvoir t'a été donné ? Le seul qui t'ait été
donné, c'est de t'en convaincre toi-même. Et, quand
tu n'en es pas encore convaincu, tu essayerais
aujourd'hui d'en convaincre les autres ! Est-il un
homme qui soit avec toi aussi constamment que toi-
même ? qui ait pour te persuader autant de moyens
que toi-même ? qui ait pour toi plus de bienveillance, et qui te touche de plus près que toi-même ?
Comment donc ne t'es-tu pas encore persuadé à toi-
même d'acquérir cette science du bien et du mal ?
N'est-ce pas tout prendre à rebours que de faire ce
que tu fais ? A quoi as-tu travaillé ? Qu'as-tu
essayé d'apprendre ? à t'élever au-dessus des chagrins, des troubles, des humiliations ; à te faire libre.
Or, ne t'a-t-on pas enseigné qu'il n'y a qu'une voie
qui y conduise, renoncer à toutes les choses qui ne
dépendent pas de notre libre arbitre, nous en détu-

cher, reconnaître qu'elles nous sont étrangères.
(Id., *Entretiens*, iv, 6.)

———

Il y a des choses dont les hommes conviennent
facilement, et d'autres dont ils ne conviennent pas
facilement. Personne ne conviendra qu'il manque
d'intelligence ou de bon sens ; tout au contraire,
vous entendrez dire à tout le monde : « Que n'ai-je
autant de chance que j'ai d'intelligence ! » On convient aisément qu'on est timide, et l'on dit : « Je
conviens que je suis trop timide ; mais, à part cela,
ce n'est pas un sot que vous trouverez en moi. » On
ne conviendra pas aisément que l'on manque d'empire sur soi-même ; on ne convient jamais que l'on
soit injuste, non plus qu'envieux ou curieux ; mais
presque tout le monde conviendra qu'il s'attendrit
facilement. D'où cela vient-il ? Avant tout, d'un
désaccord et d'un trouble dans nos opinions sur les
biens et les maux ; puis de ceci pour les uns, de cela
pour les autres. Presque jamais on ne convient de ce
que l'on regarde comme une honte. Or, on regarde
la timidité et la facilité à s'attendrir comme le fait
d'une bonne âme ; la sottise, comme le pur fait d'un
esclave.....
Puisque c'est ainsi que sont faits les gens au
milieu desquels nous vivons, esprits troublés qui ne
savent ni ce qu'ils disent, ni ce qu'ils ont ou n'ont
pas de mauvais, ni pourquoi ils l'ont, ni comment
ils s'en délivreront, je crois qu'il est bon de nous
demander sans cesse : « Est-ce que, moi aussi, je
suis un d'eux ? Quelle idée me fais-je de moi ? Comment est-ce que je me conduis ? est-ce comme un
homme sensé ? comme un homme maître de lui ?
Puis-je dire, moi aussi, que je suis préparé à tout
événement ? Ai-je bien, comme il convient à celui

qui ne sait rien, la conscience que je ne sais rien ?
Vais-je bien vers mon maître, comme vers un
oracle, avec la volonté d'être docile ? Ou ne vais-je
pas à l'école, moi aussi, tout enchifrené de sottise,
uniquement pour y apprendre des mots, y comprendre des livres que je ne comprenais pas auparavant, et, au besoin, être en état de les expliquer
à d'autres à leur tour ? » (Id., II, 21.)

Et personne ne songe à descendre en soi-même !
personne ! Mais on voit la besace au dos de celui qui
précède. Tu demandes : Connais-tu les biens de Vic-
tidius. — De qui ? de ce richard qui laboure à Cures
plus d'arpents que n'en saurait embrasser le vol
d'un milan ? Tu dis cet homme né sous la colère
des dieux, sous l'influence d'un mauvais génie.....
Nous frappons, puis à notre tour nous prêtons le
flanc aux traits. Ainsi va le monde : telle est notre
étude..... Rejette ce que tu n'es pas : au vil artisan
ses présents. Habite avec toi ; tu sauras combien ton
mérite est logé à l'étroit. (Perse, *Satire*, IV.)

Il faut diriger, il faut fortifier tous nos sens.
Leur nature est d'être patients : si l'âme cherche à
les corrompre, il faut tous les jours l'appeler à
rendre compte. Ainsi faisait Sextius : sa journée
terminée, au moment de se livrer au repos de la
nuit, il interrogeait son âme : De quel défaut t'es-tu,
aujourd'hui, guérie ? Quel vice as-tu combattu ? En
quoi es-tu devenue meilleure ? La colère s'apaisera
et deviendra plus modérée quand elle saura qu'elle
devra tous les jours comparaître devant un juge.
Quoi de plus beau que cette habitude de faire l'en-
quête de toute sa journée ! Quel sommeil que celui
qui succède à cette revue de ses actions ! Qu'il est

calme, profond et libre, lorsque l'âme a reçu sa
portion d'éloge ou de blâme, et que, soumise à son
propre contrôle, à sa propre censure, elle a fait
secrètement le procès de sa conduite! J'ai pris cette
autorité sur moi, et, tous les jours, je me cite devant
moi-même. Dès que la lumière est retirée de devant
mes yeux, et que ma femme, déjà au courant de
cette habitude, a fait silence, je discute en moi-
même ma journée entière, et je pèse de nouveau
mes actes et mes paroles. Je ne me dissimule rien,
je ne passe rien ; pourquoi, en effet, craindrais-je
d'envisager une seule de mes fautes, quand je puis
me dire : Vois à ne plus faire cela ; pour aujourd'hui
je te pardonne ; dans telle discussion, tu as parlé
avec trop d'aigreur ; ne va pas désormais te com-
promettre avec des ignorants ; ceux qui n'ont rien
appris ne veulent rien apprendre ; tu as fait tel
reproche plus librement qu'il ne convenait ; aussi
tu n'as pas corrigé, mais offensé ; vois à l'avenir non
seulement si ce que tu dis est vrai, mais si celui à
qui tu le dis peut endurer le vrai (Sénèque, *De la
colère*, 3, XXXVI.)

———

Que tes yeux trop faibles ne donnent jamais
entrée au sommeil, avant que tu aies passé en revue
toutes tes actions de la journée. Quelle loi ai-je violée ? Quel acte ai-je fait ! A quel devoir ai-je failli ?
Pars de là et continue. Puis si tu as fait du mal,
reproche-toi-le ; si tu as fait du bien, sois-en content. (Épictète, *Entretiens*, III, 10.)

———

Quel est l'usage que je fais aujourd'hui de mon
âme ? c'est la question que je dois m'adresser à moi-
même dans chaque occasion. Je dois examiner ce
qui se passe présentement dans cette partie de

moi qu'on appelle le guide de l'âme. Quelle est l'âme que j'ai présentement ? est-ce celle d'un enfant ? celle d'un jeune homme ? celle d'une femmelette ? celle d'un tyran ? celle d'une bête brute ? celle d'un animal féroce ?

Comment t'es-tu comporté jusqu'à ce jour envers les dieux, envers tes parents, tes frères, ta femme, tes enfants, tes maîtres, tes gouverneurs, tes amis, tes proches, tes serviteurs ? Peux-tu dire jusqu'à présent :

Jamais je n'ai fait tort à personne, ni par mes actions ni par mes paroles. (Marc-Aurèle, v.)

Regarde au dedans de toi ; c'est au dedans de toi qu'est la source du bien, une source intarissable pourvu que tu fouilles toujours. (Id., vii.)

A chaque action que tu fais, demande-toi à toi-même : Comment m'en trouvé-je ? ne m'en repentirai-je pas ? quelque temps encore, et je suis mort, et tout s'est évanoui. Qu'ai-je à chercher davantage, si mon action présente est celle d'un être doué de raison, sociable, soumis à la même loi que Dieu ? (Id., viii.)

A chacune de tes actions fais un examen, et demande-toi à toi-même si la mort est une chose terrible parce qu'elle te privera de tel objet. (Id., ix.)

Prends l'habitude, à chaque action d'autrui, de te faire autant que possible cette question : Quel est le but que cet homme se propose ? Mais commence d'abord par toi : examine-toi avant tout toi-même. (Id., x.)

Comment ton âme use-t-elle d'elle-même ? Tout est là, le reste, qu'il dépende de ta volonté ou n'en dépende point, n'est que corps mort et fumée. (Id., XII.)

V

HUMILITÉ

Quel est le résultat de l'examen de soi, pratiqué par une conscience droite ? Épictète nous le dit par une parole bien convaincue et bien ferme que l'on est heureux de pouvoir opposer à tous ceux qui l'accusent d'orgueil : « C'est le sentiment de notre infirmité et de notre faiblesse dans les choses indispensables. » Et dans d'éloquentes pages qui, peut-être, ont inspiré Pascal, Sénèque oppose la misère et la fragilité de l'homme à la grandeur de sa pensée : « Être de fange et de corruption, il fit avec des larmes son entrée dans la vie ; et pourtant quel tumulte ne fît pas ce méprisable animal ? à quelles ambitieuses pensées ne le pousse pas l'oubli de sa condition ? L'infini, l'immortel occupent son âme..... » Ce n'est pas seulement l'infirmité physique de cette « créature frêle, débile, nue et sans défense naturelle », qui frappe l'esprit de Sénèque ; il est pénétré aussi du sentiment de sa faiblesse morale, de son péché, auquel participe l'humanité entière. « Tous, dit-il, nous avons commis des fautes..... Quand même il serait quelqu'un qui eût si bien purifié son âme, que rien ne pourrait plus la troubler, ni l'égarer, cependant il n'est ar-

rivé à l'innocence qu'à travers le péché. » C'est encore
Sénèque qui dit que tous les hommes sont ingrats, cupides, envieux, lâches, ambitieux, impies. Mais il en
conclut qu'il ne faut pas leur en vouloir : « Pardonne-
leur, dit-il, ce sont des fous ». C'est ainsi que le
sentiment du péché produit dans une âme sincère
l'humilité et l'indulgence pour les fautes d'autrui.
On peut et l'on doit tout pardonner, quand on se
connaît bien soi-même. Marc-Aurèle nous le fait
bien comprendre par cette belle parole : « Tu pèches
toi-même bien souvent, et tu ressembles aux autres.
Si tu t'abstiens de certaines fautes, tu n'en as pas
moins le penchant qui les fait commettre, bien que
la lâcheté, la vanité, ou tout autre vice de ce genre
t'en fasse t'abstenir. »

Quel est donc cet oubli de ta condition et de celle
de tous ? Née mortelle, tu as enfanté des mortels.
Etre corruptible et périssable, soumis à tant d'accidents et de maladies, avais-tu donc espéré que ta
frêle substance avait engendré la force et l'immortalité ? Ton fils est mort ; c'est-à-dire, il a touché
le terme vers lequel sont entraînées les choses,
selon toi, plus heureuses que le fruit de ton sein.
Là, toute la foule que tu vois plaider dans le forum,
s'asseoir dans les théâtres, et prier dans les temples, s'achemine d'un pas inégal. Et ceux que tu
adores et ceux que tu méprises ne seront qu'une
même cendre. Telle est la leçon gravée sur le seuil
de l'oracle pythien : Connais-toi. Qu'est-ce que
l'homme ? Je ne sais quel vase fêlé, je ne sais quoi
de fragile. Il ne faut pas une grande tempête, mais

une lame pour le mettre en pièces : au premier choc il sera brisé. Qu'est-ce que l'homme ? Un corps frêle, débile, nu, sans défense naturelle, qui mendie l'aide étrangère, en butte à tous les outrages du sort ; qui, malgré l'effort de ses bras, est la pâture de la première bête, la victime du moindre ennemi; pétri de matière molle et fluide, et qui n'a de brillant que le dehors ; incapable contre le froid, le chaud, la peine, et en qui l'inertie engendre la corruption; craignant ses aliments dont le manque ou l'excès le tue ; d'une conservation pénible et pleine d'alarmes ; d'un souffle précaire, qui ne tient à rien, qu'étouffe une frayeur soudaine ou un grand bruit qui éclate; enfin, qui, pour se nourrir, se détruit, se dévore lui-même. Nous étonnerons-nous de la mort d'un homme, quand il faut que tous meurent ? Eh quoi ! pour abattre un homme, est-il besoin d'un si grand effort ? Une odeur, une saveur, la lassitude, la veille, l'humeur, le manger, tout ce dont il ne peut se passer pour vivre, lui est mortel. Il ne saurait faire un pas sans avoir aussitôt conscience de sa faiblesse : tous les climats ne lui vont point ; l'haleine, un changement d'air, un vent dont il n'a pas l'habitude, la plus mince des causes, un rien, et il est malade ; être de fange et de corruption, il fit avec des larmes son entrée dans la vie ; et pourtant quel tumulte ne fait pas ce méprisable animal ? A quelles ambitieuses pensées ne le pousse pas l'oubli de sa condition ? L'infini, l'immortel occupe son âme, il arrange l'avenir de ses neveux et de ses arrière-neveux. Au milieu de ses projets pour l'éternité, la mort le frappe, et ce qu'on appelle vieillesse n'est qu'une révolution de quelques années. (Sénèque, *Consolation à Marcia*, x.)

8.

Songe que tu es dans cette ville où la multitude, dont les flots se pressent sans relâche à travers de larges rues, étouffe dès qu'un obstacle interrompt le cours de ce rapide torrent ; où le peuple se fait jour vers trois théâtres à la fois, où l'on consomme toutes les moissons du monde entier : en quelle solitude, en quel désert se changerait-elle, s'il n'y restait que ceux qu'absoudrait un juge sévère ! Quel est le magistrat interrogateur qui ne soit répréhensible devant la loi même au nom de laquelle il interroge ? Quel est l'accusateur qui soit exempt de faute ? Je ne sais même s'il est quelqu'un qui se montre plus difficile à accorder le pardon que l'homme qui, le plus souvent, a eu besoin de l'implorer. Tous nous avons commis des fautes, les uns de plus graves, les autres de plus légères ; les uns de propos délibéré, les autres par l'impulsion du hasard, ou par l'entraînement d'une perversité étrangère ; quelques-uns n'ont pas su persister fortement dans de bonnes résolutions, et perdent leur innocence à regret et à leur corps défendant. Non seulement nous avons failli, mais jusqu'à la fin de la vie nous continuerons à faillir. Quand même il serait quelqu'un qui eût si bien purifié son âme que rien ne pourrait plus ni la troubler, ni l'égarer, cependant il n'est arrivé à l'innocence qu'à travers le péché. (Id., *De la clémence*, VI.)

Que chacun s'interroge : il n'y a personne qui n'ait à se plaindre d'un ingrat. Or, il ne peut se faire que tout le monde se plaigne, sans qu'on soit en droit de se plaindre de tout le monde. Donc, nous sommes tous ingrats. Est-ce là tout ? Nous sommes aussi tous cupides, tous envieux, tous lâches, et surtout ceux qui paraissent braves. Ajoute que tous les

hommes sont ambitieux, tous impies. Mais il n'y a
pas de quoi leur en vouloir. Pardonne-leur : ce sont
tous des fous. (Id., *Des bienfaits*, 4, XVII.)

Subissons-nous quelque punition, rappelons-
nous, non ce que nous souffrons, mais ce que nous
avons fait ; ouvrons un interrogatoire sur notre
conduite. Si nous voulons convenir avec nous-
mêmes de la vérité, nous jugerons que notre délit
méritait davantage. Si nous voulons apprécier justement toutes choses, nous nous convaincrons
d'abord qu'aucun de nous n'est exempt de fautes.
Car c'est de là que vient notre plus grande indignation ; je n'ai rien à me reprocher ; je n'ai rien fait :
c'est-à-dire que tu n'avoues rien. Nous nous révol-
tons de nous voir soumis à quelque réprimande, à
quelque punition ; tandis que, dans ce moment
même, nous péchons en ajoutant à nos fautes l'ar-
rogance et la rébellion. Quel est celui qui peut se
dire innocent aux yeux de toutes les lois ? Et si
cela était, quelle pauvre innocence de n'être bon que
selon la loi ! La règle de nos devoirs est bien plus
étendue que celle du droit. Que de choses nous
commandent la piété, l'humanité, la bienfaisance,
la justice et la bonne foi qui ne sont pas inscrites
sur les tables d'airain !

Cependant, même cette formule si étroite de l'innocence, nous ne pouvons la suivre. Il y a des
choses que nous avons faites, d'autres que nous
avons méditées, d'autres que nous avons souhaitées,
d'autres auxquelles nous avons aidé ; dans quel-
ques-unes nous sommes innocents, parce qu'elles
n'ont pas réussi. Cette pensée nous rendra plus
indulgents pour les fautes, plus dociles aux répri-
mandes. Surtout, ne nous emportons pas contre

nous-mêmes (car, qui épargnerons-nous, si nous ne
nous épargnons pas ?) et moins encore contre les
dieux. Car ce n'est pas leur loi, mais celle de l'humanité qui nous fait subir les déplaisirs qui nous
surviennent. Mais les maladies, les douleurs nous
assiégent. Ne faut-il donc pas dépouiller de quelque
manière cette enveloppe de fange que nous donne
le sort ? (Sénèque, *De la colère*, II, XXVII, XXVIII.)

On te dira que quelqu'un a mal parlé de toi ; cherche si tu n'as pas commencé le premier, cherche
sur combien de gens tu as parlé. Songe, en un mot,
que les uns ne font pas une injure, mais la rendent ;
que les autres la font par entraînement, d'autres
par contrainte, d'autres par ignorance ; mais celui
qui la commet volontairement et sciemment, tout en
nous offensant, ne cherche pas à offenser. Or, il a
cédé à l'attrait d'un bon mot, ou il a fait quelque
chose non pour nous faire mal, mais parce qu'il ne
pouvait parvenir, s'il ne nous eût poussé à l'écart.
Souvent la flatterie blesse en caressant. Quiconque
se rappellera combien de fois il a été exposé à de
faux soupçons, combien de services la fortune lui a
rendus sous les apparences du mal, combien de
gens il a aimés après les avoir haïs, pourra être
moins prompt à s'irriter, surtout si à chaque chose
qui le blesse il se dit dans le secret de son cœur :
« J'ai fait la même chose. » Mais où trouver un juge
aussi équitable ?... Les vices d'autrui sont devant
nos yeux ; les nôtres sont derrière nous... Celui qui
ne refuse rien à ses passions n'accorde rien à celles
des autres... La majorité des hommes s'irrite non
contre le délit, mais contre le délinquant. Un
retour sur nous-mêmes nous rendra plus indulgents, si nous nous interrogeons. N'avons-vous

pas nous-mêmes fait quelque chose de pareil ? Ne sommes-nous pas tombés dans les mêmes égarements ? Gagnons-nous quelque chose à une condamnation ? (Id., II, XXVIII.)

Si quelqu'un peut me convaincre, me prouver que je pense ou que j'agis mal, c'est avec plaisir que je me corrigerai ; car je cherche la vérité, qui n'a jamais nui à personne, au lieu qu'on se trouve mal de persister dans son erreur et dans son ignorance. (Marc-Aurèle, VI.)

Ne rougis point du secours d'autrui. Le dessein que tu te proposes, c'est d'accomplir ton devoir, comme un soldat quand il faut monter sur la brèche. Que ferais-tu si tu ne pouvais, étant blessé à la jambe, monter seul sur le rempart, et si tu le pouvais aidé par un autre ? (Id., VII.)

Souviens-toi que changer d'avis et te soumettre à qui te corrige, ne te rend pas moins libre que tu n'étais. Car c'est une action produite par un effet de ta volonté et de ton jugement ; par conséquent, l'accomplissement de la pensée de ton âme. (Id., VIII.)

Dès que tu t'offenses de la faute de quelqu'un, reviens aussitôt sur toi, et réfléchis aux fautes semblables que tu commets : ainsi, quand tu regardes comme un bien l'argent, le plaisir, la vaine gloire et les choses de ce genre. En t'appliquant à cette idée, tu auras bientôt oublié ta colère. Tu concevras qu'il subit une violence : que pouvait-il faire ? Or, si tu le peux, délivre-le de la puissance qui agit sur lui. (Id., X.)

Tu pèches toi-même bien souvent, et tu ressembles aux autres. Si tu t'abstiens de certaines fautes, tu n'en as pas moins le penchant qui les fait commettre, bien que la lâcheté, la vanité ou tout autre vice de ce genre t'en fasse t'abstenir. (Id., XI.)

—————

Si tu prends un rôle au-dessus de tes forces, tu le joues mal, et celui que tu pouvais remplir, tu l'abandonnes. (Épictète, *Manuel*, XXXVII.)

—————

Le commencement de la philosophie, chez ceux du moins qui s'y attachent comme il convient et en chasseurs sérieux, c'est le sentiment de notre infirmité et de notre faiblesse dans les choses indispensables. (Id., *Entretiens*, II, 11.)

—————

Si on te rapporte qu'un tel a mal parlé de toi, ne te justifie point de ce qu'on a dit ; réponds seulement : « Il ignorait sans doute les autres défauts qui sont en moi; car il n'eût point parlé seulement de ceux-là. » (Id., *Manuel*, XXXIII.)

VI

VIGILANCE

La connaissance de soi ne peut décourager que les âmes faibles qui ne sont pas soutenues par un amour sincère du bien. Pour celles qui veulent se perfectionner, cette connaissance n'est qu'une force de plus : elle leur inspire une crainte salutaire qui les met en garde contre elles-mêmes et les rend vigilantes pour se préserver du mal. « Comme, en te promenant, dit Épictète, tu prends garde de marcher sur un cor ou de te fouler le pied, de même prends garde de blesser la partie maîtresse de toi-même. Si nous songeons à cela dans chaque action, plus sûrement nous pourrons nous mettre à l'œuvre. » Nul n'a mieux compris que ce noble lutteur l'importance de l'attention dans la vie morale. Il sent qu'il ne peut être infaillible. Aussi ne songe-t-il qu'à ce qu'il peut, c'est-à-dire à s'efforcer constamment de ne pas faire de faute. Il n'oublie pas de tenir ses pensées en bride, de peur de s'exposer à toutes les tentations. La même pénétration qui lui a aidé à se connaître lui sert aussi à se garantir et à se défendre de ses faiblesses. Il ne cesse pas un seul instant de veiller sur « le génie qui habite en lui » ; mais il n'y a dans cette vigilance ni l'agitation ni l'inquiétude de la peur, c'est le calme et ferme attente du combattant qui est toujours sous les armes, et dont le regard exercé ne perd de vue aucun point faible, mais observe tous les mouvements de ses adversaires. Il connaît surtout le prix de ce qu'il garde : « C'est sa retenue, sa loyauté, sa fermeté, son calme, son contentement, son assurance, sa tranquillité, sa liberté en un mot. » Aussi reste-t-il maître de son attention pour rester maître de son âme.

Quoi que fasse le sage, il ne pourra jamais fermer si entièrement la plaie de la passion, qu'il n'en conserve quelque cicatrice cachée et toujours prête à saigner dans l'occasion. (Zénon.)

———

C'est le propre d'un animal raisonnable et libre de faire usage de la raison en toute circonstance et de se laisser gouverner par elle seule. Mais souvent il la méprise, parce qu'il est entraîné par quelque mouvement violent et insensé. Alors on entend l'homme passionné s'écrier : Je l'avais décidé autrement, mais la nature plus forte fait violence à mes conseils ; ou bien : Malheureux que je suis! Où était alors ma raison? Ce n'est pas cela que j'avais résolu ; je voulais précisément le contraire. (Chrysippe.)

———

Comme, en te promenant, tu prends garde de marcher sur un cor ou de te fouler le pied, de même prends garde de blesser la partie maîtresse de toi-même. Si nous songeons à cela dans chaque action, plus sûrement nous pourrons nous mettre à l'œuvre. (Épictète, *Manuel*, XXXVIII.)

———

Il est besoin de bien peu de chose pour tout détruire et pour tout perdre : la moindre distraction y suffit. Le pilote, pour perdre son vaisseau, n'a pas besoin d'autant de préparatifs que pour le sauver : pour peu qu'il le tourne contre le vent, tout est fini ; tout est fini, alors même qu'il ne l'a pas voulu et qu'il n'a fait que penser à autre chose. Il en est de même ici : pour peu que tu t'oublies, c'en est fait de tout ce qui se présente à toi : tiens-y l'œil ouvert. Ce que tu as à garder n'est pas de peu d'importance : c'est ta retenue, ta loyauté, ta fermeté, ton calme, ton contentement, ton assurance, ta tranquillité, ta liberté en un mot. Combien voudrais-tu

vendre toutes ces choses? Vois ce qu'elle valent.
« Jamais, dis-tu, en échange d'elles je n'obtiendrai
rien qui les vaille. » (Id., *Entretiens*, IV, 3.)

Si tu te relâches un instant de ton attention sur
toi-même, ne t'imagine pas que tu la retrouveras,
lorsque tu le voudras. Dis-toi, au contraire, que par
suite de ta faute d'aujourd'hui, tes affaires désormais seront en plus mauvais état. Car d'abord, et
c'est ce qu'il y a de plus triste, l'habitude nous vient
de ne pas veiller sur nous-mêmes, puis l'habitude de
différer d'y veiller, en remettant et reportant sans
cesse à un autre jour d'être heureux, d'être vertueux, de vivre et de nous conduire conformément
à la nature. S'il est utile de le remettre, il sera bien
plus utile encore d'y renoncer complètement ; et s'il
n'est pas utile d'y renoncer, pourquoi ne pas continuer à veiller constamment sur soi?... Est-il dans
notre vie une chose exceptionnelle à laquelle l'attention ne puisse s'étendre? En est-il une que nous
gâtions par l'attention, que nous améliorions en
n'étant pas attentif? Est-il quoi que ce soit, dans la
vie, qui gagne au défaut d'attention? Le charpentier construit-il plus parfaitement en ne faisant pas
attention? Le pilote en ne faisant pas attention
conduit-il plus sûrement? Est-il quelqu'un des travaux les moins importants qui s'exécute mieux sans
l'attention? Ne sens-tu pas qu'une fois que tu as
lâché la bride à tes pensées, il n'est pas en ton
pouvoir de les reprendre en mains pour être honnête, décent et réservé? Loin de là : tu fais, dès
lors, tout ce qui se présente à ton esprit, tu cèdes à
toutes les tentations.....

Quoi donc ! peut-on être infaillible? Non pas, mais
il est une chose que l'on peut, c'est de s'efforcer

constamment de ne pas faire de faute. Et il faut nous trouver heureux, si, en ne nous relâchant jamais de cette attention sur nous-mêmes, nous échappons à un certain nombre de fautes. Mais dire maintenant : « Je ferai attention demain », sache que c'est dire : « Aujourd'hui je serai sans retenue, sans convenance, sans dignité ; il sera au pouvoir des autres de me faire de la peine ; je vais être colère et envieux.» Vois que de maux tu attires là sur toi? Si l'attention doit t'être bonne demain, combien plus le sera-t-elle aujourd'hui ! Si demain elle doit t'être utile, elle le sera bien plus aujourd'hui. Veille sur toi aujourd'hui pour en être capable demain, et ne pas le remettre encore au surlendemain. (Id., IV, 12.)

Garde le silence, la plupart du temps, ou dis ce qui est nécessaire et en peu de mots. Rarement, et lorsque l'occasion t'invite à parler, parle, mais jamais sur des choses de hasard, ni sur les gladiateurs, ni sur les jeux du cirque, ni sur les athlètes, ni sur les mets et les boissons, sujets qui sont dans toutes les bouches ; et surtout ne dis rien des hommes, ni pour blâmer, ni pour louer, ni pour faire des comparaisons.

Si tu le peux, par tes propres discours, amène les discours de tes compagnons vers ce qui est convenable ; si tu es entouré d'étrangers, tais-toi.

Ne ris ni beaucoup, ni de beaucoup de choses, ni sans retenue.

Refuse en toute chose de jurer, s'il se peut ; mais, jure le moins possible.

Rejette les banquets avec les gens du dehors et les hommes du commun. Si parfois l'occasion s'en présente, fixe alors sur toi-même ton attention, de pour de te laisser tomber dans les manières communes. Car, sache-le, celui qui fréquente un compagnon impur en sera lui aussi souillé, fût-il d'ailleurs pur en lui-même.

Ne va ni par hasard, ni par légèreté aux lectures de certaines gens ; mais, si tu t'y trouves, conserve ta gravité, ta tranquillité, et évite d'être importun.

Dans la conversation abstiens-toi de rappeler sans cesse et sans mesure tes exploits et les périls que tu as courus ; car si tu prends plaisir à les raconter, les autres n'en trouvent point à les entendre. (Épictète, *Manuel*, XXXIII.)

———

On n'a guère pu voir un homme tomber dans l'infortune pour n'avoir point étudié ce qui se passe dans l'âme d'un autre ; mais ceux qui ne suivent pas avec attention les mouvements de leur âme tombent nécessairement dans le malheur. (Marc-Aurèle, II.)

———

Si rien ne se montre à tes yeux de meilleur que le génie qui habite en toi, qui s'est fait le maître de ses propres désirs, qui se rend un compte exact de toutes ses pensées, qui s'arrache, comme disait Socrate, aux passions des sens , et qui, plein de soumission pour les dieux, est animé d'une tendre affection pour les hommes ; si tout le reste te parait petit et sans valeur au prix de lui, ne cède la place à nul autre objet : une fois entraîné, une fois sur le penchant, tu ne pourrais plus, sans un tiraillement fâcheux, tenir au premier rang dans ton estime ce bien, qui est le bien propre de ton espèce, et qui t'appartient véritablement. Il ne faut jamais que le bien qui règle à la fois et la raison et la pratique trouve rien qui le contrebalance, comme feraient les louanges de la multitude, les charges publiques, les jouissances des voluptés ; toutes choses, si on leur accorde une place même petite dans notre bonheur, qui prévaudront à l'instant, et qui nous entraîneront hors de la voie. Choisis donc, te dis-je, sans hésitation et comme un homme libre, le bien suprême, et t'y attache de toute ta puissance. (Id., III.)

La perfection des mœurs consiste à passer chaque jour comme si c'était le dernier, sans trouble, sans indolence, sans dissimulation. (Id., VII.)

Rends-toi maître de ton attention, afin de bien connaître comment toutes choses se transforment les unes dans les autres ; applique-toi sans cesse à cet examen ; exerces-y sans cesse ton esprit. Rien n'est plus capable de grandir notre âme et de la détacher du corps. Celui qui pense qu'il faudra dans quelques instants laisser tous ces biens en sortant de la vie, se livre tout entier à la justice dans toutes les actions qu'il fait, et, dans les autres accidents, à la nature de l'univers. (Id., x.)

CHAPITRE III

CULTURE MORALE

La force d'âme. — Agir. — Travailler

I

Le triomphe des stoïciens, c'est la perfection de leur volonté, leur incomparable force d'âme qu'ils exercent soit à travailler ou à lutter, soit à souffrir, à s'abstenir et à renoncer. Ils portent cette vertu à une hauteur telle, qu'elle éloigne les âmes faibles, tout en exaltant les âmes vigoureuses. Souvent même, il nous semble que leur courage ferme, inébranlable, les rend durs, inflexibles, intraitables. Faut-il croire qu'ils aient méconnu les droits, la puissance et les bienfaits de la pitié et de tous les autres sentiments doux qui attendrissent l'âme ? Nous ne pouvons admettre que des âmes si parfaites n'aient pu s'élever à une vertu supérieure qu'on se rendant plus ou moins insensibles aux sentiments humains. Mais nous pensons qu'ils se sont roidis contre ces sentiments par la crainte de leur faire une part trop large dans leur vie. Qui oserait les en blâmer, alors même que leur force paraîtrait excessive ? Qui pourrait refuser son admiration à des âmes si constamment et si simplement héroïques, que le vulgaire est prêt à dire que cette vertu extraordinaire leur était naturelle et qu'ils sacrifiaient sans regret des biens qu'ils ne savaient pas apprécier ? Qu'on essaie de les imiter, et l'on comprendra que, pour avoir épargné à l'humanité leurs plaintes et leurs gémissements, il ne leur en a fallu que plus de courageux et persévérants efforts. C'est par une action soutenue qu'ils ont exercé leur force. Bien pénétrés de la grandeur de la fin qu'ils s'étaient proposée et qui n'était autre que le perfectionnement de leur nature divine, ils ne se sont pas relâchés un instant de leur fermeté, aussi indomptable dans le travail et le combat qu'inébranlable dans la souffrance, le renoncement et la mort. « Un homme de cœur n'appréhende point la peine, dit Sénèque : Il faut qu'il aille deçà et delà, et qu'il perfectionne sa vertu en menant un train de vie toujours égal. On peut s'élever au ciel, de l'endroit de la terre le moins connu. Élevez-vous donc maintenant, *et formez-en vous une image digne de Dieu.* » Épictète, encore plus convaincu de la vocation divine de l'homme, lui rappelle sans cesse qu'il doit demeurer à la place où Dieu l'a mis, prêter serment de fidélité à Dieu, lui servir de témoin dans le monde et le glorifier par toute sa vie. « Jusques à quand, s'écrie-t-il, tarderas-tu à te juger toi-même digne de réaliser le meilleur, et à ne plus transgresser en rien ce que te prescrit la raison ?... Que tout ce qui te paraît le meilleur soit pour toi une loi inviolable !.... La vie de chacun de nous est une campagne, et une campagne longue et variée.

Il te faut faire ton devoir de soldat, tout exécuter
sur un seul signe du général, deviner même ce qu'il
veut..... Tu mourras en homme de cœur, dans
l'accomplissement d'une noble tâche. » Épictète
distingue entre l'œuvre commune à tous les hommes, « celle d'agir en homme », et les devoirs particuliers de chacun qui dépendent de la place qu'il
occupe, de la profession qu'il a choisie, des circonstances et des relations de famille et de société. Il
n'oublie pas le devoir filial, ni celui des frères entre
eux; il les interprète dans le sens le plus large
que leur donne la charité parfaite, et nous exhorte,
en tout, à « conformer notre volonté à la nature,
au lieu de répondre à l'injustice par l'injustice.» Nous
trouvons dans Marc-Aurèle, outre cette grande idée
de l'obligation pour tous de travailler en vue d'une
fin universelle, celle non moins grande d'y faire
concourir toutes nos aptitudes, toutes nos forces.
Nul n'a le droit d'alléguer l'excuse d'insuffisance :
« Fais ce qui est tout entier en ton pouvoir, » nous
dit-il. Quel précieux encouragement donné au tra-
vailleur obscur qui se trouve placé au poste le plus
modeste et qui n'a reçu en partage aucun des dons
éclatants qu'il admire et envie chez les autres! Ce
qui importe pour tous, c'est d'accomplir fidèlement
la tâche qui leur est prescrite. « Mon intelligence
suffit-elle, oui ou non, à cet objet? Si elle suffit,
je m'en sers pour l'accomplissement de la chose,
comme d'un instrument qui m'a été donné par
la nature universelle. Dans le cas contraire, ou

bien j'abandonne l'œuvre à celui qui peut mieux la faire, à moins que ce ne soit mon devoir de la faire, ou bien je travaille suivant mes forces. » Ainsi Marc-Aurèle reconnaît que son intelligence, son cœur et sa volonté doivent être consacrés au devoir, et il ne s'en glorifie pas comme de choses qui lui appartiennent, mais il les considère comme des instruments qui lui ont été donnés pour l'utilité géné. rale, et il s'en sert en toute humilité pour faire son devoir, tel qu'il le comprend, quoi qu'on puisse dire et faire autour de lui. « Regarde droit devant toi le but où te guide la nature....... Il ne s'agit nullement de discuter sur ce que doit être l'homme de bien, mais d'être homme de bien. »

J'aurais tort de blâmer ceux qui travaillent; au contraire, j'admire ceux qui s'occupent à des choses honnêtes, et je les estime d'autant plus qu'ils s'y attachent; je leur crie: Prenez courage, et franchissez la carrière tout d'une haleine si vous pouvez: le travail nourrit les âmes généreuses.

.....Je n'entends point que vous ayez le courage abattu, et ce n'est point assez de ne pas refuser le travail, il le faut chercher. Mais quel est, direz-vous, le travail qu'on appelle inutile et superflu? C'est celui dont le sujet est ravalé. Il n'est pas mauvais absolument, et a quelque chose de louable, aussi bien que celui qui s'emploie aux belles choses, parce qu'il témoigne de la patience d'un esprit qui s'anime contre les difficultés, et se dit: Pourquoi demeurer oisif? Un homme de cœur n'appréhende point la peine. Il faut qu'il aille deçà et delà, et qu'il perfectionne sa vertu en menant un train de vie toujours égal.

On peut s'élever au ciel, de l'endroit de la terre le moins connu. Élevez-vous donc maintenant, et formez en vous une image digne de Dieu. (Sénèque, *Épître*, XXXI.)

O hommes, attendez Dieu! Quand il vous aura libérés de ce service, partez alors vers lui ; pour le moment, résignez-vous à demeurer à la place où il vous a mis. Court est le temps de votre séjour ici, et il est facile à supporter pour ceux qui pensent ainsi. (Épictète, *Entretiens*, I, 9.)

Quoi donc, est-ce que je prétends que l'homme n'est pas né pour l'action ? A Dieu ne plaise ! Mais alors pourquoi ne sommes-nous pas plus actifs, moi tout le premier ? (Id., 10.)

Vous devriez prêter serment à ce Dieu, comme les soldats prêtent serment à César. Pour prix de la solde qu'ils touchent, ils jurent de faire passer le salut de César avant toute chose ; refuserez-vous de jurer, vous, après tous les dons magnifiques que vous avez reçus ? Ou, si vous jurez, ne tiendrez-vous pas votre serment ? Que jurerez-vous donc ? De ne jamais désobéir à Dieu, de ne jamais lui adresser de reproches, de ne jamais vous plaindre de ce qu'il vous donnera en partage, de n'être jamais mécontent de faire ou de souffrir ce qui est inévitable. Ce serment ressemble-t-il à l'autre ? On jure dans l'autre de ne préférer personne à César ; on jure dans celui-ci de se préférer soi-même à tout le monde. (Id., I, 14.)

9.

Dans quel rôle te présentes-tu donc maintenant ?
— Comme un témoin appelé par Dieu même. « Viens,
m'a-t-il dit, et dépose en ma faveur ; car tu es digne
que je te présente en témoignage. De tout ce qui
est en dehors de ton libre arbitre est-il quelque
chose qui soit un bien ou un mal ? Est-il quelqu'un
à qui je nuise ? Ce qui est utile à chacun, l'ai-je mis
aux mains d'un autre ou en ses mains à lui ? » Mais
toi, quel témoignage rends-tu à Dieu ? — « Je suis,
dis-tu, dans une position critique, maître ; je suis
dans le malheur. Personne ne s'intéresse à moi ; personne ne me donne ; tout le monde me blâme ; tout
le monde m'injurie. » — Est-ce donc ainsi que tu
dois déposer ? Et dois-tu déshonorer celui qui t'a
appelé, parce qu'il t'a assez estimé pour cela, et
qu'il t'a cru digne d'être ainsi présenté par lui comme
témoin ? (Id., 29.)

Vous êtes ici pour apprendre et pour travailler à
devenir libres. Pourquoi donc l'œuvre ne s'achève-
t-elle pas ? Si vous avez le même but que moi, et
avec le même but les moyens qu'il faut pour l'atteindre, que vous manque-t-il encore ? Quand je
vois un ouvrier avec ses matériaux près de lui, je
n'attends plus que son ouvrage. Nous avons ici
l'ouvrier et les matériaux ; que nous manque-t-il
encore ? Est-ce que la chose ne peut pas s'apprendre ?
Elle le peut. Est-ce qu'elle n'est pas en notre pouvoir ? Il n'y a qu'elle au monde qui y soit. Ni la
richesse, ni la santé, ni la réputation, ni quoi que ce
soit, n'est en notre pouvoir, si ce n'est le bon
emploi des *idées* ; voilà la seule chose qui de sa
nature échappe à toute contrainte et à tout empêchement. Pourquoi donc notre œuvre ne s'achève-t-elle
pas ? Dites-m'en la cause. Si elle ne s'achève pas, cela
tient-il à moi, à vous ou à la nature même de la chose ?

La chose en elle-même est possible, et la seule qui
soit en notre pouvoir. Il reste donc que cela tienne
à moi ou à vous, ou, ce qui est plus exact, à moi et
à vous. Eh bien! voulez-vous que nous nous mettions à apporter ici la ferme intention de la faire?
Laissons là tout le passé, mettons-nous seulement
à l'œuvre. Fiez-vous à moi, et vous verrez. (Id., II,
19.)

———

Commence par te demander ce que tu veux être;
puis, après cela, fais ce que veut le métier que tu
auras choisi. Car, dans les autres parties, c'est
presque toujours ainsi que nous voyons les choses
se passer. Ceux qui se destinent à l'arène commencent par décider ce qu'ils veulent être, puis,
après cela, ils agissent en conséquence. Si tu veux
fournir la grande course, voici ta nourriture, voici
tes promenades, voici tes frictions, voici tes exercices; si tu ne veux courir que le stade, tout cela
changera; si tu veux être pentathle, tout cela changera encore. Tu trouveras la même chose dans les
arts. Si tu veux être charpentier, voici ce que tu
auras à faire; si tu veux être fondeur, voici encore.
Car, si nous ne rapportons pas chacune de nos
actions à un but, nous agissons au hasard; et, si
nous les rapportons à un autre but que celui qu'il
faudrait, nous nous égarons.

Il reste à déterminer le but général et les buts
particuliers. Le premier, c'est d'agir comme un
homme. Qu'est-ce que cela implique? de ne pas
agir comme un mouton, tout en étant bon; ni
comme un méchant à la façon des bêtes fauves.
Quant aux buts particuliers, ils varient avec les
professions de chacun, et avec la vie qu'il a choisie.
Que le musicien agisse comme un musicien; le
charpentier, comme un charpentier; le philosophe,

comme un philosophe; l'orateur, comme un orateur.
Lors donc que tu nous dis : « Venez ici, et entendez-
moi vous faire une lecture », prends garde d'abord
d'agir ainsi sans but ; puis, si tu trouves un but à
ton acte, prends garde qu'il ne soit pas celui qu'il
faut. Cherches-tu à être utile? ou ne cherches-tu
que des éloges? (Id., III, 23.)

Les devoirs se mesurent en général aux relations
où nous nous trouvons placés. Tu as un père, il t'est
ordonné d'en avoir soin, de lui céder en tout, de
supporter qu'il t'injurie, qu'il te frappe. — Mais j'ai
un mauvais père. — Est-ce donc que tu es lié naturellement à un bon père? Non, mais à un père. — Mon
frère me fait injustice. — Conserve à son égard ton
rang de frère ; et n'examine pas ce qu'il fait, mais ce
que tu dois faire pour conformer ta volonté à la
nature. Nul autre que toi, en effet, ne te lésera si
tu ne le veux, et tu ne seras lésé que si tu crois
l'être. De même, à l'égard d'un voisin, d'un concitoyen, d'un général, tu trouveras quel est ton devoir,
si tu examines les relations que tu soutiens avec eux.
(Épictète, *Manuel*, xxx.)

A tous ces préceptes, comme à des lois que tu ne
peux sans impiété transgresser, reste fidèle. De
tout ce qu'on pourra dire de toi, ne prends souci ;
cela n'est plus ton fait. (Id., L.)

Jusques à quand tarderas-tu à te juger toi-même
digne de réaliser le meilleur, et à ne plus transgresser en rien ce que te prescrit la raison? Tu as
reçu les principes que tu devais approuver et tu les
as approuvés ; quel maître attends-tu donc encore,
pour rejeter sur lui le soin de te redresser, toi? Tu

n'es plus enfant, mais déjà homme fait ; si maintenant tu te négliges et t'apparesses, et que sans cesse tu mettes délais sur délais, et qu'un jour passé, tu en fixes un autre après lequel tu commenceras à veiller sur toi, tu perdras même la conscience que tu ne fais point de progrès dans la sagesse et tu vivras et mourras dans les mœurs vulgaires. (Id., LI.)

Rappelle-toi que tu es fils. Quels sont les devoirs de ce rôle ? regarder tout ce qu'on a comme étant à son père, lui obéir en tout, ne jamais le blâmer devant personne, ne rien dire ou ne rien faire qui puisse lui porter préjudice, renoncer à tout pour lui, et lui aider en tout, lui venir en aide de tout son pouvoir.

Après cela, songe que tu es frère. Et, dans ce rôle, tes obligations sont d'être complaisant et empressé, de toujours parler en bien de ton frère, de ne jamais lui disputer aucune de ces choses qui ne relèvent point de ton libre arbitre, de les lui abandonner au contraire avec bonheur, pour être plus riche de celles qui relèvent du libre arbitre. Car, vois un peu ce que c'est que de te donner l'élévation de l'âme au prix d'une laitue peut-être ou d'une préséance ! Quel profit n'y a-t-il pas là pour toi ?

Après cela, si tu es sénateur dans une ville, songe que tu es sénateur ; si jeune homme, que tu es jeune homme ; si vieillard, que tu es vieillard ; si père, que tu es père, car chacun de ces noms, chaque fois qu'il se présente à notre pensée, nous rappelle sommairement les actes qui sont en rapport avec lui. Si tu vas dehors blâmer ton frère, je te dirai : « Tu as oublié qui tu es, et quel est ton nom. » Si forgeron, tu te servais mal de ton marteau, c'est

que tu aurais oublié ton métier de forgeron. Eh
bien! si tu oubliais ton rôle de frère, si tu devenais
un ennemi au lieu d'un frère, crois-tu que ce ne
serait pas là pour toi échanger avec perte une
chose contre une autre?

Déjà donc juge-toi digne de vivre comme un
homme fait et qui avance dans la sagesse : que tout
ce qui te paraît le meilleur soit pour toi une loi
inviolable. S'offre-t-il quelque labeur ou quelque
plaisir, la gloire ou l'infamie ? Souviens-toi que c'est
maintenant le combat, que voici les Jeux olympiques
et qu'il n'est plus permis de reculer: en un seul
jour et en une seule affaire, ta sagesse naissante
est perdue ou sauvée.

C'est ainsi que Socrate devint parfait, ne s'attachant à rien, dans toutes les choses qui s'offraient,
qu'à la raison. Et toi, bien que tu ne sois pas encore
Socrate, tu dois pourtant vivre comme quelqu'un
qui veut le devenir. (Épictète, *Entretiens*, ii, 10.)

———

Ne sais-tu pas que vivre c'est faire campagne ? Il
faut qu'un tel soit de garde, que tel autre s'éloigne
en éclaireur, et tel autre pour combattre. Il n'est
possible ni bon que tous restent dans le même lieu.
Mais toi, peu soucieux d'accomplir les ordres de ton
général, tu te mets à l'accuser, quand il t'a commandé quelque chose de difficile, sans songer à ce
que tu fais de l'armée dans la mesure de tes forces.
Si tous t'imitaient, personne ne creuserait de fossé,
personne ne ferait de palissades autour du camp,
personne ne veillerait, personne n'affronterait le
péril; on ne verrait personne s'acquitter de son service. De même sur un navire embarqué comme
matelot, empare-toi d'une place et restes-y obstinément; s'il te faut monter au mât, refuse; s'il te

faut courir à la proue, refuse ; quel est le pilote qui
te supportera alors, et qui ne te chassera pas comme
un meuble inutile, comme un embarras, comme un
mauvais exemple pour les matelots ? C'est la même
chose ici : La vie de chacun de nous est une campagne, et une campagne longue et variée. Il te faut
faire ton devoir de soldat, tout exécuter sur un seul
signe du général, deviner même ce qu'il veut. Car
le général dont nous parlions tout à l'heure n'est
l'égal du nôtre, ni par sa puissance, ni par l'excellence de sa nature ; et tu te trouves, toi, muni d'un
grand commandement, placé à un poste qui n'est pas
peu honorable.

Pourquoi te dis-tu stoïcien ? Quoi ! ceux qui se
targuent à faux du titre de citoyen romain sont punis
sévèrement ; et ceux qui se targuent à faux d'un caractère et d'un nom si respectable, si auguste, devraient
être renvoyés impunis ! N'est-il pas vrai que cela ne
se peut ? N'est-il pas vrai qu'il y a une loi divine, une
loi toute-puissante, à laquelle nul ne peut se soustraire, qui inflige les plus grands châtiments à ceux
qui ont fait les plus grandes fautes ? Et que dit cette
loi ? Que celui qui se sera attribué les qualités qu'il
n'a pas, soit un vantard et un vaniteux ; que celui
qui s'oppose à l'ordre de choses établi par Dieu,
soit avili et esclave, à lui le chagrin, à lui l'envie,
à lui la sensiblerie, pour tout dire, en un mot, à lui
le malheur et les larmes. (Id., III, 24.)

Ce qui doit arriver n'est-il pas en dehors de ton
libre arbitre ? — Oui. — Mais le bien et le mal réels
ne sont-ils pas dans ce qui dépend de ton libre
arbitre ? — Oui. — En plus, n'est-il pas en ton pouvoir de tirer de tout ce qui t'arrive un parti conforme
à la nature ? Quelqu'un peut-il t'en empêcher ? —

Non. — Ne me dis donc plus : *Qu'arrivera-t-il?*
Car, quelque chose qui arrive, tu en feras un bien,
et l'événement sera une bonne fortune pour toi.
Qu'aurait été Hercule, s'il avait dit: « Ah ! qu'il ne
se présente pas à moi un grand lion, un grand sanglier, ou des hommes qui ressemblent à des bêtes
sauvages ! » Que t'importe, en effet ? S'il se présente
à toi un grand sanglier, tu en livreras un plus grand
combat. S'il se présente à toi des méchants, tu pur-
geras la terre de méchants. — Mais si je meurs à
la peine ! — Tu mourras en homme de cœur, dans
l'accomplissement d'une noble tâche... Je veux, pour
ma part, que ce soit dans une occupation digne d'un
homme, dans un acte de bienfaisance, dans un acte
utile à tous, dans un acte noble. Si je ne puis être
trouvé par elle dans une telle occupation, je veux
du moins (car c'est là une chose que nul ne peut
empêcher, et qui m'a été donnée) qu'elle me trouve
en train de me corriger moi-même, en train de perfectionner en moi la faculté qui fait emploi des *idées*,
en train de travailler à me délivrer de tout trouble,
en train de faire ce que demande chacune de mes
relations sociales ; et, si j'ai assez de chance pour
cela, en train de m'occuper d'une troisième chose,
la solidité de mes jugements.

Si la mort me surprend au milieu de tout cela, il
me suffit de pouvoir élever mes mains vers Dieu et
lui dire: « Les moyens que tu m'avais donnés de
comprendre ton gouvernement, et de m'y conformer, je ne les ai pas négligés. Tu n'as pas eu à
rougir de moi. Voici l'usage que j'ai fait de mes
sensations; voici celui que j'ai fait de mes notions
a priori. T'ai-je jamais adressé un reproche? Me
suis-je jamais emporté contre les événements ? Les
ai-je jamais désirés autres? Ai-je manqué à quelqu'un
de mes devoirs? Je te remercie de m'avoir fait

naître ; je te remercie de tes présents ; le temps que
j'ai eu pour jouir de tes dons me suffit. Reprends-
les, et mets-les où tu voudras. Ils étaient tous à
toi, car c'est toi qui me les avais faits. » N'est-ce
pas assez de partir dans de pareils sentiments ? Peut-
on vivre mieux et plus honorablement que celui qui
les a ? Peut-on mourir plus heureusement ? (Id., IV,
10.)

————

Tu n'es point en état de faire admirer la vivacité
de ton esprit ; je le veux, mais il y a bien d'autres
choses pour lesquelles tu ne peux pas dire : Je n'y
suis point propre. Fais donc ce qui est tout entier
en ton pouvoir ; sois sincère, grave, laborieux,
ennemi des plaisirs, résigné à la destinée, satisfait
de peu, bienveillant, libre, sans amour pour le luxe,
la frivolité, la magnificence. Ne sens-tu pas combien de choses tu peux exécuter dès aujourd'hui,
pour lesquelles tu n'as pas l'excuse d'inaptitude et
d'insuffisance ? Et pourtant, tu restes volontairement au-dessous de tes devoirs. Est-ce une imbécil-
lité naturelle qui t'oblige à murmurer, à montrer ta
paresse, à flatter, à accuser ton misérable corps, à
céder à ses caprices, à te livrer à la vanité, à rouler
tant de projets ? Non, par les dieux, non ! Depuis
longtemps, tu as pu être libre de ces défauts. Seulement, si tu es véritablement né avec un esprit
lent, peu pénétrant, il faut t'attacher à ce défaut
lui-même, ne point négliger cette pesanteur d'esprit, ni t'y complaire. (Marc-Aurèle, V.)

————

Qu'importe que tu aies froid ou chaud, quand tu
fais ton devoir, qu'importe que tu aies envie de dormir ou que tu aies assez dormi ; qu'on te blâme ou
qu'on te loue ; que tu meures ou que tu fasses

quelque autre chose ? car, mourir, c'est aussi une
des actions de la vie ; et là il suffit, comme dans le
reste, de bien disposer ce qui est entre nos mains.
(Id., VI, 2.)

Pour moi, je fais ce qui est mon devoir. Les
autres êtres ne sauraient m'en distraire ; car, ou
ils sont inanimés, ou ils sont privés de raison, ou ils
sont égarés et ne savent pas leur chemin. (Id., VI, 22.)

Un instrument, un outil, un vase quelconque, est
bien quand il fait ce pour quoi il a été fabriqué,
encore que celui qui l'a fabriqué ne soit plus là.
Quant aux êtres que la nature porte dans son sein,
la force qui les a organisés existe, persiste en eux.
C'est pourquoi tu dis avoir pour elle un respect,
s'il est possible, plus profond ; tu dois penser que
tout ira à souhait pour toi si tu vis, si tu agis conformément à sa volonté! C'est là aussi le moyen de
satisfaire les vœux de l'univers. (Id., VI, 40.)

Nous concourons tous à l'accomplissement d'une
seule et même œuvre. Les uns savent et comprennent ce qu'ils font, les autres l'ignorent. Ainsi
ceux qui dorment, dit Héraclite, je crois, sont des
ouvriers, et qui concourent à l'accomplissement des
affaires du monde. L'un contribue d'une façon,
l'autre d'une autre, et singulièrement celui-là même
qui en murmure, qui lutte avec effort contre le courant pour l'arrêter s'il était possible ; car le monde
avait besoin d'un tel homme : Examine donc avec
quels ouvriers tu veux te ranger. Car celui qui gouverne l'univers se servira toujours de toi comme il
est bon : il te mettra toujours dans le nombre de

ses coopérateurs, des êtres qui aident à son œuvre. Pour toi, prends bien garde de ne pas tenir parmi eux le même rang que, dans la comédie, le vers plat et ridicule dont Chrysippe a parlé. (Id., VI, 42.)

Le soleil a-t-il le désir de faire les fonctions de la pluie, Esculape celles de la terre? et les astres, malgré leur diversité, ne coopèrent-ils pas tous à l'accomplissement du même but? (Id., VI, 43.)

Mon intelligence suffit-elle, oui ou non, à cet objet? Si elle suffit, je m'en sers pour l'accomplissement de la chose, comme d'un instrument qui m'a été donné par la nature universelle. Dans le cas contraire, ou bien j'abandonne l'œuvre à celui qui peut mieux que moi l'accomplir, à moins que ce ne soit mon devoir de la faire, ou bien je travaille suivant mes forces, en m'adjoignant un aide qui puisse, sous ma direction, faire ce qui est présentement opportun et utile à la société! Car ce que je fais par moi-même, ou avec le secours d'un autre, doit tendre à un but unique, l'utilité et la convenance de la société. (Id., VII, 5.)

Quoi qu'on fasse ou qu'on dise, il faut que je sois homme de bien; comme l'or, l'émeraude pourraient toujours dire : Quoi qu'on dise ou qu'on fasse, il faut bien que je sois émeraude et que je garde ma couleur. (Id., VII, 15.)

D'autres l'emportent sur toi à la lutte; mais personne n'aime plus ses semblables, personne n'a plus de modestie, personne n'a en face des événements de la vie plus de calme, ni pour les fautes du prochain plus d'indulgence. (Id., VII, 52.)

Ne t'occupe pas à considérer les pensées des autres, mais regarde droit devant toi, le but où te guide la nature : celle de l'univers par les événements qui t'arrivent, la tienne pour les actions que tu dois faire. Ce que chaque être doit faire, c'est ce qui est la conséquence de sa condition. Tous les autres êtres ont été organisés en vue des êtres raisonnables, comme dans tout ordre de choses l'inférieur est fait pour le supérieur ; mais les êtres raisonnables existent les uns pour les autres. Le premier attribut de la condition humaine, c'est donc la sociabilité. (Id., VII.)

L'homme est dans la joie lorsqu'il fait ce qui est le propre de l'homme. Or, le propre de l'homme, c'est d'être bienveillant envers ses semblables, de mépriser les mouvements des sens, de distinguer des autres idées les idées qui méritent notre confiance, de contempler la nature de l'univers et des choses qui se produisent suivant ses lois. (Id., VIII.)

Ce qui te reste à vivre est peu de chose. Vis comme si tu étais sur une montagne ; car peu m'importe qu'on soit ici ou là, puisque partout dans le monde on est comme dans une cité. Que les hommes voient, qu'ils contemplent en toi un homme véritable, vivant conformément à la nature. S'ils ne peuvent supporter cet homme, qu'ils le tuent : cela vaudrait mieux encore que de vivre ainsi. (Id., x, 15.)

Il ne s'agit nullement désormais de discuter sur ce que doit être l'homme de bien, mais d'être homme de bien. (Id., x, 16.)

Celui qui s'enfuit de chez son maître est un déserteur. La loi est notre maître : la transgresser, c'est
être déserteur. (Id., x, 25.)

Quel est ton métier ? d'être homme de bien. Et
par quel autre moyen le devient-on, si ce n'est par
les principes qui concernent la nature de l'univers
et la condition particulière de l'homme. (Id., xi.)

II

LE BON EMPLOI DU TEMPS

Ils connaissaient le prix du temps, ceux qui consi-
déraient sans cesse la petite durée de la vie et qui
s'efforçaient d'employer chaque instant comme si
ce devait être le dernier. Ce qui frappe Sénèque,
c'est que la plupart des hommes, au lieu de vivre
dans le présent, se préoccupent de l'avenir comme
s'il leur appartenait. Ils cherchent ainsi à se soustraire aux obligations actuelles, à se consoler des
déceptions et des maux présents par l'espérance de
jours plus conformes à leurs désirs. « Demandez-
vous ce qu'il y a de mal à regarder au lendemain ?
dit Sénèque. Il y en a infiniment, car ils ne vivent
pas, mais ils regardent comment ils vivent et
remettent tout à l'avenir. » Il donne à ce sujet de
judicieux conseils à Lucilius et, en essayant d'énumérer les heures que nous laissons perdre, il distingue finement entre « celles que l'on a coutume de

nous ravir, de nous dérober, ou que nous laissons
échapper ». Et il ajoute que « la plus honteuse de
toutes ces pertes est celle qui arrive par notre négligence ». En effet, on ne doit pas considérer comme
étant entièrement perdues les heures données au
commerce de nos semblables, pourvu qu'elles ne
soient pas livrées à la médisance et à toutes sortes
de frivolités, car elles peuvent contribuer par d'utiles
entretiens, et par un échange cordial de bons sentiments, à notre perfectionnement et à celui d'autrui.
Mais elles nous accusent, les heures nombreuses
que nous consumons à des bagatelles, sans profit
pour nous-mêmes et pour autrui, et celles que nous
emporte le désœuvrement et tout le flot de pensées mauvaises qu'il entraîne. Marc-Aurèle insiste
encore plus que Sénèque sur la rapidité du temps,
et cette idée lui suggère les plus graves pensées :
« Si tu ne te sers pas du temps, dit-il, pour mettre
la sérénité dans ton âme, il disparaîtra, tu disparaîtras toi-même ; et lui jamais ne reviendra..... Tu
mourras bientôt, et tu n'es encore ni ferme, ni
exempt de troubles, ni libre de la fausse opinion
que tu peux être malheureux par les choses extérieures, ni bienveillant pour tous les hommes. »
Avec quel sérieux aussi nous fait-il sentir combien
la paresse est indigne de l'homme qu'elle abaisse au-
dessous des êtres privés de raison ! Si, à l'aube de
chaque jour qui luit pour nous, notre esprit se nour-
rissait des nobles pensées de Marc-Aurèle, sur le
devoir pour l'homme de s'occuper d'une œuvre

utile, il me semble que nous reprendrions avec un courage plus résolu et plus joyeux la tâche interrompue par le repos de la nuit.

Ce n'est pas seulement la paresse qu'il nous faut vaincre pour bien faire notre œuvre en ce monde, c'est aussi la présomption qui nous fait entreprendre des choses qui excèdent nos capacités; c'est encore la légèreté d'esprit qui disperse notre attention sur une multitude d'objets, au lieu de la concentrer sur un seul; et l'irrésolution qui rend nos pensées flottantes et nous empêche de « vouloir librement, absolument et en tout temps ». « Comment, dit Sénèque, pouvons-nous en être délivrés ? Combattons », répond-il. Mais comment une âme faible peut-elle combattre ? Pourvu qu'elle fasse un bon usage de ce peu de force qu'elle a et qu'elle veuille sincèrement ce qui est honnête, elle trouve dans les obstacles mêmes qu'elle rencontre des occasions d'exercer son courage et d'augmenter sa fermeté. L'essentiel c'est d'aimer le bien et de le vouloir de tout son cœur. Le libre arbitre fait toute la force et la vertu de l'homme.

Considérez tous les hommes, soit en gros ou en détail, il n'y en a pas un seul de qui la vie ne regarde au lendemain. Demandez-vous ce qu'il y a de mal en cela ? Il y en a infiniment; car ils ne vivent pas, mais ils regardent comment ils vivront, et remettent tout à l'avenir. Quand nous y prendrions garde de près, la vie ne laisserait pas de s'enfuir; mais, parce que nous n'y songeons pas, elle s'envole, comme si nous n'y avions pas de part, et, se consumant chaque jour, elle se termine enfin au dernier. (Sénèque, *Epître*, XLV.)

Faites en sorte que vous soyez à vous-mêmes ; et ménagez le temps que l'on a coutume de vous ravir, ou de vous dérober, ou que vous-même laissez échapper. Croyez que c'est une vérité, qu'il y a des heures que l'on vous emporte, d'autres que l'on vous soustrait, et d'autres enfin qui s'écoulent insensiblement ; mais la plus honteuse de toutes ces pertes est celle qui arrive par notre négligence. Si vous y prenez garde, vous trouverez qu'il se passe beaucoup de la vie à mal faire, davantage à ne rien faire, et tout à faire autre chose que ce qu'on devrait faire. Où voit-on une personne qui sache estimer le temps et la valeur d'une journée, et qui considère que chaque jour elle approche de sa fin ? Voici ce qui nous trompe ; nous regardons la mort comme si elle était loin de nous ; bien qu'en effet la plus grande partie en soit déjà passée ; car le temps qui s'est écoulé jusqu'à cette heure appartient à la mort.

Continuez donc ce que vous m'écriviez que vous faites ; tenez compte de toutes les heures, afin qu'ayant profité du temps présent, vous ayez moins besoin de l'avenir. La vie se consume devant nos remises. En vérité, il n'y a rien qui soit tant à nous que le temps, et l'on peut dire que tout le reste n'est point à nous. C'est la seule chose dont la nature nous a mis en possession, qui toutefois est si légère et si glissante, que le premier venu nous la peut ôter. Les hommes ont cette fantaisie qu'ils se tiennent obligés pour des bagatelles qu'on leur a accordées, et comptent pour rien le temps qu'on leur a donné, qui est pourtant une chose que les plus reconnaissants ne sauraient payer. (Id., *Epître à Lucilius*, I.)

———

Souviens-toi depuis combien de temps tu en remets l'exécution, et combien de fois les dieux t'ont fourni des occasions favorables, dont tu n'as pas fait usage. Oui, il faut que tu sentes enfin un jour de quel monde tu es une partie, et de quel maître du monde ton existence est une émanation ; que le temps pour toi a des bornes circonscrites : si tu ne t'en sers pas pour mettre la sérénité dans ton âme, il disparaîtra, tu disparaîtras toi-même ; et lui jamais ne reviendra. (Marc-Aurèle, II.)

———

Souviens-toi que le seul temps qu'on vit c'est le présent, un instant imperceptible ; l'autre, ou on l'a vécu déjà, ou il est incertain. C'est donc petite chose que ce que vit chacun de nous ; petit aussi est le coin de la terre où nous le vivons ; petite enfin la renommée qu'on laisse après soi, même la plus durable ; elle se transmet par une succession d'hommes de chétive nature, destinés à mourir bientôt, et qui ne se connaissent pas eux-mêmes, bien loin de connaître celui qui est mort longtemps avant eux. (Id., III.)

———

Tu mourras bientôt, et tu n'es encore ni ferme, ni exempt de troubles, ni libre de la fausse opinion que tu peux être malheureux par les choses extérieures, ni bienveillant pour tous les hommes ; enfin, ce n'est pas dans les seules actions justes que tu fais consister la sagesse. (Id., IV.)

———

Quand c'est avec peine que tu t'arraches au sommeil, souviens-toi qu'il est conforme à ta constitution et à la nature humaine d'aller accomplir quelque action utile à la société, tandis que le dormir t'est commun avec les animaux privés de raison. Or, ce qui est conforme à la nature d'un être est chose qui lui est propre, qui est plus faite pour lui, qui lui est plus agréable même. (Id., VIII.)

Travaille, non comme un misérable, ni dans le but de te faire plaindre ou admirer. N'aie jamais qu'un but unique, régler ton mouvement et ton repos conformément au bien de la société. (Id., IX.)

Le matin, lorsque tu sens de la peine à te lever, fais cette réflexion : je m'éveille pour faire œuvre d'homme ; pourquoi donc éprouver du chagrin de ce que je vais faire les choses pour lesquelles je suis né, pour lesquelles j'ai été envoyé dans le monde ? Suis-je donc né pour rester chaudement couché sous mes couvertures ? — Mais cela fait plus de plaisir. — Tu es donc né pour te donner du plaisir ? Ce n'est donc pas pour agir, pour travailler ? Ne vois-tu pas les plantes, les passereaux, les fourmis, les araignées, remplissant chacun sa fonction, et servant selon leur pouvoir à l'harmonie du monde ? Et après cela tu refuses de faire ta fonction d'homme ? Tu ne cours point à ce qui est conforme à ta nature ! — Mais il faut bien prendre du repos. — Je le veux. Pourtant la nature a mis des bornes à ce besoin. Elle en a bien mis au besoin de manger et de boire. Toi, néanmoins, tu passes ces bornes, tu vas au delà de ce qui doit te suffire. Dans l'action, il n'en est plus de même : tu restes en deçà du possible. C'est que tu ne t'aimes pas toi-même, sinon tu aimerais ta nature, et ce qu'elle veut. Oui, ceux qui aiment leurs métiers sèchent sur leurs ouvrages,

oubliant le bain et la nourriture; mais toi, tu fais
moins de cas de ta propre nature que le ciseleur en
fait de son art, le danseur de sa danse, l'avare de
son argent, l'ambitieux de sa folle gloire. Eux,
quand ils sont à l'œuvre, ils ont bien moins à cœur
le manger ou le dormir, que le progrès de ce qui les
charme ; les actions qui ont l'intérêt public pour but
te paraissent-elles plus viles et moins dignes de tes
soins ? (Id., v.)

Nous nous trouverons bien de ce précepte salutaire de Démocrite : Pour s'assurer la tranquillité,
il ne faut, ni en particulier ni en public, entreprendre des affaires multipliées ou au-dessus de nos
forces. Celui qui partage sa journée entre une foule
d'occupations ne la passera jamais assez heureusement pour ne pas rencontrer une offense qui lui
vienne des hommes ou des choses, et le pousse à la
colère... Il s'ensuit que celui qui échoue dans quel-
ques-unes de ses entreprises s'impatiente contre les
hommes et les choses : pour les causes les plus
légères, il accuse tantôt les personnes, tantôt les
affaires, tantôt les lieux, tantôt la Fortune, tantôt
lui-même. Ainsi donc, pour que l'âme soit tranquille, il ne faut pas la ballotter, ni la fatiguer, à la
poursuite de projets multipliés, importuns et au-
dessus de ses forces. Il est facile d'ajuster sur nos
épaules de légers fardeaux, et de les faire passer
sans accident de l'une à l'autre ; mais nous avons
peine à supporter ceux que des mains étrangères
nous ont imposés ; accablés bientôt, nous nous en
débarrassons sur le premier venu ; tant que nous
restons sous le faix, le poids fait chanceler notre
impuissance. (Sénèque, *De la colère*, 3, vi.)

Qu'est-ce qui nous tire d'un côté, quand nous voulons aller d'un autre, et qui nous fait avancer quand nous voulons reculer ; qui lutte contre notre âme et l'empêche de fixer ses volontés ? Nous sommes toujours flottants entre diverses pensées ; nous ne voulons rien librement, absolument, et en tout temps. C'est, dites-vous, la folie ou l'opinion qui n'a rien de certain, et à qui rien ne saurait plaire longtemps. Mais quand et comment nous en pourrons-nous délivrer ? Personne n'a la force de s'en retirer tout seul ; il est besoin que quelqu'un lui prête la main et l'en dégage...

Combattons et prenons l'assistance de quelqu'un. De qui ? me demanderez-vous.

Faisons choix de ces personnes qui enseignent par leur exemple, qui montrent ce qu'il faut faire le faisant eux-mêmes, qui ne font jamais ce qu'ils ont une fois condamné, et que l'on admire davantage à les voir qu'à les entendre. (Id., *Epître*, LII.)

———

Rien n'est honnête quand on le fait malgré soi ; il doit être volontaire. Si l'on y apporte de la paresse, de la répugnance, de l'irrésolution et de la crainte, l'action perd aussitôt ce qu'elle a de meilleur, qui est d'être faite avec plaisir. Ce qui n'est pas libre ne peut être honnête. Celui qui craint n'est pas libre. Tout ce qui est honnête est toujours assuré et tranquille. Si l'on refuse une chose, si l'on s'en plaint, si l'on y trouve du mal, aussitôt le trouble et la discorde se jettent dans l'âme ; l'apparence de la justice la tire d'un côté, la crainte du mal la rappelle de l'autre. C'est pourquoi celui qui veut faire quelque chose de vertueux, s'il rencontre des obstacles, il ne doit point les prendre pour des

maux, mais seulement pour des incommodités.
L'honnête n'est jamais contraint ni forcé ; il est pur
et sans mélange d'aucun mal. (Id., *Epître*, LXVI.)

———

Il y a des choses que les lois ne commandent ni
ne défendent ; c'est dans elles que l'esclave trouve
matière au bienfait. Tant qu'on n'obtient de l'esclave
que ce qu'on a coutume d'exiger de lui, c'est une
fonction ; dès qu'il donne plus que le devoir ne commande, c'est un bienfait ; dès qu'il passe à des sentiments d'ami, ce n'est plus une fonction... Tout ce
qui dépasse la règle de son devoir d'esclave, ce qu'il
fait, non par ordre, mais par volonté, est un bienfait,
pourvu toutefois que, venant de tout autre, il
méritât ce nom par son importance. (Sénèque, *les
Bienfaits.*)

———

CHAPITRE IV

Lutter

I

La dignité de l'homme est dans son libre arbitre ;
aussi doit-il le garder, le défendre contre tout ce
qui pourrait y porter atteinte, et le diriger selon la
raison et la justice. La raison humaine, ainsi que
nous le dit Sénèque, a tiré son origine de la raison
divine et éternelle qui est au-dessus de toutes
choses et n'est sujette à quoi que ce soit. Nous
devons donc rendre notre raison parfaite en lui
assurant l'empire sur les passions qui tendent à
asservir notre âme. Il nous faut lutter sans cesse
pour la noble cause de notre liberté contre tous les
tyrans qui la menacent. Aussi les stoïciens nous
disent-ils que la vie est une campagne, une guerre
continuelle dans laquelle il est en notre pouvoir
d'être invincibles, et ils regardent comme « une
ignominie pour nous de nous laisser vaincre par le
plaisir ou la douleur, d'user de dissimulation, de
feinte et de mensonge dans nos actions ou dans nos
paroles, de ne donner aucun but à nos actions, et
d'abandonner notre énergie au hasard et à l'irré-

flexion, tandis que le devoir commande de rapporter
à une fin même les plus petites choses ». Et tous se
font la plus haute idée de la puissance de l'âme que
rien ne peut empêcher d'offrir toute sa perfection,
pourvu qu'elle règle toute sa vie et qu'elle prenne
garde à chacune de ses actions et même au moindre
mouvement qui l'agite. Quiconque est maître de son
âme, l'est aussi de son esprit, car, ainsi que nous le
dit Sénèque, « l'esprit et l'âme ne prennent point de
différentes teintures. Si l'âme *est saine*, paisible et
tempérante, l'esprit sera sérieux et retenu... le langage sera ferme et assuré ».

La raison divine et éternelle est au-dessus de
toutes choses et n'est sujette à quoi que ce soit. La
nôtre doit avoir le même avantage puisqu'elle en
tire son origine. Si nous sommes d'accord de cela,
il faut que nous convenions aussi que notre félicité
consiste en ce point de posséder une raison qui soit
parfaite. C'est elle seule qui soutient le courage,
qui tient bon contre la fortune et qui maintient
celui qui la conserve, en quelque état que se
trouvent ses affaires... Qu'est-ce que la vie humaine?
C'est une assiette assurée et une tranquillité perpétuelle. Nous l'obtiendrons par la magnanimité et
par la constance qui n'abandonne point les sentiments qu'elle a pris une fois. Mais comment
acquérir ces vertus? En connaissant nettement la
vérité, en gardant l'ordre et la bienséance en toutes
sortes d'actions que l'on fera avec un esprit de
douceur et d'équité qui ne considèrera que la raison
et qui fera naître partout l'amour aussi bien que

l'admiration. Et pour vous le dire en peu de paroles, l'âme du sage doit être telle que celle qui conviendrait à un dieu.

On dit : Il y a des choses qui font obstacle au soleil. Sa force et sa lumière demeurent pourtant tout entières, et, quoiqu'il y ait un corps interposé qui nous empêche de le voir, il ne laisse pas de travailler et de continuer sa course. Quand il luit au travers d'un nuage, il n'a pas moins de lumière et de vitesse qu'au temps le plus serein, car ce sont des choses bien différentes de s'opposer et d'empêcher en effet. C'est de la sorte que ce qui s'oppose à la vertu ne lui fait point de préjudice. Elle n'en est pas moins claire encore qu'elle brille moins. Nous ne la voyons pas peut-être dans toute son étendue, ni dans son éclat ordinaire ; toutefois, elle demeure la même en soi, et, comme un soleil obscurci, elle exerce en secret l'activité de sa puissance. Nous connaissons par là que les afflictions, les pertes et les disgrâces ne font pas plus d'impression sur la vertu que les nuages n'en font sur le soleil. (Sénèque, *Épître*, XCII.)

Les vices ne sont pas seulement odieux lorsqu'ils se montrent au dehors, mais encore lorsqu'ils se replient sur eux-mêmes. Qui admires-tu plus que celui qui sait se commander, qui est maître de soi ? Il est plus facile de gouverner des nations barbares, indociles au joug étranger, que de contenir son âme et de la faire son esclave. (Id., *Des bienfaits*, 4, VII.)

La maladie est pour le corps un obstacle, mais pour le libre arbitre, nullement, s'il ne le veut lui-même. Boiter est pour la jambe un obstacle, mais

nullement pour le libre arbitre. Sur tout ce qui
arrive, dis de même. Tu trouveras que c'est un
obstacle pour quelque autre chose, mais pour toi,
non. (Épictète, *Manuel*, IX.)

A chaque objet qui se présente, souviens-toi, en
te tournant vers toi-même, de chercher quelle
faculté tu possèdes relativement à l'usage de cet
objet. Si un labeur s'offre, tu trouveras le courage ;
si c'est une injure, tu trouveras la patience. Ainsi
accoutumé, les images qui se présentent ne pourront
plus t'entraîner avec elles. (Id., X.)

Tu peux être invincible, si tu ne descends au
combat que lorsqu'il est en ton pouvoir de vaincre.
(Id., XIX.)

Si l'image de quelque volupté se présente, veille
sur toi, comme tu fais pour toutes les autres images
et ne te laisse pas emporter par elle, mais que la
chose t'attende, et obtiens de toi-même quelque
délai. Ensuite, compare les deux moments, l'un où
tu jouiras de la volupté, l'autre où, après en avoir
joui, tu te repentiras et te feras à toi-même des
reproches ; puis oppose-leur la joie que tu éprou-
veras si tu t'abstiens, et les louanges que tu te
donneras à toi-même. Te semble-t-il opportun
d'entreprendre l'action ? prends garde de te laisser
vaincre par ses charmes et ses plaisirs et ses séductions ; mais oppose-leur une chose qui vaut mieux :
la conscience d'avoir soi-même vaincu dans ce
combat. (Id., XXXIV.)

Quel autre est libre que celui qui peut vivre
comme il veut ? Or, je puis vivre comme je veux ;

ne suis-je pas plus libre que Brutus? Fausse conséquence, dit le stoïcien, dont l'oreille fut épurée par
un vinaigre caustique. J'accorde le reste ; mais ôte-
moi ce *je puis vivre comme je veux.* — Quand la
verge du préteur m'a renvoyé maître de moi, comment ne serais-je pas libre de tout faire à mon gré ?
— Ecoute, mais sans humeur, sans froncer le nez,
sans contorsions, laisse-moi extirper de ton sein ces
vieux préjugés de grand'mère..... Sais-tu marcher
droit dans la vie ? Sais-tu démêler l'apparence du vrai,
reconnaître au son le cuivre mensonger d'une pièce
dorée ? Ce que tu dois rechercher, ce que tu dois
fuir, l'as-tu noté, l'un avec de la craie, l'autre avec
du charbon ? Es-tu modéré en tes vœux ? pauvre,
mais cher à tes amis ? Sais-tu à propos fermer,
ouvrir tes greniers ? Peux-tu hardiment passer sur
un écu cloué dans un pavé boueux ? *C'est là mon
bien, mon partage* ; si tu peux le dire avec vérité,
sois libre, sois sage et du gré des préteurs, et du
gré de Jupiter.

Je suis libre, moi ! Eh ! d'où tiens-tu cette liberté,
esclave de tant de passions ? Ne connais-tu de maître
que celui dont la baguette affranchit ?... Mais qu'en
toi-même, dans ton cœur malade, il surgisse des
maîtres, es-tu moins rudement traité que celui qui,
dans la crainte des étrivières et de son maître, a
couru aux frottoirs..... Garde-toi, parce que tu auras
résisté une fois, que tu ne te seras pas rendu à leurs
ordres puissants, de dire : j'ai brisé mes fers, Car,
à force de lutter, le chien rompt un nœud ; mais,
dans sa fuite, il traîne au col un long bout de sa
chaîne. (Perse, *Satire*, v.)

L'âme de l'homme se couvre d'ignominie, avant
tout lorsqu'elle devient, autant qu'il est possible, un

abcès, une tumeur maladive sur l'harmonie du
monde : en effet, s'impatienter de ce qui se passe
dans l'univers, c'est se séparer de la nature, laquelle
contient, dans ses parties, les natures de chacun des
autres êtres ; puis, par l'aversion qu'elle conçoit
pour un homme, ou par les mouvements d'animosité
qui l'entraînent à nuire : telles sont les âmes des
hommes colères. Elle se couvre aussi d'ignominie
quand elle se laisse vaincre par le plaisir ou la
douleur ; de même encore, lorsqu'elle use de
dissimulation, de feinte, de mensonge, dans ses
actions, ou dans ses paroles ; de même, enfin,
lorsqu'elle ne donne aucun but à ses actions, à
ses efforts, et qu'elle abandonne son énergie au
hasard et à l'irréflexion, tandis que le devoir commande de rapporter à une fin même les plus petites
choses. Or, la fin des êtres raisonnables, c'est de se
conformer à cette raison et à cette loi qu'imposent
la cité et le gouvernement antiques par excellence.
(Marc-Aurèle, II.)

———

Qu'il est aisé de repousser, d'effacer toute image
fâcheuse ou qui nous porte à haïr les hommes, et de
se mettre sur-le-champ dans une parfaite tranquillité d'âme ! (Id., IV.)

———

Que la partie de ton âme qui commande, qui
règne en toi, reste immobile à tout mouvement de
la chair, soit doux, soit rude. Qu'elle ne se confonde
point avec la chair ; qu'elle se renferme en elle-
même ; qu'elle borne l'empire de ses passions dans
les limites de la matière. Lorsque, par l'effet d'une
sympathie dont la cause est ailleurs, elles pénètrent
jusqu'à la pensée (je veux dire par l'effet de l'union
de l'âme et du corps), alors il ne faut point s'effor-

cer de lutter contre un sentiment naturel, mais que
le guide n'aille pas y ajouter, de son chef, l'opinion
que c'est là un bien ou un mal. (Id., v.)

———

Comment détruire en soi ses pensées, à moins
d'éteindre les perceptions des sens qui leur corres-
pondent? Or, il est en ton pouvoir de ne pas les
ranimer sans cesse. Oui, je suis le maître de concevoir sur tel objet ce qui est raisonnable. Si je le
puis, pourquoi me troubler? Ce qui est en dehors
de mon esprit n'est rien absolument pour mon
esprit. Pense ainsi, et te voilà debout. Il t'est permis de revivre. Tu n'as pour cela qu'à contempler
de nouveau les choses, comme tu les as vues déjà ;
car c'est là proprement revivre.

Réfléchis que la valeur de chaque homme est en
raison de celle des objets qu'il affectionne.

Un visage irrité est entièrement contre nature,
puisque souvent le visage y perd sa beauté, et que
cette beauté finit même ainsi par s'éteindre, sans
que rien puisse jamais la ranimer. Efforce-toi de
comprendre par là que la colère est contre la raison.
Car, si par elle on en vient à perdre même la conscience de ses fautes, quelle raison aura-t-on de vivre
encore.

Il faut que l'homme résiste aux passions corporelles ; car le propre du mouvement qui part de la
raison et de l'intelligence, c'est de se fixer des
bornes à lui-même, et de ne se laisser jamais vaincre
ni par la sensation ni par la concupiscence, deux
principes purement animaux. L'intelligence reven-
dique la domination, elle ne souffre point leur
empire ; et ce n'est pas sans raison, puisque la
nature consiste précisément à se servir de tout ce
qui est corporel. Enfin la condition d'un être raison-

nable, c'est de se garantir de toute témérité dans les jugements et de toute erreur. Une âme qui s'attache à ces vérités peut marcher droit, elle a ce que comporte sa nature. (Id., VII.)

Il faut que le corps lui-même ait un maintien assuré, et que rien n'y soit déréglé, ni dans le mouvement, ni dans la pose. Car, de même que la pensée se manifeste sur le visage, et s'applique à lui donner un aspect modeste et décent, de même faut-il en exiger autant de tout le corps. Mais, ici comme là, l'observation de la règle doit être sans affectation. (Id., VII.)

Avant tout, pas de trouble dans toi. Tout arrive conformément à la nature de l'univers; et dans bien peu de temps tu ne seras plus, comme ne sont plus ni Adrien ni Auguste. Puis, fixe les yeux sur ton objet, considère-le, et souviens-toi qu'il faut que tu sois homme de bien; et ce qu'exige la nature de l'homme, accomplis-le avec simplicité, et ne dis que ce qui te paraît le plus juste, mais toujours avec calme, avec modestie, sans dissimulation. (Id., VIII, 5.)

Il faut que tu règles ta vie action par action. Si chaque action présente tout ce qu'elle doit être autant qu'il est en toi, c'est assez. Or, il n'y a personne qui puisse empêcher qu'elle n'offre toute sa perfection. — Mais il y aura quelque obstacle extérieur? — Rien ne peut t'empêcher d'être juste, tempérant, prudent. Peut-être quelque cause entravera ton action; mais, si tu supportes sans te fâcher ce contre-temps, si tu passes avec résignation à ce qu'il t'est permis de faire, une autre action succédera aussitôt, qui conviendra avec ce bon règlement dont je parle. (Id., VIII, 32.)

Comme les actions de chaque particulier suivent ses paroles, il arrive quelquefois que la façon de parler se rapporte à la façon de vivre que le public a mise en usage. Lorsqu'une ville s'est relâchée de la discipline et s'est jetée dans les délices, vous le connaissez par la mollesse du langage, non de deux ou trois particuliers, mais du général qui l'aura reçue et approuvée. L'esprit et l'âme ne prennent point de différentes teintures. Si l'âme est saine, paisible et tempérante, l'esprit sera sérieux et retenu ; si l'âme est corrompue, l'autre est incontinent infecté..... L'esprit est tout pénétré de l'âme qui le forme et qui lui donne la loi....... Il faut avoir grand soin de l'âme, puisque c'est d'elle que nous tenons le sens, la parole, la contenance, le marcher. Tant qu'elle sera saine et vigoureuse, le langage sera ferme et assuré ; mais si elle se laisse une fois abattre, on verra aussi tout le reste tomber en ruine.

Les lois n'ont de pouvoir qu'autant que le roi vit. Notre esprit est un roi : tandis qu'il demeure entier, tout obéit et fait son devoir ; s'il vient à chanceler tant soit peu, en même temps tout va en décadence. Car aussitôt qu'il s'est soumis à la volupté, ses talents et ses actions s'affaiblissent ; tous ses efforts sont languissants et sans vigueur..... Notre esprit est tantôt un roi et tantôt un tyran. Il est un roi, quand il considère ce qui est honnête, quand il prend soin du corps qui a été mis en sa garde, et qu'il ne lui commande rien qui soit bas et honteux ; mais s'il est violent, avare, voluptueux, il acquiert

cet infâme et cruel nom de tyran. Alors il est sollicité par les passions les plus fortes. (Sénèque,
Épître, XIV.)

————

Nous sentons que l'idée que nous concevons des
grandes choses nous attire et nous élève. Comme
la flamme monte droit en hauteur, et ne peut ram-
per, ni se reposer ; ainsi, notre esprit étant tenu,
paraît d'autant plus actif et violent qu'il est prompt
de son naturel. Mais heureux celui qui sait bien
employer cette impétuosité ; il se peut mettre hors
du pouvoir de la fortune, se modérant dans la prospérité, se consolant dans l'adversité, et méprisant
beaucoup de choses que tout le monde admire. (Id.,
XXXIX.)

II

MAITRISER LES PASSIONS

On a coutume de reprocher aux stoïciens d'avoir
voulu supprimer les passions. Cette opinion nous
semble erronée, car, dans les principaux textes que
nous avons parcourus, il n'est question que d'adoucir et de régler les passions. Les stoïciens avaient
trop de bon sens pour prétendre à dépouiller l'homme
d'une seule de ses forces, et la passion en est une
bien grande lorsqu'elle est gouvernée par la raison.
N'avaient-ils pas eux-mêmes la passion de la vérité
et de la justice ? Et ne sentons-nous pas dans leur
parole souvent si véhémente la flamme d'une âme
ardente qu'ils ont maîtrisée, mais non éteinte ?

N'est-ce pas cette chaleur, d'autant plus forte qu'elle est plus concentrée, qui donne la vie à leurs enseignements et les fait pénétrer dans notre âme avec une puissance presque aussi grande que leurs exemples ? Les sages conseils par lesquels ils veulent nous apprendre à régler nos passions portent l'empreinte de leur personnalité ; ils nous initient au long et difficile apprentissage qu'ils ont fait eux-mêmes de la vertu. « Toute passion, dit Sénèque, est faible dans sa naissance ; elle s'échauffe dès sa sortie, et se fortifie dans son progrès..... La première impulsion est involontaire ; c'est comme un prélude à la passion. La seconde se fait avec une volonté facile à dompter. La troisième est déjà tyrannique. » Il ne dépend pas de nous d'éviter le premier ébranlement, pas plus qu'il ne dépend de nous de ne pas sentir. « L'habitude peut-être, ajoute Sénèque, et une constante surveillance en atténueront les effets ». Épictète aussi nous exhorte à « résister à l'impression trop vive et à empêcher ses progrès. » Et les paroles par lesquelles il nous encourage à ce combat nous montrent qu'il en a connu par expérience toute la difficulté. « Importante est la lutte, s'écrie-t-il, et elle est le fait d'un Dieu. Il s'y agit de la royauté, de la liberté, de la vie heureuse et calme. Souviens-toi de Dieu, appelle-le à ton secours et à ton aide, comme, dans la tempête, les navigateurs appellent les Dioscures. » Qui ne se sentirait fortifié par le sublime chant de guerre de ce grand lutteur qui a combattu et

triomphé avec Dieu! Et cette force qu'il nous communique est puisée dans le sentiment de sa dignité
de fils de Dieu, destiné à la royauté et à la liberté.
Aussi son courage est-il inépuisable pour « opposer
l'exercice le plus soutenu là où la séduction des
apparences sensibles est la plus grande ». A celui
qui tombe, il crie : « Relève-toi et lutte de nouveau,
jusqu'à ce que tu sois devenu fort! Il faut vouloir,
et la chose est faite! » Et cette parole, qui a toute
l'autorité de la conviction et de l'exemple, ranime
l'âme abattue et la rend ferme et inébranlable.

Continuez comme vous avez commencé, et hâtez-
vous tant que vous pourrez, afin que vous jouissiez
plus longtemps du plaisir de voir vos passions
adoucies et réglées. Vous en jouirez même du
moment que vous les adoucirez et que vous les
réglerez; mais c'est bien un autre plaisir de se
contempler soi-même affranchi de la corruption
ordinaire des hommes. Vous souvient-il de la joie
que vous reçûtes, lorsqu'ayant quitté l'habit d'ado-
lescent vous prîtes la robe virile, et que vous vous
fûtes introduit dans le barreau? Je vous en promets
une plus grande lorsqu'ayant perdu la faiblesse des
enfants, vous aurez acquis la force des hommes
sages, car il est vrai que nous ne sommes plus
enfants; mais nous retenons encore quelque chose
de l'enfance; et ce qui est de pire, nous avons l'autorité des vieillards avec les défauts des enfants, et
des enfants au berceau : ceux-là s'effraient de peu
de chose, ceux-ci de ce qui n'est pas, et nous de tous
les deux. (Sénèque, *Epître*, IV.)

En vérité, il n'y eut jamais de vice sans excuse. Il n'y en a point qui ne soit, au commencement, timide et facile à vaincre ; mais c'est par là qu'il se donne de l'étendue. Si vous lui laissez prendre racine, vous ne l'arracherez pas quand vous voudrez. Toute passion est faible dans sa naissance ; elle s'échauffe dès sa sortie, et se fortifie dans son progrès. Il est plus facile de la rebuter quand elle se présente, que de la chasser quand elle est entrée.

.....Nous défendons les vices que nous chérissons, aimant mieux les excuser que de les abandonner. La nature a donné à l'homme assez de forces, si nous les voulons ramasser et les employer pour notre instruction, où nous nous imaginons qu'elles tendent ; ce n'est que faute de vouloir ; mais on s'excuse de ne pouvoir. (Id., CXVI.)

———

Veux-tu savoir comment les passions naissent grandissent et se déploient ? La première impulsion est involontaire ; c'est comme un prélude à la passion ; c'est un certain ébranlement. La seconde se fait avec une volonté facile à dompter ; comme lorsque je pense qu'il faut me venger parce que j'ai été lésé, ou qu'il faut punir un tel parce qu'il a commis un crime. La troisième est déjà tyrannique ; elle veut se venger, non parce qu'il le faut, mais quand même : elle triomphe de la raison. La première impression de l'âme, nous ne pouvons l'éviter par la raison, pas plus que ces accidents du corps dont nous avons parlé, comme de bâiller en voyant bâiller les autres, de fermer les yeux quand on vous y porte brusquement la main. La raison ne peut rien pour les empêcher ; l'habitude peut-être et une

constante surveillance en atténueront les effets. Ce
second mouvement qui nait de la réflexion, la
réflexion en triomphe. (Id., *Colère*, II, IV.)

———

Dès qu'elles ont pris possession, elles sont plus
puissantes que la modération, et ne souffrent ni
frein, ni restriction. Ensuite la raison elle-même,
à qui l'on confie les rênes, n'a de puissance que
tant qu'elle est séparée des passions ; si elle s'y
mêle, si elle se souille de leur contact, elle ne peut
plus réprimer ce qu'elle pouvait éloigner. L'âme une
fois ébranlée, une fois hors de son assiette, obéit à
la main qui la pousse. Il y a certaines choses qui,
dans les commencements, dépendent de nous ; sont-
elles plus avancées, elles nous entraînent par leur
propre force, et ne permettent pas de retour.
L'homme qui s'élance dans un précipice n'est plus
maître de lui, il ne peut ni empêcher ni arrêter sa
chute ; mais un entraînement irrévocable interdit
toute volonté, tout repentir : il ne peut plus ne pas
arriver où il pouvait ne pas aller : ainsi, l'esprit qui
s'est abandonné à la colère, à l'amour et aux autres
passions, ne peut plus retenir son impulsion : il faut
qu'il soit entraîné jusqu'au bout, précipité de tout
son poids sur la pente rapide du vice.

Ce qu'il y a de mieux, c'est de repousser sur-le-
champ les premières provocations de la colère, de
l'étouffer dans son germe, et de prendre soin de ne
pas s'y exposer, car, si nous lui prêtons le flanc, il
est difficile de se sauver d'elle par la retraite. En
effet, il n'y a plus de raison une fois que nous
livrons accès à la passion et que nous lui donnons
quelque droit par notre volonté. Elle fera ensuite
tout ce qu'elle voudra, et non tout ce qu'on lui per-
mettra. Avant tout, je le répète, c'est de la frontière

qu'il faut repousser l'ennemi ; lorsqu'il est entré, lorsqu'il a forcé les portes, il ne reçoit plus la loi du vainqueur, car l'âme ne se tient pas à l'écart et ne veille pas au dehors sur les passions, pour les empêcher d'aller plus loin qu'il ne faut ; mais elle-même s'identifie avec la passion ; et c'est pour cela qu'elle ne peut plus rappeler à elle cette force utile et salutaire que déjà elle a trahie et paralysée. Car, ainsi que je l'ai déjà dit, chaque chose n'a pas un siège distinct et séparé, mais la passion et la raison ne sont que des modifications de l'âme en bien ou en mal. Comment donc la raison, envahie et subjuguée par les vices, se relèvera-t-elle quand elle succombe à la colère? Ou comment se délivrera-t-elle d'une anarchie où domine la confusion du mal ? (Sénèque, *De la colère*, I, VII, VIII.)

———

Ne va pas même t'imaginer que la colère contribue en rien à la grandeur d'âme, car ce n'est pas là de la grandeur, ce n'est que de l'enflure : ainsi, dans les corps que gonfle une humeur viciée, la maladie n'est pas de l'embonpoint, c'est une exubérance mortelle. Tous ceux qu'un esprit dépravé emporte au delà des pensées humaines s'imaginent qu'ils respirent je ne sais quoi de grand et de sublime ; mais là-dessus il n'y a rien de solide, et tout édifice sans fondements est prêt à crouler. La colère ne s'appuie sur rien, elle ne s'élève sur rien de ferme et de durable ; elle n'est que vent et fumée, et s'éloigne autant de la grandeur d'âme que la témérité du courage, la présomption de la confiance, la tristesse de l'austérité, la cruauté de la sévérité. Il y a, je le répète, une grande différence entre une âme élevée et une âme orgueilleuse. La colère n'entreprend rien de généreux, rien de noble. Je vois au contraire

dans cette irascibilité habituelle les symptômes d'une
âme usée et stérile qui a la conscience de sa faiblesse. (Id., I, XVI.)

Commence par résister à l'impression trop vive,
et dis : « Attends-moi un peu, *idée* ; laisse-moi voir
qui tu es et sur quoi tu portes. Laisse-moi te juger. »
Puis ne lui laisse pas faire de progrès, et retrace à
ton imagination tout ce qui la suit ; mais elle va
t'entraîner partout où elle voudra. Appelle bien
plutôt à sa place quelque autre idée honnête et
noble, et chasse ainsi l'image impure.

Voilà le véritable lutteur : c'est celui qui s'exerce
à combattre ces *idées*. Résiste, ô malheureux ! ne
te laisse pas entraîner ! Importante est la lutte, et
elle est le fait d'un Dieu. Il s'y agit de la royauté, de
la liberté, de la vie heureuse et calme. Souviens-toi
de Dieu, appelle-le à ton secours et à ton aide,
comme dans la tempête les navigateurs appellent les Dioscures. (Épictète, *Entretiens*, II, 18.)

Comme la force de l'habitude est souveraine, et
que ce n'est qu'aux choses du dehors que nous
sommes habitués à appliquer notre puissance de
désirer ou de fuir, il nous faut donc opposer à cette
habitude une habitude contraire, opposer l'exercice
le plus soutenu là où la séduction des apparences
sensibles est la plus grande.

Je penche vers la volupté ; je vais me jeter
du côté contraire, et cela avec excès, afin de
m'exercer. J'ai le travail en aversion ; je vais habituer et plier ma pensée à n'avoir plus jamais d'aversion pour lui et pour ce qui lui ressemble. Qu'est-ce,
en effet, que s'exercer ? C'est s'appliquer à ne jamais

rien désirer et à n'avoir d'aversion que pour des choses qui relèvent de notre libre arbitre, et s'y appliquer de préférence là où il nous est le plus difficile de réussir. (Id., III, 12.)

———

Lutte contre toi-même, arrache-toi à toi-même, pour revenir au maintien décent, à la retenue, à la liberté. Commence par condamner ce que tu as fait; puis, quand tu l'auras condamné, ne désespère pas de toi-même ; ne fais pas comme les lâches qui, une fois qu'ils ont cédé, s'abandonnent complètement et se laissent emporter par le torrent. Regarde plutôt ce que font les maîtres au gymnase. L'enfant a-t-il été renversé : « Relève-toi, disent-ils, et lutte de nouveau, jusqu'à ce que tu sois devenu fort. » Fais-en autant à ton tour, car sache bien qu'il n'y a rien de plus facile à conduire que l'esprit humain. Il faut vouloir, et la chose est faite ; il est corrigé. Que par contre on se néglige, et il est perdu. Or, c'est en nous qu'est notre perte ou notre salut. — Et quel bien m'en revient-il ?

En veux-tu donc un plus grand que celui-ci ? Au lieu de l'impudence tu auras le respect de toi-même, l'ordre au lieu du désordre, la loyauté au lieu de la déloyauté, la tempérance au lieu de la débauche. (Id., IV, 9.)

CHAPITRE V

FORCE D'AME

Souffrir

L'opinion généralement admise est que les stoïciens méprisaient la douleur. Faut-il croire que ce soit pour excuser notre faiblesse que nous reprochons à leur doctrine d'être inhumaine ou du moins de s'élever à une hauteur d'indifférence ou d'impassibilité telle, qu'elle est inaccessible à ceux qui veulent rester des êtres humains ? Nous trouvons dans Sénèque la réfutation de cette prétendue insensibilité des stoïciens : « Jamais, dit-il à un cœur affligé, je n'exigerai de toi que tu t'abstiennes de toute affliction. Je sais qu'il se trouve des hommes dont la philosophie, plutôt cruelle que courageuse, nie que le sage puisse connaître la douleur... La raison aura fait assez, si elle retranche de la douleur ce qu'elle a de trop, ce qu'elle a de superflu ; mais qu'elle l'étouffe entièrement, c'est ce qu'il ne faut ni espérer, ni souhaiter. » Ce que veulent les stoïciens, c'est que l'âme reste parfaitement maîtresse d'elle-même sous les coups de la fortune et ceux des hommes, qu'elle supporte les uns et les autres avec une fermeté inébranlable dont le principe soit la soumission à Dieu. Nul n'a mieux compris que les stoïciens le rôle de la douleur dans la vie humaine. « Ce sont les circonstances difficiles, dit Épictète, qui montrent les hommes. A l'avenir, quand il s'en présentera une, dis-toi que Dieu, comme un maître de gymnase, t'a mis aux prises avec un adversaire redoutable... C'est Jupiter qui t'exerce. » Et les belles pages de Sénèque sur la sérénité de l'homme de bien, au milieu de l'adversité, ne semblent être que le développement de cette parole de l'Écriture sainte : « Dieu châtie ceux qu'il aime, et il frappe de ses verges ceux qu'il reconnaît pour ses enfants ». « Tu t'étonnes, dit Sénèque, que Dieu qui chérit les bons, qui veut les rendre meilleurs et les élever à la perfection, les livre, pour les exercer, aux coups de la fortune. » Et partant de cette haute pensée, il prouve que l'homme n'est réellement parfait qu'après avoir souffert, que sa nature ne peut se développer complètement sans la douleur qui révèle tout ce qu'il y a en lui de grand, de divin. Que d'œuvres de génie, en effet, inspirées par la douleur ! Que d'actes sublimes de vertu et surtout de charité accomplis par des âmes que la souffrance a ouvertes au dévouement et à l'amour ! Les expériences de chacun de nous ne sont-elles pas d'accord avec celles de tous les puissants athlètes de l'humanité pour nous faire connaître « le fruit paisible de justice » que produit l'épreuve ? Qui n'a mieux senti les grandes vérités éternelles sous l'aiguillon de la douleur qui détache l'âme des choses visibles ? Qui n'a béni ce saint et rude auxiliaire dont les solennelles injonctions rappellent mieux que toute autre voix la fidélité au devoir et la pratique des vertus douces qui ont la charité pour principe ? « Faut-il s'étonner, ajoute Sénèque, que Dieu traite durement les esprits généreux ? Les enseignements de la vertu ne sont jamais faciles... L'âme arrive par la souffrance à braver la puissance du mal. »

Puisque tous les hommes sont plus ou moins soumis à cette discipline dans le cours de leur existence terrestre, il faut les y préparer dès le jeune âge et ne pas imiter les nourrices dont la tendresse faible et insensée cherche à éviter aux enfants toutes les occasions d'exercer leur patience. Élevé dans la mollesse, l'homme n'apprend pas à vivre ; il reste enfant toute sa vie et se révolte contre tout ce qui est destiné à lui faire pratiquer telle ou telle vertu. Épictète nous met en garde contre une éducation aussi énervante, en nous rappelant, dans le langage pittoresque qui lui est propre, qu'il nous faut posséder notre âme par la patience. Tout est pour Marc-Aurèle aussi « une matière à vertu, en sa qualité d'être raisonnable et sociable. Tout ce qui lui arrive le rapproche de Dieu ou de l'homme ». Il nous dit que « nous pouvons vivre dans la plus profonde paix du cœur, quand même tous les hommes vociféreraient contre nous tous les outrages imaginables ». De même, Sénèque dit au sage qui est provoqué par l'injure : « Nous appelons invulnérable non pas ce que rien ne frappe, mais ce que rien ne blesse. A ce signe, reconnais le sage. » Marc-Aurèle nous exhorte, non seulement à « rester fermes, mais encore à nous montrer doux envers ceux qui s'efforcent de nous faire obstacle ou de nous causer quelque chagrin, car il y a autant de faiblesse à nous irriter contre eux qu'à abandonner notre manière d'agir et à succomber sous le coup qu'ils nous portent ». Toute chose est possible à celui qui se possède ainsi soi-même.

Dans notre enfance, lorsque, en regardant le ciel, nous nous heurtions contre une pierre, notre nourrice, au lieu de nous gronder, battait la pierre. Et qu'avait fait la pierre ? Devait-elle se déplacer à cause de l'étourderie d'un enfant ? De même, si nous ne trouvons pas à manger au retour du bain, jamais notre gouverneur ne réprime notre impatience ; au lieu de le faire, il bat le cuisinier. « O homme (devrait-on lui dire), est-ce que c'est de lui et non de notre enfant que nous t'avons institué gouverneur ? C'est notre enfant qu'il faut redresser ; c'est à lui qu'il faut être utile. » Et voilà comme, plus grands, nous nous montrons encore enfants ! Car c'est être un enfant, en fait de musique, que de n'être pas musicien ; en fait de belles-lettres, que d'être illettré ; et dans la vie, que de ne pas avoir appris à vivre. (Épictète, *Entretiens*, III, 19.)

Jette les yeux sur les forces qui sont en toi, considère-les et dis : « Envoie maintenant, ô

Jupiter, les circonstances que tu voudras, car j'ai des ressources et des moyens donnés par toi-même pour tirer parti de tous les événements. » Au lieu de cela, vous restez assis, tremblant que certaines choses n'arrivent, et pleurant, gémissant, vous lamentant, parce que ces certaines autres sont arrivées. Puis après vous accusez les dieux ! Quelle peut être, en effet, la suite d'un tel manque de cœur si ce n'est l'impiété ? Et cependant Dieu ne nous a pas seulement donné ces forces pour supporter, grâce à elles, tous les événements sans nous laisser abattre ni briser par eux ; mais encore, ce qui était d'un bon roi et d'un père véritable, il nous les a données libres, indépendantes, affranchies de toute contrainte extérieure ; il les a mises à notre disposition complète sans se réserver à lui-même la puissance de les entraver ou de leur faire obstacle. Eh bien ! ayant ces forces ainsi libres et à vous, vous ne vous en servez pas et vous ne comprenez ni ce que vous avez reçu là, ni de qui vous l'avez reçu. Vous restez assis à pleurer et à gémir, les uns n'ayant pas d'yeux pour voir celui qui vous a fait ces dons, et méconnaissant votre bienfaiteur ; les autres vous laissant aller par manque de cœur à des invectives et à des récriminations contre Dieu. Et cependant, pour atteindre à l'élévation de l'âme et au courage, je puis te montrer quelles ressources et quels moyens tu as ; toi, pour invectiver et récriminer, montre-moi à quoi tu peux recourir. (Id., I, 6.)

Ce sont les circonstances difficiles qui montrent les hommes. A l'avenir, quand il s'en présentera une, dis-toi que Dieu, comme un maître de gymnase, t'a mis aux prises avec un adversaire redoutable. « Pourquoi ? » me dis-tu. Pour faire de toi un vain-

queur aux jeux olympiques, et tu ne peux l'être
sans sueurs. (Id., 24.)

———

Connais-toi toi-même ; sonde la divinité ; n'entre-
prends pas l'affaire sans elle. Si elle t'y encourage,
sache qu'elle veut te faire grand ou roué de coups.
Car voici une bien belle chose inséparable du cynique ; il ne saurait éviter d'être battu, comme on bat
un âne, et il faut que battu il aime ceux mêmes
qui le battent, parce qu'il est le père et le frère de
tous les hommes. — « Non pas, dis-tu ; mais, si
quelqu'un te bat, crie devant tout le monde : « O
César, voilà comment on me traite, pendant la paix
que tu as établie ! Allons au proconsul ! » — Mais
quel est le César, quel est le proconsul du cynique,
si ce n'est celui qui l'a envoyé, celui dont il est le
serviteur, Jupiter lui-même ? En appelle-t-il à un
autre que ce Dieu ? N'est-il pas convaincu, quoi
qu'il lui arrive de tout cela, que c'est Jupiter qui
l'exerce ?....
Et c'est un tel homme qui aurait reproché au Dieu
qui l'avait envoyé, de le traiter injustement, lui qui
tirait gloire des épreuves, et qui se jugeait digne
d'être un spectacle pour les passants ! De quoi se
serait-il plaint, en effet ? serait-ce de la dignité qu'il
conservait ? Quel grief aurait-il fait valoir ? serait-ce
l'éclat plus grand que recevait sa vertu ? (Id., III, 22.)

———

Quant à moi, je n'ai pas prétendu parer le sage
de l'éclat d'un titre imaginaire, mais le placer en un
lieu où nulle injure ne puisse l'atteindre. « Eh quoi !
il n'y aura personne qui le provoque, personne qui
l'éprouve ? » Il n'y a dans la nature rien de sacré qui
échappe au sacrilège ; mais les choses divines n'en
sont pas moins dans une sphère sublime, quoiqu'il

se trouve des gens qui adressent leurs coups impuissants à une grandeur bien au-dessus de leur portée. Nous appelons invulnérable non pas ce que rien ne frappe, mais ce que rien ne blesse. A ce signe, reconnais le sage. N'est-il pas constant que la force qui n'est pas vaincue est plus assurée que celle qui n'est pas attaquée? On peut douter d'une puissance non éprouvée; mais on peut à bon droit regarder comme la fermeté la plus assurée celle qui a repoussé tous les assauts. Ainsi, persuade-toi bien que le sage est d'une nature meilleure quand aucune injure ne lui nuit, que quand il ne lui en est fait aucune. (Sénèque, *De la constance du sage*, III.)

_____

La fortune n'enlève que ce qu'elle a donné; or, elle ne donne pas la vertu, donc elle ne l'ôte pas. C'est une chose libre, inviolable, que rien n'émeut, que rien n'ébranle, tellement endurcie contre le sort, qu'on ne saurait même la fléchir, loin de la vaincre.

De là cette assurance, ce contentement, cette joie continuelle qui transporte l'homme sage; de là cette sérénité qu'il oppose aux chocs qui lui viennent des choses et des hommes, tellement que l'injure même lui profite en lui servant à s'éprouver lui-même, à sonder sa vertu. (Id., v.)

_____

L'art de vivre ressemble plus à celui des lutteurs que l'art de la danse, puisqu'il faut se tenir préparé et armé contre les coups subits et imprévus.

Tu peux vivre exempt de toute violence, dans la plus profonde paix du cœur, quand même tous les hommes vociféreraient contre toi tous les outrages imaginables; quand même les membres de cette masse corporelle qui t'enveloppe seraient mis en pièces par les bêtes sauvages. Car qui empêche, dans toutes ces conjonctures, que la pensée ne se maintienne dans un plein calme, jugeant au vrai ce qui se passe autour d'elle, et se servant comme elle le doit de ce qui tombe sous ses mains? Le jugement ne peut-il pas dire à l'accident : Tu n'es au fond que ceci, bien que l'opinion te fasse paraître d'autre nature? L'emploi des choses ne peut-il pas dire à ce qui survient: Je te cherchais. Car le présent est toujours pour moi une matière à vertu, en ma qualité d'être raisonnable et sociable ; en général, c'est une matière à pratiquer cet art qui est fait pour l'homme ou pour Dieu. Tout ce qui arrive me rapproche ou de Dieu ou de l'homme : ce n'est donc chose ni nouvelle ni difficile à manier, mais connue, et qui se prête à la main. (Marc-Aurèle, VII.)

Ne te trouble point par l'idée de ce qu'est la vie dans son ensemble. Garde-toi de te représenter tous les désagréments qui seront probablement ton partage plus tard ; mais, à chacun de tes maux présents, demande-toi à toi-même : cela est-il vraiment insupportable, insoutenable? Car tu rougiras alors de l'avouer. D'ailleurs, souviens-toi que ce n'est ni l'avenir ni le passé qui sont un poids pour toi, mais toujours le présent. Or, le présent se réduit à peu de chose, si tu le renfermes dans ses justes limites, et que tu gourmandes ton âme de ne pouvoir supporter ce mince fardeau. (Id., VIII.)

Tout ce qui t'arrive, ou tu peux le supporter, ou cela t'est impossible. Si la nature t'a donné une force suffisante, ne te fâche point ; use de ta force pour supporter ce qui t'arrive. Et si tu n'as pas la force nécessaire, ne te fâche point non plus.... Souviens-toi, du reste, que ta nature est de supporter tout ce que peut rendre supportable et soutenable pour toi la considération de ton intérêt et de ton devoir. (Id., x.)

———

Ceux qui te font obstacle quand tu suis le chemin de la droite raison, ne peuvent pas te détourner d'une bonne action : ne laisse donc pas d'avoir pour eux de la bienveillance. Reste ferme également dans ces deux principes : l'un, de persévérer dans tes jugements et tes actions ; l'autre, de te montrer doux envers ceux qui s'efforcent de te faire obstacle ou de te causer quelque chagrin, car il y a autant de faiblesse à s'irriter contre eux qu'à abandonner notre manière d'agir et à succomber sous le coup qu'ils nous portent. Dans les deux cas, c'est déserter son poste, soit qu'on se laisse troubler par la crainte, soit qu'on se prenne d'aversion pour celui que la nature a fait notre parent et notre ami. (Id., xi.)

———

Si cela ne convient pas, ne le fais point ; si cela n'est pas vrai, ne le dis point. Sois maître de tes penchants. (Id., xii, 17.)

———

Tout est opinion, et l'opinion dépend de toi. Fais disparaitre, quand il te plait, l'opinion ; et, comme si tu venais de doubler un promontoire, tu trouveras une mer tranquille, la sécurité partout, un port sans tempête. (Id., 22.)

———

Rejette l'opinion, tu seras sauvé. Qui donc t'empêche de la rejeter? (Id., xii, 25.)

———

Qu'y a-t-il de grand ici-bas? Est-ce de couvrir les mers de ses flottes, de planter ses drapeaux sur les bords de la mer Rouge, et, quand la terre manque à nos dévastations, d'errer sur l'Océan à la recherche de plages inconnues ? Non ; c'est avoir vu tout ce monde par les yeux de l'esprit, et avoir remporté le plus beau triomphe, le triomphe sur ses vices. On ne saurait nombrer les hommes qui se sont rendus maîtres de villes, de nations entières ; mais combien peu l'ont été d'eux-mêmes ! Qu'y a-t-il de grand ici-bas ? C'est d'élever son âme au-dessus des menaces et des promesses de la fortune ; c'est de ne rien voir à espérer d'elle qui soit digne de nous. Qu'a-t-elle, en effet, qu'on doive souhaiter, quand, du spectacle des choses célestes, nos regards, retombant sur la terre, n'y trouvent plus que ténèbres, comme quand on passe d'un clair soleil à la sombre nuit des cachots ? Ce qu'il y a de grand, c'est une âme ferme et sereine dans l'adversité, qui accepte tous les événements comme si elle les eût désirés ; et ne devrait-on pas les désirer, en effet, si l'on savait que tout arrive par les décrets de Dieu ? Pleurer, se plaindre, gémir, c'est être rebelle. Ce qu'il y a de grand, c'est que cette âme forte et inébranlable aux revers repousse les voluptés et même les combatte à outrance ; qu'elle ne recherche ni ne fuie le péril ; qu'elle sache se faire son destin sans l'attendre ; qu'elle marche au-devant des biens comme des maux, sans trouble et sans inquiétude, et que, ni l'orageuse ni la riante fortune ne la déconcerte ! Ce qu'il y a de grand, c'est de fermer son cœur aux mauvaises pensées, de lever au ciel des mains pures ; c'est, au lieu d'aspirer à des biens qui, pour aller jusqu'à vous, doivent être donnés ou perdus par d'autres, prétendre au seul trésor que nul ne vous disputera, la sagesse. Quant à tous ces avantages, si fort prisés des mortels, il faut les regarder, si le hasard vous les apporte, comme devant s'échap-

per par où ils sont venus ! Ce qu'il y a de grand,
c'est de voir tomber à ses pieds les traits du sort ;
c'est de se souvenir qu'on est homme ; c'est, si l'on
est heureux, de se dire qu'on ne le sera pas longtemps ; malheureux, qu'on ne l'est plus dès qu'on
croit ne pas l'être ! Ce qu'il y a de grand, c'est
d'avoir son âme sur le bord des lèvres et prête à
partir ; on est libre alors non par droit de cité, mais
par droit de nature. Être libre, c'est n'être plus
esclave de soi ; c'est avoir fui cette servitude de
tout instant, qui n'admet point de résistance, qui
pèse sur nous nuit et jour, sans trêve ni relâche.
(Sénèque, *Questions naturelles*, 3, Préface.)

Il te faut imiter le courage des grands hommes à
soutenir, à vaincre la douleur, et, autant qu'il l'est
permis à l'homme, marcher sur leurs traces divines.
Quoiqu'en toute autre chose, les dignités et la
noblesse opposent leurs distances, du moins la
vertu est accessible à tous ; elle ne dédaigne personne, pourvu qu'on se juge digne d'elle. Il est
beau, sans doute, d'imiter ceux qui, pouvant s'indigner de n'être pas exempts du malheur, ont accepté,
non comme une injure, mais comme une condition
de l'humanité, de se voir, en cela seul, mis au niveau
des autres mortels ; qui ont subi tous les accidents,
sans aigreur et sans amertume, comme sans mollesse
et sans lâcheté. Car ne pas sentir ses maux, c'est
n'être pas homme ; ne pas les supporter, c'est n'être
pas un homme. (Id., *Consolation à Polybe*, XXXVI.)

Jamais je n'exigerai de toi que tu t'abstiennes de
toute affliction. Je sais qu'il se trouve des hommes
dont la philosophie, plutôt cruelle que courageuse,
nie que le sage puisse connaître la douleur. Mais

ceux-là semblent n'être jamais tombés dans des afflictions de ce genre ; autrement la fortune les eût fait renoncer à cette superbe sagesse, et les eût contraints, en dépit d'eux-mêmes, à confesser la vérité. La raison aura fait assez, si elle retranche de la douleur ce qu'elle a de trop, ce qu'elle a de superflu ; mais qu'elle l'étouffe entièrement, c'est ce qu'il ne faut ni espérer, ni souhaiter. (Id., XXXVII.)

Il y a entre les hommes de bien et Dieu une amitié dont le lien est la vertu. Que dis-je, une amitié ? C'est plutôt une parenté, une ressemblance : car l'homme de bien ne diffère de Dieu que par la durée ; il est son disciple, son émule, son véritable enfant. Mais cet auguste père l'élève durement et, comme les parents sévères, lui demande un compte rigoureux des vertus qu'il lui a confiées.

..... Qui de nous, pourvu qu'il soit homme, et d'un cœur élevé et généreux, n'aspire à un travail honorable, et ne s'élance au devoir à travers les périls ? Pour quelle âme active l'oisiveté n'est-elle pas un supplice ? Nous voyons les athlètes qui veulent entretenir leurs forces se choisir les adversaires les plus robustes, et exiger de ceux qui les préparent au combat qu'ils usent de toute leur vigueur ; ils se laissent frapper, maltraiter, et, s'ils ne trouvent personne qui les égale, ils en provoquent plusieurs à la fois. La vertu sans combat s'allanguit. Elle ne fait paraître tout ce qu'elle est, tout ce qu'elle vaut, tout ce qu'elle a de puissance, que lorsqu'elle montre tout ce qu'elle peut souffrir.

Sache donc que l'homme de bien doit en faire de même ; qu'il ne craigne ni les malheurs, ni les difficultés ; qu'il ne se plaigne pas du sort ; que tout ce qui lui arrive il le prenne en bonne part, et le tourne à son profit. L'important n'est pas ce que tu souffres, mais comment tu le souffres.....

Dieu a pour les hommes de bien un cœur paternel ; il les aime sans faiblesse. « Qu'ils soient, dit-il, exposés aux fatigues, aux douleurs, aux infortunes, afin de recueillir la véritable force »..... Une félicité non éprouvée ne résiste pas à la première atteinte. Mais, lorsqu'elle a lutté constamment avec l'adversité, elle se fait un bouclier de ses souffrances, et ne se rend jamais au mal ; quand même elle serait abattue, elle combat encore à genoux.

Tu t'étonnes que Dieu, qui chérit les bons, qui veut les rendre meilleurs, et les élever à la perfection, les livre, pour les exercer, aux coups de la fortune. Et moi, je ne m'étonne pas que parfois il prenne fantaisie aux dieux de voir de grands hommes aux prises avec quelque malheur. (Sénèque, *De la Providence*, I, II, III.)

Les prospérités descendent sur le vulgaire, sur les âmes communes ; mais dompter le malheur et les faiblesses de la crainte est le propre du grand homme. Être toujours heureux, et passer sa vie sans aucune blessure de l'âme, c'est ignorer une moitié de la nature humaine. Tu es un homme de cœur ; mais d'où le saurais-je, si la fortune ne t'a pas donné l'occasion de montrer ta vertu ? Tu es descendu dans la carrière olympique ; et personne ne s'y présente que toi, tu gagnes la couronne, mais non pas la victoire. Je ne te félicite pas comme homme courageux, mais comme celui qui, obtenant le consulat ou la préture, doit sa grandeur à sa dignité. J'en puis dire autant à l'homme de bien, si l'adversité ne lui a donné nulle occasion où il pût, au moins une fois, faire paraître sa force d'âme. Je t'estime malheureux de n'avoir jamais été malheureux ; tu as passé ta vie sans combat. Personne ne saura ce que tu valais, tu ne le sauras pas toi-même, car, pour se connaître, on a besoin de s'éprouver. Nul ne sait ce qu'il peut qu'après s'être essayé.

Oui, la Divinité favorise ceux dont elle désire la perfection, toutes les fois qu'elle leur offre l'occasion de faire quelque chose de grand et de courageux ; pour cela, il leur faut des conjonctures difficiles. On apprécie le pilote dans la tempête, le soldat dans la mêlée..... N'allez donc pas, je vous en supplie, vous épouvanter de ces aiguillons dont les dieux immortels se servent pour réveiller les courages. Le malheur est une occasion pour la vertu.

Les hommes qu'on peut à bon droit appeler infortunés sont ceux qui s'engourdissent dans l'excès du bonheur, qui sont comme enchaînés par un calme plat sur une mer immobile. Tout ce qui leur arrive est pour eux une nouveauté. Le chagrin est plus amer à ceux qui ne l'ont pas goûté ; le joug est plus pesant à une tête novice. L'idée seule d'une blessure fait pâlir les recrues ; le vétéran voit d'un œil intrépide saigner ses plaies. Il sait que souvent la victoire a suivi le sang. Ainsi donc ceux que la divinité favorise, qu'elle aime, elle les fortifie, les reconnaît, les exerce. Ceux, au contraire, qu'elle semble traiter avec douceur, avec ménagement, elle réserve leur faiblesse pour des maux à venir. Car tu te trompes si tu crois qu'il y ait quelqu'un d'exempté. Cet homme longtemps heureux verra venir son tour. Quiconque paraît oublié n'est que retardé.

« Mais pourquoi Dieu envoie-t-il aux plus honnêtes gens des maladies ou d'autres afflictions ? »

Pourquoi, dans les camps, les expéditions péril-
leuses sont-elles confiées aux plus braves ? Ce sont
des hommes d'élite qu'envoie le chef pour surprendre l'ennemi dans une embûche de nuit, pour reconnaître le pays, pour enlever un poste. Nul d'entre
ceux qui partent ne dit : « Le général n'a pas eu
confiance en moi » ; mais plutôt : « Il m'a bien
jugé. » De même tous ceux qui reçoivent l'ordre de
souffrir des maux qui font pleurer les timides et les
lâches doivent se dire : « Dieu nous a jugés assez
méritants pour éprouver sur nous jusqu'où peut
aller la patience de l'homme. »

..... Faut-il s'étonner que Dieu traite durement les
esprits généreux ? Les enseignements de la vertu
ne sont jamais faciles. La fortune nous frappe et
nous déchire ? Souffrons. Ce n'est pas une persécu-
tion, c'est une lutte : plus souvent nous l'aurons
engagée, plus nous serons forts..... L'âme arrive
par la souffrance à braver la puissance du mal...
« Pourquoi cependant Dieu souffre-t-il qu'il arrive
malheur aux gens de bien ? » Non, il ne le souffre
pas. Il a éloigné d'eux tous les maux, les crimes,
les forfaits, les pensées coupables, les desseins
ambitieux, les aveugles désirs, et l'avarice qui convoite le bien d'autrui ; il veille sur eux et les protège. Ne faut-il pas aussi exiger de Dieu qu'il garde
leur bagage ? Ils l'exemptent eux-mêmes de ce
soin, en méprisant les choses extérieures. (Id., IV.)

CHAPITRE VI

FORCE D'AME

*Se détacher, s'abstenir, se modérer, renoncer,
persévérer, mourir*

I

Les stoïciens distinguent, dans l'usage des choses,
celles qui ne dépendent pas de nous, telles que le
corps, les biens, la réputation, les dignités, et
celles qui dépendent de nous, parce qu'elles sont
notre œuvre, c'est le vouloir, l'opinion, le désir,
l'aversion. A l'égard des premières, Sénèque nous
recommande « de voir dans toute leur petitesse et
leur abjection, ces vanités pour lesquelles nous
plaidons, nous courons, nous nous essoufflons, et
qui ne valent pas un regard d'une âme haute et
généreuse ». Épictète nous exhorte à « nous en détacher, à ne les point tenir pour nôtres, à les abandonner toutes à Dieu et à la fortune, pour nous donner
uniquement à ce qui nous appartient en propre, à
ce qui échappe à toute contrainte ». Sa parole a
toute autorité quand il nous conseille de nous affranchir de tout ce qui ne dépend pas de notre libre

arbitre, car il supportait gaiement la pauvreté la plus absolue : « Je suis, dit-il, sans patrie, sans maison, sans fortune, sans esclave ; je couche sur la terre ; je n'ai ni femme, ni enfant, ni tente de général ; je n'ai que la terre, le ciel et un manteau ; et que me manque-t-il ? Ne suis-je pas sans chagrin et sans crainte ? Ne suis-je pas indépendant ? » Les enseignements et la vie de Marc-Aurèle nous apprennent à conserver notre libre arbitre, quelle que soit la munificence de la fortune. Et nous ne doutons pas qu'au sein de la prospérité il n'ait pratiqué cette maxime de jouir des biens sans attacher un trop grand prix aux choses qui ne sont bonnes que par l'usage que nous savons en faire, de les recevoir avec fierté et de les quitter sans regret.

Quant à moi, je n'ai point de meilleur conseil à te donner que de t'élever à de nobles sentiments, et de voir dans toute leur petitesse et leur abjection, ces vanités pour lesquelles nous plaidons, nous courons, nous nous essoufflons, et qui ne valent pas un regard d'une âme haute et généreuse. (Sénèque, *De la colère*, 3, XXXII.)

Parmi les choses, les unes dépendent de nous, les autres n'en dépendent pas. Celles qui dépendent de nous, c'est l'opinion, le vouloir, le désir, l'aversion : en un mot tout ce qui est notre œuvre. Celles qui ne dépendent pas de nous, c'est le corps, les biens, la réputation, les dignités : en un mot, tout ce qui n'est pas notre œuvre.

Et les choses qui dépendent de nous sont par nature libres ; nul ne peut les empêcher, rien ne

peut les entraver ; mais celles qui ne dépendent pas
de nous sont impuissantes, esclaves, sujettes à
empêchement, étrangères à nous.

Souviens-toi donc que, si tu crois libres ces choses
qui de leur nature sont esclaves, et propres à toi
celles qui sont étrangères, tu seras entravé, affligé,
troublé, tu accuseras dieux et hommes. (Épictète,
Manuel, i.)

Prends garde qu'en voyant quelqu'un honoré, ou
élevé à une grande puissance, ou florissant de
quelque autre manière, tu ne le juges heureux,
emporté par ton imagination. Si en effet l'essence
du bien réside dans ce qui dépend de nous, ni l'envie, ni la jalousie n'auront plus de lieu. Et toi-même
tu ne voudras pas être général, ou préfet, ou consul, mais libre ; or, une seule voie y mène : le
mépris de ce qui ne dépend pas de nous. (Id., xix.)

Quelqu'un t'a été préféré dans un festin, dans une
salutation : on l'a de préférence admis dans un conseil ; si ce sont là des biens, il faut te réjouir qu'ils
lui soient échus ; si ce sont des maux, ne t'afflige
point de ce qu'ils ne te sont pas échus ; mais souviens-toi que, ne faisant pas ce que font les autres
pour obtenir les choses qui ne dépendent pas de
nous, tu ne peux prétendre à une part égale. (Id.,
xxv.)

Ne t'enorgueillis de nul avantage étranger. Si le
cheval s'enorgueillissant disait : « Je suis beau »,
ce serait supportable, mais toi, quand tu dis avec
orgueil : « J'ai un beau cheval », sache que
c'est des qualités d'un cheval que tu t'enorgueillis.
Qu'y a-t-il donc là de bien? L'usage que tu fais de

tes représentations. Aussi, lorsque tu te serviras de ces représentations conformément à la nature, alors seulement sois fier, car tu seras fier d'un bien qui t'est propre. (Id., VI.)

Lorsque quelqu'un dans cette vie est ce qu'il doit être, il ne s'extasie pas devant les choses du dehors. Homme, que souhaites-tu qu'il t'arrive? Pour moi il me suffit que mes désirs et mes aversions soient conformes à la nature ; que, dans mes vouloirs ou dans mes refus, dans mes projets, dans mes efforts, dans mes jugements, je sois ce que je suis né pour être. Pourquoi marches-tu aussi raide que si tu avais avalé une broche? — Je veux que tous ceux qui se trouvent sur mon chemin m'admirent et me suivent en criant : Quel grand philosophe! — Eh! qui sont ces gens dont tu veux te faire admirer? Ne sont-ce pas ceux dont tu as l'habitude de dire qu'ils sont fous? Et c'est par des fous que tu veux être admiré! (Id., 21.)

Je suis sans patrie, sans maison, sans fortune, esclave ; je couche sur la terre ; je n'ai ni femme, ni enfant, ni tente de général ; je n'ai que la terre, le ciel et un manteau; et que me manque-t-il? Ne suis-je pas sans chagrin et sans crainte? Ne suis-je pas indépendant? Qui de vous m'a jamais vu frustré dans mes désirs, ou tombant dans ce que je voulais éviter? Quand ai-je accusé les dieux ou les hommes? A qui ai-je fait des reproches? De quel air vais-je au-devant de ces gens qui vous effraient et vous en imposent? N'est-ce pas comme au-devant d'esclaves. (Épictète, *Entretiens*, III, 22.)

Quand même nous aurions pu leur être utiles en

12.

vivant, n'aurions-nous pas été plus utiles encore à l'humanité en mourant quand il le fallait et comme il le fallait? Aujourd'hui que Socrate n'est plus, le souvenir de ce qu'il a dit ou fait avant de mourir n'est pas moins utile à l'humanité, et l'est même davantage.

Refuseras-tu de te préparer, comme le dit Platon, non seulement à mourir, mais encore à être mis en croix, à être exilé, à être écorché; en un mot, à rendre tout ce qui n'est pas à toi? (Id., IV, 1.)

———

Il n'y a qu'une voie qui mène à ce bonheur dans le calme (songeons-y le matin, le jour et la nuit): c'est de nous détacher des choses qui ne dépendent pas de notre libre arbitre; de ne les point tenir pour nôtres; de les abandonner toutes à Dieu et à la fortune; d'en remettre la gestion à ceux à qui Jupiter l'a remise; et, quant à nous, de nous donner uniquement à ce qui nous appartient en propre, à ce qui échappe à toute contrainte; de lire, enfin, en rapportant à ce but tout ce que nous lisons, comme tout ce que nous écrivons ou écoutons. Voilà pourquoi je ne puis pas dire qu'il aime le travail celui dont j'apprends seulement qu'il lit ou qu'il écrit; et quand même on ajouterait qu'il le fait toute la nuit, je ne le dirais pas encore, tant que je ne connaîtrais pas son but. Si quelqu'un veille pour la gloire, je dis qu'il aime la gloire, je dis qu'il aime l'argent, et non point le travail; s'il veille par amour pour les lettres, je dis qu'il aime les lettres. Mais ayez pour but de tous vos travaux votre propre partie maîtresse, afin de la faire vivre et se conduire conformément à la nature; alors seulement je dirai que vous aimez le travail. (Id., IV, 4.)

———

Règle chacune de tes actions et de tes pensées sur cette réflexion: Il est possible que je sorte à l'instant de cette vie. Or, t'en aller d'au milieu des hommes, s'il y a des dieux, n'a rien qui doive t'effrayer, car ils ne te jetteront pas dans le malheur ; si, au contraire, il n'y en a pas, ou s'ils ne prennent nul souci des choses humaines, que m'importe de vivre dans un monde vide de dieux ou vide de providence ? Mais il y a des dieux, et qui prennent souci des choses humaines. Il ont donné à l'homme un pouvoir efficace qui peut le garantir de tomber dans les maux véritables. Il n'est pas de mal imaginable, qu'ils n'y aient pourvu, en donnant à l'homme le pouvoir de n'y point tomber. Mais ce qui ne rend pas l'homme plus malheureux, comment rendrait-il plus malheureuse la vie de l'homme ? Ce n'est point par ignorance, ou, sinon par ignorance, ce n'est point pour n'avoir pu le prévenir ou le corriger, que la nature de l'univers aurait laissé subsister un désordre : non, n'attribuons ni à l'impuissance ni au défaut d'art une si étrange bévue, cette distribution indifférente des biens et des maux et aux hommes de bien et aux méchants, sans nul égard au mérite. Pour la mort et la vie, la gloire et l'infamie, la douleur et le plaisir, la richesse et la pauvreté, toutes ces choses ne sont distribuées indifféremment et aux hommes de bien et aux méchants, que parce qu'il n'y a en elles rien d'honnête ni rien de honteux : ce ne sont donc ni des biens ni des maux véritables. (Marc-Aurèle, II.)

Si nous considérons comme des biens et des maux uniquement les choses qui dépendent de nous, il ne reste plus aucun motif d'accuser Dieu ou de déclarer la guerre à l'homme.

Ce qui n'est pas utile à l'essaim n'est pas non plus
utile à l'abeille. (Id., VI.)

———

Arrive du dehors ce qui voudra, à ce qui est
sujet en moi aux accidents de ce genre ; que ce qui
souffre se plaigne s'il lui plaît: pour moi, je ne regarde pas comme un mal ce qui est arrivé, je ne
suis pas blessé encore. Il dépend de moi de ne pas
prendre cela pour un mal. (Id., VII, 14.)

———

Ne pense pas aux choses qui te manquent comme
si tu allais bientôt les posséder. Dans ce que tu
possèdes, choisis ce qu'il y a de meilleur, et souviens-toi, en songeant à ces objets, des efforts que
tu ferais pour les acquérir s'ils te manquaient. Mais
prends garde aussi de t'habituer, en les fêtant de la
sorte, à y attacher un prix si grand, qu'il y eût
du trouble en toi, si tu ne les possédais plus. (Id.,
VII, 27.)

———

La nature a dirigé vers un but et notre fin, et
notre commencement, et notre course dans cette
vie, à peu près comme le joueur dirige la balle.
Quel bien y a-t-il pour la balle d'être poussée en
haut ? Quel mal de descendre, ou d'être tombée ?
Quel bien y a-t-il pour une bulle d'eau de se soutenir, ou quel mal de crever ? Il en est de même
d'une lampe. (Id., VIII, 20.)

———

Recevoir sans fierté, quitter sans regret. (Id.,
VIII, 33.)

II

LA TEMPÉRANCE

A l'égard des choses qui sont indispensables à la vie et à la santé du corps, les stoïciens insistent sur la frugalité, la tempérance et la modération. Sénèque ne veut pas que nous donnions au corps au delà de ce qu'il lui faut pour se bien porter. Épictète non seulement supprime entièrement tout ce qui est pour l'ostentation ou la sensualité, mais, pour s'exercer à se vaincre, il se prive même du strict nécessaire : « Quand tu as une soif ardente, dit-il, prends de l'eau fraîche dans la bouche et rejette-la, et ne le dis à personne. » Il sent qu'il est difficile de réunir et d'associer ces deux choses, les soins de l'homme qui s'intéresse aux objets et le calme de celui qui n'en fait aucun cas. Aussi prend-il sans cesse garde à lui-même de peur de s'attarder aux soins du corps. « Toutes ces choses, dit-il, doivent se faire par accessoire ; que vers l'esprit soient tournés tous nos soins ! »

Donnez seulement à votre corps ce qui suffit pour se bien porter. Il faut le traiter un peu rudement, de peur qu'il ne soit pas assez soumis à l'esprit. Ne mangez que pour apaiser la faim, et ne buvez que pour éteindre la soif. Ne cherchez dans votre habit qu'à vous défendre du froid, ni en votre logement qu'à vous mettre à couvert des injures de la saison. Il est indifférent que votre maison soit bâtie de gazon ou de marbre ; un homme est aussi bien sous une couverture de chaume que sous un lambris doré ; et l'on ne doit point faire état des embellissements qui sont superflus. Songez qu'il n'y a rien en vous de considérable que l'esprit, lequel étant grand, tout doit lui paraître petit. (Sénèque, *Epître*, VIII.)

———

Habituons-nous à repousser le faste, et en toutes choses consultons l'utilité et non l'éclat. Mangeons pour apaiser la faim, buvons pour la soif; que nos appétits n'aillent pas au delà du besoin. Apprenons à faire usage de nos membres, à ne pas disposer nos vêtements et nos repas suivant les modes nouvelles, mais suivant les mœurs de nos pères. Apprenons à redoubler de continence, à réprimer le luxe, à modérer la gourmandise, à adoucir la colère, à regarder la pauvreté d'un œil calme, à pratiquer la frugalité, dussions-nous rougir d'opposer à des besoins naturels des remèdes peu coûteux ; enfin, à enchaîner les espérances effrénées, les ambitions de l'âme qui s'élance vers l'avenir, et à faire en sorte que nous devions nos richesses plutôt à nous-mêmes qu'à la fortune. (Id., *De la tranquillité de l'âme*, IX.)

———

Borne-toi à t'approcher ou à t'éloigner des choses par un mouvement volontaire, mais peu énergique, avec des réserves et en modérant ton élan. (Épictète, *Manuel*, II.)

———

De tout ce qui regarde le corps, comme le manger, le boire, les vêtements, la maison, les gens de la maison, n'aie que le strict nécessaire. Tout ce qui est pour l'ostentation ou la sensualité, supprime-le entièrement. (Id., XXXIII.)

La vraie mesure de la possession doit être pour chacun le besoin du corps, comme le pied est la mesure de la sandale. Si tu te renfermes dans ces bornes, tu garderas la mesure ; si tu les passes, tu seras entraîné désormais comme dans un précipice. (Id., XXXIX.)

Signe de sottise, que de s'attarder aux soins du corps, comme de s'exercer longtemps, de manger longtemps, de boire longtemps, de donner beaucoup de temps aux autres nécessités corporelles. Toutes ces choses doivent se faire par accessoire ; que vers l'esprit soient tournés tous nos soins ! (Id., XLI.)

Ce qui trouble les hommes, ce ne sont pas les choses, mais leurs opinions sur les choses. Par exemple, la mort n'est rien de terrible, car Socrate aussi l'aurait trouvée terrible ; mais notre opinion sur la mort, qui nous la fait regarder comme terrible, voilà ce qui est terrible. Lors donc que nous sommes entravés, ou troublés, ou affligés, n'accusons jamais autrui, mais nous-mêmes, c'est-à-dire nos opinions. Œuvre d'ignorant, que d'accuser les autres de ses propres maux ; l'homme qui commence à s'instruire s'accuse lui-même ; l'homme instruit, ni les autres ni soi.

Si tu ne prends pas ce qu'on t'offre, mais dédaignes, alors, non seulement tu seras le convive des dieux, mais leur collègue. (Id., V.)

Si tu as réglé avec frugalité tout ce qui concerne le corps, ne t'en vante point ; et si tu bois de l'eau, ne dis pas à tout propos : Je bois de l'eau. Veux-tu parfois t'exercer à la peine ? que ce soit pour toi-même, non pour les autres. N'embrasse point les statues, mais, quand tu as une soif ardente, prends de l'eau fraîche dans ta bouche et rejette-la, et ne le dis à personne. (Id., XLVII.)

———

Il est difficile de réunir et d'associer ces deux choses, les soins de l'homme qui s'intéresse aux objets, et le calme de celui qui n'en fait aucun cas. Pourtant cela n'est pas impossible ; autrement, il ne serait pas possible d'être heureux. C'est ainsi que nous agissons dans un voyage sur mer. Qu'est-ce que nous y pouvons ? Choisir le pilote, les matelots, le jour, le moment. Une tempête survient après cela. Que m'importe ? J'ai fait ce qu'on pouvait me demander. Ce qui reste est l'affaire d'un autre, l'affaire du pilote. (Id., II, 5.)

III

LE DÉDAIN DE L'OPINION

Ce qui montre surtout jusqu'à quel point les stoïciens ont poussé la force du renoncement, c'est l'indépendance de leur conscience, si convaincue de ne vouloir que le bien et si ferme à le poursuivre, que l'opinion d'autrui est impuissante à les ébranler, l'injure et l'outrage ne peuvent les atteindre, la louange et la flatterie ne peuvent pénétrer jusqu'à leur cœur. Quiconque a essayé de lutter contre la vanité et l'orgueil, sait ce qu'il en coûte de s'affranchir de l'opinion, de renoncer à l'approbation des autres, de s'exposer à leur censure et de supporter leur mépris. Le désir de la gloire est si naturel à l'homme, il cherche avec tant d'ardeur à se faire une place dans l'estime de ses semblables, qu'il faut une grande force d'âme pour s'élever au-dessus du jugement du monde, et suivre invariablement la route qu'on s'est tracée comme étant la meilleure, observer fidèlement la loi qu'on s'est imposée, la considérant comme la plus raisonnable et la plus juste. Aussi la grandeur des stoïciens nous subjugue-t-elle surtout dans leur dédain de l'opinion, alors même que leur supériorité fière et hautaine nous écrase. Il faut se sentir bien fort pour « s'attacher avant tout, ainsi que nous le dit Sénèque, à ne pas suivre comme des moutons, le troupeau qui nous précède, en passant, non par où il faut aller, mais par où l'on va ». Les chemins battus sont si commodes, on s'y sent si bien soutenu par l'entraînement général, et, en cas d'erreur ou de faute, on se console si facilement, n'étant pas seul à s'être trompé, que tous les avantages semblent être pour celui qui se laisse emporter par la force du courant, plutôt que d'essayer de le remonter en luttant. « Mais rien ne nous entraîne dans de plus grands maux, nous dit encore la voix grave de Sénèque, que de nous régler sur l'opinion, en croyant que le mieux est ce que la foule applaudit, et ce dont il y a beaucoup d'exemples, » au lieu de nous laisser guider

par la lumière intérieure qui nous fait discerner le
vrai du faux, d'être fermes dans nos résolutions, et
de donner ainsi à notre âme l'unité de force, de
puissance et d'harmonie. Cette unité, nous ne pouvons la trouver qu'en cherchant en nous-mêmes
notre règle de conduite, plutôt que de nous appuyer
sur les paroles et les actes de ceux qui nous
entourent, et d'oublier notre dignité personnelle en
livrant notre âme au premier venu. C'est déjà se
dégrader que de délibérer sur des choses dont le
respect de nous-mêmes devrait même écarter de
nous la pensée. Avec quelle force Épictète nous le
fait sentir par sa réponse énergique à ceux qui lui
demandent comment nous sentirons ce qui est conforme à notre dignité ! « Comment le taureau, dit-il,
à l'approche du lion, sent-il seul la force qui est en
lui, et se jette-t-il en avant pour le troupeau tout
entier ? Il est évident que, dès le premier instant,
avec la force dont il est doué, se trouve en lui le
sentiment de cette force. » Épictète ajoute aussi,
comme pour encourager ceux qui paraissent douter de la possibilité d'atteindre jamais à une telle
force : « Ce n'est pas en un jour que se fait l'homme
d'élite ; il faut s'exercer et se faire à grand'peine.
Parce que je suis d'une nature ingrate, faut-il me
refuser à tout effort ? A Dieu ne plaise... Il n'y a
aucune autre chose dont nous nous refusions à
prendre soin, parce que nous y désespérons du premier rang. » Et pour nous affranchir de la crainte
de nos supérieurs, il nous rappelle « qu'il en est un

autre qui considère d'en haut ce qui se passe et
à qui il nous faut plaire plutôt qu'à tel ou tel
maître ». Ainsi l'obéissance même que nous devons
à ceux qui tiennent leur pouvoir de Dieu ou de la
société s'élève et devient plus parfaite par le principe même d'où elle émane. « Mais, disait-on à
Épictète, de pareilles doctrines nous font mépriser
les lois ! — Et, répond-il, quelle est la doctrine qui
donne à ceux qui la suivent plus de soumission aux
lois ?... Elle nous apprend à céder au sujet de notre
corps, de notre fortune, etc., etc., à nous détacher
de tout, à renoncer à tout, elle n'en excepte que
nos façons de penser. » Voilà le langage d'un
stoïcien esclave. Le stoïcien empereur n'est pas
moins fort contre l'adulation : « Que t'en reviendra-
t-il, je ne dis pas après la mort, mais même pendant
la vie ?... Considère comment l'homme touche à
Dieu, par quelle partie de lui-même, et quand cette
partie de l'homme se trouve dans les conditions
nécessaires. » Invulnérable à la louange qui ne
peut rien ajouter à ce qui est beau et grand, il ne
s'inquiète que « d'agir avec justice, de marcher dans
le droit chemin et de suivre Dieu qui tient toujours
le droit chemin ». A ceux qui redoutent les jugements d'autrui, il dit : « Pénètre au fond de leurs
âmes, et tu verras quels juges tu crains, et quels
juges ils sont pour eux-mêmes. » A ceux qui sont
méprisés ou haïs sans cause, il recommande la
patience, la douceur et la bonté. En s'élevant au-
dessus de l'opinion, les stoïciens ne cherchent pas

une gloire plus haute que celle qu'ils dédaignent : ils sont grands sans ostentation, et c'est à bon droit qu'ils disent à leurs imitateurs : « Toi, n'aie pas la mine superbe ! »

L'honnête homme, s'il entre dans le palais d'un tyran, est le seul qui en sortira libre comme il y est entré ! Ramassé en lui-même, tout à lui et en lui, il est vraiment libre, et Jupiter même n'a point de pouvoir sur sa liberté. (Zénon.)

Il faut nous attacher, avant tout, à ne pas suivre, comme des moutons, le troupeau qui nous précède, en passant, non par où il faut aller, mais par où l'on va. Or, rien ne nous entraîne dans de plus grands maux que de nous régler sur l'opinion, en croyant que le mieux est ce que la foule applaudit, et ce dont il y a beaucoup d'exemples ; c'est vivre non suivant la raison, mais par imitation. De là cet énorme entassement de gens qui tombent les uns sur les autres. (Sénèque, *De la vie heureuse*, I.)

Cherchons ce qui est le meilleur, non ce qui est le plus ordinaire ; ce qui nous met en possession d'une éternelle félicité, non ce qui a l'approbation du vulgaire, le plus mauvais interprète de la vérité.

..... J'ai une lumière meilleure et plus sûre pour discerner le vrai du faux. Que l'âme trouve le bien de l'âme. Si jamais elle a le temps de respirer, de rentrer en elle-même et de se mettre à la question, oh ! comme elle savoure la vérité ! (Id., II.)

Que l'homme soit incorruptible aux choses extérieures, invincible, admirateur seulement de lui-

même, confiant dans son âme, préparé à l'une et à
l'autre fortune, seul artisan de sa vie. Que sa
confiance ne soit pas sans intelligence, son intelligence sans fermeté ; qu'une fois prises, ses résolutions tiennent, et que dans ses décrets il n'y ait pas
de rature. On comprend, sans que j'aie besoin de
l'ajouter, qu'un tel homme sera posé, rangé et qu'il
fera tout avec grandeur, en même temps qu'avec
aménité... Le monde qui embrasse tout, ce Dieu qui
régit l'univers, se mêle aux choses extérieures, et
cependant de toutes parts et tout entier il revient
en soi. Que notre esprit fasse de même... Il en
résultera une unité de force et de puissance en
harmonie avec elle-même. (Id., VIII.)

Si tu crois tien cela seul qui est tien, et étranger
ce qui, en effet, t'est étranger, nul ne te forcera
jamais à faire une chose, nul ne t'en empêchera ;
tu ne te plaindras de personne, tu n'accuseras personne ; tu ne feras pas involontairement une seule
action ; personne ne te suivra, et d'ennemi, tu n'en
auras point, car tu ne pourras pas même souffrir
rien de nuisible. (Épictète, *Manuel*, I.)

Veux-tu avancer dans la sagesse, souffre, à
l'égard des choses extérieures, de passer pour fou
et imbécile. Consens à paraître moins savoir, et, si
quelques-uns te remarquent, défie-toi de toi-même.
Sache qu'il n'est pas facile de garder à la fois et
ton libre arbitre conforme à la nature et les biens
du dehors ; mais il est de toute nécessité, si tu
t'occupes d'une de ces choses, que tu négliges
l'autre. (Id., XIII.)

Celui-là est toujours maître d'un autre homme,
qui a le pouvoir de lui procurer ce qui lui plaît, de

lui ôter ce qui lui déplait. Tu veux être libre, ne
désire ou ne fais rien de ce qui dépend d'autrui,
sinon tu seras nécessairement esclave. (Id., xiv.)

Si tu aimes la philosophie, prépare-toi sur-le-
champ à être raillé, à ce que la plupart rient de toi,
à ce qu'ils s'écrient : « Après si peu de temps, il
nous revient philosophe ! » et : « Où a-t-il pris ce
sourcil superbe ? » — Toi, n'aie point la mine
superbe, mais attache-toi aux choses qui te semblent les meilleures, comme si Dieu même t'avait
assigné ce poste, et souviens-toi que si tu y demeures
fixé, ceux qui te raillaient auparavant, ceux-là
mêmes t'admirent ; mais si tu cèdes à ces gens, tu
t'attireras d'eux une double raillerie. (Id., xxii.)

Que faut-il donc avoir présent à l'esprit ? Rien
autre chose que ces questions : Qu'est-ce qui est à
moi ? Et qu'est-ce qui n'est pas à moi ? Qu'est-ce
qui m'est possible ? Et qu'est-ce qui ne m'est pas
possible ? Il faut que je meure. Eh bien ! faut-il que
ce soit en pleurant ? Il faut que je sois enchaîné.
Faut-il donc que ce soit en me lamentant ? Il faut
que je parte pour l'exil. Eh, qui m'empêche de partir
en riant, le cœur dispos et tranquille ? — « Dis-moi
tes secrets. — Je ne te les dis pas, car cela est en
mon pouvoir. — Mais je t'enchaînerai. — O homme,
que dis-tu ? M'enchaîner, moi ! Tu enchaîneras ma
cuisse ; mais ma faculté de juger et de vouloir,
Jupiter lui-même ne peut en triompher. — Je te
jetterai en prison ? — Tu y jetteras mon corps. —
Je te couperai la tête. — Quand t'ai-je dit que j'étais
le seul dont la tête ne pût être coupée ? » Voilà ce
que devraient méditer les philosophes, ce qu'ils
devraient écrire tous les jours, ce à quoi ils devraient
s'exercer. (Id., *Entretiens*, i, 1.)

O homme, tu as en toi une faculté de juger et de vouloir, dont la nature est de ne pouvoir être entravée ni contrainte ; voilà ce qui est écrit ici, dans ces entrailles. Je te le montrerai d'abord au sujet du jugement. Quelqu'un peut-il t'empêcher d'adhérer à la vérité ? — Personne. — Quelqu'un peut-il te forcer à recevoir pour vrai ce qui est faux ? — Personne. — Ne vois-tu pas alors que sur ce terrain ton libre arbitre est au-dessus de toute entrave, de toute contrainte, de tout empêchement ? Eh bien ! sur le terrain du désir et de la volonté, en est-il autrement ? Qu'est-ce qui peut triompher d'une volonté, si ce n'est une autre volonté ? d'un désir ou d'une aversion, si ce n'est un autre désir ou une autre aversion ? Mais, dis-tu, si tu emploies la crainte de la mort, tu me contraindras. — Ce n'est pas ce que j'emploierai qui te contraindra, mais c'est que tu jugeras qu'il vaut mieux faire telle chose que de mourir. C'est donc ton jugement qui t'aura contraint, c'est-à-dire que c'est ton libre arbitre qui aura contraint ton libre arbitre. Car, si Dieu eût fait que cette partie spéciale, qu'il a déta-chée de lui-même pour nous la donner, pût être contrainte par lui ou par d'autres, il ne serait pas Dieu, et n'aurait pas de nous le soin qu'il en doit avoir. Si tu le veux, tu es libre ; si tu le veux, tu n'accuseras personne, tu ne feras de reproches à personne. Tout arrivera conformément à ta volonté et à celle de Dieu tout ensemble. (Id., XVII.)

———

Qu'est-ce qui trouble donc le vulgaire et qu'est-ce qui l'effraie ? Le tyran et ses gardes ? Comment cela serait-il ? Et à Dieu ne plaise que cela soit ! Il n'est pas possible que l'être né libre soit troublé, entravé par un autre que par lui-même. Ce sont ses juge-ments seuls qui causent son trouble. Car, lorsque le tyran dit : « Je chargerai de fers ta jambe, » celui qui attache du prix à sa jambe s'écrie : « Non, par pitié ! » mais celui qui n'attache de prix qu'à sa libre décision, dit : « Charge-la de fers, si cela te semble bon. — Cela ne te fait rien ? — Cela ne me fait rien. — Je te montrerai que je suis le maître. — Comment le pourrais-tu ? Jupiter m'a fait libre. Crois-tu qu'il ait pu permettre que son propre fils devînt esclave ? Tu es le maître de ma carcasse ; prends-la. — Ce n'est donc pas moi qui suis l'objet de tes soins lorsque tu m'approches ? — Non, mais moi-même. Et, si tu veux me faire dire que tu l'es aussi, entends-moi bien : « Tu l'es comme le serait une cruche. » (Id. *Entretiens*, I, 9.)

Si par hasard il t'arrive de te tourner vers les choses du dehors dans le but de plaire à quelqu'un, sache que tu manques ton entreprise. Qu'il te suffise donc en toute chose d'être philosophe. Et si tu veux le paraître, parais-le à toi-même ; c'est en ton pouvoir. (Épictète, *Manuel*, XXIII.)

Que ces pensées ne t'affligent point : « Je vivrai sans honneur, comme un homme de rien. » Car si le déshonneur est un mal, tu ne peux tomber par le pouvoir d'autrui dans rien de mauvais ni de honteux. Est-ce donc ton fait d'obtenir une dignité ou d'être reçu dans un banquet ? Nullement. En quoi donc est-ce un déshonneur ? Et comment seras-tu un homme de rien ? N'est-ce donc pas seulement dans les choses qui dépendent de toi que tu dois te montrer quelqu'un ? et là ne peux-tu pas acquérir le plus grand prix ? (Id., XXIV.)

Ce qu'on peut tirer de soi-même, il est bien inutile et bien sot de le recevoir d'un autre. Quoi ! je puis

tenir de moi-même la grandeur d'âme et la générosité, et je recevrais de toi des terres, de l'argent, du
pouvoir! Aux dieux ne plaise! Je ne méconnaîtrai
pas ainsi ce qui est à moi.

Nul ne peut triompher de notre libre arbitre, si ce
n'est lui-même. C'est à cause de cela que Dieu a
établi cette loi toute puissante et toute juste : « Que
le plus fort l'emporte toujours sur le plus faible. »
Dix sont plus forts qu'un seul; mais quand il s'agit
de quoi? quand il s'agit de garrotter, de tuer, d'entraîner de force où l'on veut, d'enlever aux gens ce
qu'ils possèdent. Dix triomphent donc d'un seul sur
le terrain où ils sont plus forts que lui. — Mais est-il
un terrain où ils soient les plus faibles? — Oui,
celui des convictions, si les siennes sont fondées, et
les leurs non? — Quoi! ils ne pourraient le vaincre
sur ce terrain? — Comment le pourraient-ils? Si
nous étions dans une balance, ne serait-ce pas forcément le plus lourd de nous deux qui enlèverait
l'autre? (Id., *Entretiens*, i, 9.)

———

Signes qu'un homme avance dans la sagesse : il
ne blâme, il ne loue personne; ne parle point de
lui-même, comme s'il était quelque chose ou savait
quelque chose. S'il est empêché ou entravé en
quelque affaire, il s'accuse seul; si on le loue, il rit
en lui-même de qui le loue; si on le blâme, il ne se
défend pas. Mais il se tâte et s'observe comme les
convalescents, craignant de troubler en quelque
chose le calme qui naît en lui, avant qu'il ait pris
consistance.

Il a enlevé de lui tout désir, il a transporté son
aversion vers ces choses seules qui, dépendant de
nous, sont contraires à la nature. Il modère ses
élans vers toutes choses; s'il passe pour sot ou
ignorant, il n'en a souci. En un mot, il se garde de

lui-même comme d'un ennemi, comme de quelqu'un qui lui dresse des embûches. (Épictète, *Manuel*, XLVIII.)

———

Il faut se rappeler, à propos de tout, que c'est nous-mêmes qui nous mettons à la gêne, nous-mêmes qui nous mettons à l'étroit, c'est-à-dire que ce sont nos façons de juger qui nous y mettent. Qu'est-ce, en effet, que d'être injurié ? Place-toi en face d'une pierre et injurie-la ; que produiras-tu ? Si donc quelqu'un se fait semblable à une pierre, quand il s'entend injurier, à quoi aboutira celui qui l'injuriera ? Mais, si la faiblesse d'esprit de l'insulté est comme un pont pour l'insulteur, c'est alors qu'il arrivera à quelque chose. « Dépouille cet homme! » dis-tu. — Qu'ordonnes-tu de me faire ? — « Arrache lui son manteau ; dépouille-le ! » dis-tu encore, et tu m'ajoutes : « Je t'ai fait injure. » — Grand bien t'arrive ! (Id., *Entretiens*, 25.)

———

Quelle place donc, dis-tu, aurai-je dans la cité ? — Celle que tu pourras avoir en gardant ta foi et ta pudeur ; mais si, en voulant servir ta cité, tu les perds, en quoi lui seras-tu utile, devenu impudent et malhonnête ? (Id., *Manuel*, XXIV).

———

Comment pourraient-ils avoir autant, et celui qui ne fréquente pas la porte de certain puissant et celui qui s'y présente sans cesse ? celui qui ne l'accompagne point et celui qui l'accompagne ? celui qui ne le flatte point et celui qui le flatte ? Tu es donc injuste et insatiable si, ne donnant point le prix dont ces biens s'achètent, tu veux les recevoir gratis. (Id., XXV.)

———

Si quelqu'un livrait ton corps au premier qui s'offre, tu t'indignerais ; mais toi, ta propre intelligence, tu la livres au premier venu, de sorte que, s'il t'injurie, elle se trouble et se bouleverse, et tu n'en as pas honte ? (Id., XXVIII.)

Tu es le seul qui sache combien tu t'estimes, et combien tu veux te vendre. Chacun se vend un prix différent.

Aussi quand Florus demanda à Agrippinus s'il devait descendre sur la scène avec Néron pour y jouer un rôle aussi, « descends-y », fut la réponse. Et sur cette question : « Pourquoi, toi, n'y descends-tu pas » ? « Parce que, moi, dit-il, je ne me demande même pas si je dois le faire. » C'est, qu'en effet, celui qui s'abaisse à délibérer sur de pareilles choses et qui pèse les objets extérieurs avant de se décider, touche de bien près à ceux qui oublient leur dignité personnelle.

Quelqu'un demandait à Épictète : « Comment sentirons-nous ce qui est conforme à notre dignité ? » — Comment le taureau, dit-il, à l'approche du lion, sent-il seul la force qui est en lui, et se jette-t-il en avant pour le troupeau tout entier ? Il est évident que dès le premier instant, avec la force dont il est doué, se trouve en lui le sentiment de cette force. Eh bien, de même chez nous, nul de ceux qui seront ainsi doués ne restera sans le savoir. Mais ce n'est pas en un jour que se fait le taureau, non plus que l'homme d'élite ; il faut s'exercer et se former à grand'peine, et ne pas s'élancer à l'étourdie vers ce qui n'est pas de notre compétence.

Vois seulement à quel prix tu vends ton libre arbitre. Au moins, mon ami, vends-le cher. — « Ce

prix élevé et exceptionnel convient peut-être à
d'autres (diras-tu), à Socrate et à ceux qui lui ressemblent ? Pourquoi donc, puisque nous naissons
tous semblables à lui, un si petit nombre plus tard
lui sont-ils semblables ? — Tous les chevaux devien-
nent-ils donc rapides et tous les limiers bons chasseurs ? — Eh bien ! parce que je suis d'une nature
ingrate, faut-il me refuser à tout effort ? A Dieu ne
plaise ! Épictète n'est pas supérieur à Socrate, mais
qu'il ne lui soit pas inférieur, et cela me suffit. Je
ne deviendrai pas non plus un Milon, et cependant
je ne néglige pas mon corps ; un Crésus non plus,
et cependant je ne néglige pas ma fortune. Il n'y a
aucune autre chose en un mot, dont nous nous
refusions à prendre soin, parce que nous y désespérons du premier rang. » (Id., *Entretiens*, I, 2.)

Mais celui qui est au pouvoir a dit : « Je te déclare
impie et criminel ! » Que t'est-il donc arrivé ? — J'ai
été déclaré impie et criminel. — Pas autre chose ?
— Non. — S'il avait à prononcer sur une proposition conjonctive, et qu'il rendit cet arrêt : « Je
déclare faux qu'il fasse clair, s'il fait jour », qu'en
résulterait-il pour cette proposition conjonctive ?
Qui juge-t-on ici, en effet ? Qui condamne-t-on ? La
proposition conjonctive, ou celui qui se trompe à
son endroit ? Est-ce que cet individu, qui a le pouvoir de prononcer sur toi, sait ce que c'est que la
piété ou l'impiété ? Est-ce qu'il y a jamais réfléchi ?
Est-ce qu'il l'a jamais appris ? Où l'aurait-il fait ?
Et de qui ? Un musicien s'inquiéterait fort peu qu'il
déclarât que la note la plus basse est la plus haute ;
un géomètre, qu'il prononçât que toutes les lignes
menées de la circonférence au centre ne sont pas
égales ; et l'homme vraiment instruit s'occupera

des jugements d'un ignorant sur ce qui est honnête et sur ce qui ne l'est pas, sur ce qui est juste et sur ce qui est injuste ! Quel tort pour des gens instruits ! Est-ce là ce que tu as appris ici ? (Id., 1, 29.)

* * *

Lorsque tu vas trouver quelqu'un de tes supérieurs, rappelle-toi qu'il en est un autre qui considère d'en haut ce qui se passe, et à qui il te faut plaire plutôt qu'à celui-là. Ce maître d'en haut te pose cette question : « Dans l'école, que disais-tu de l'exil, de la prison, des fers, de la mort et de l'obscurité ? — Moi ? que ce sont des choses indifférentes. — Et maintenant, qu'est-ce que tu en dis ? Ont-elles changé ? — Non. — Es-tu changé, toi ? — Non. — Dis-nous donc quelles sont les choses indifférentes. — Celles qui sont en dehors de notre libre arbitre. — Dis donc aussi ce qui s'ensuit : « Les choses indifférentes ne me touchent en rien. » Dis aussi ce qui vous semblait être des biens. — Juger et vouloir comme on le doit, et user de même des idées. — En fin de quoi ? — Afin de t'obéir. — Est-ce là encore ce que tu dis aujourd'hui ? — C'est ce que je dis aujourd'hui. — Va donc et entre sans crainte, en te souvenant de tout cela ; et tu verras ce qu'est au milieu des gens qui n'ont pas étudié, un jeune homme qui a étudié comme on le doit. » (Id., 30.)

* * *

Toi qui te rends devant la justice, vois ce que tu veux sauver, et l'espèce de succès que tu cherches. Si tu ne veux sauver que l'accord de ton jugement et de ta volonté avec la nature, tout est sûr, tout est facile pour toi ; tu n'as rien à craindre. Car, dès que tu ne veux que sauver ce qui est en ton pouvoir, ce qui de sa nature est indépendant et libre, dès que tu ne prétends à rien de plus, de quoi as-tu à t'inquiéter encore ? Ces choses ont-elles, en effet, un maître? Est-il quelqu'un qui puisse te les enlever? Si tu veux te respecter toi-même et être honnête, qui t'en empêchera ? Si tu veux n'être jamais entravé ni contraint, qui te forcera à désirer ce que tu ne croiras pas devoir désirer, à redouter ce que tu ne croiras pas devoir redouter ? Qu'y a-t-il en effet ? On peut bien te faire des choses qui paraissent effroyables, mais comment peut-on faire que tu les subisses en les craignant? Dès l'instant donc où le désir et la crainte sont en ta puissance, de quoi peux-tu t'inquiéter encore ? Que ce soit là ton exorde, que ce soit là ta narration, que ce soit là ta confirmation, que ce soit là ta réfutation, que ce soit là ta péroraison, que ce soit là ton moyen de te faire admirer.

C'est pour cela que Socrate répondit à celui qui lui conseillait de se préparer à son procès : « Ne trouves-tu donc pas que je m'y suis préparé par ma vie tout entière ? » De quelle façon ? — « J'ai sauvé ce qui est vraiment à moi ! » — Comment cela?— « Je n'ai jamais rien fait de mal, ni comme homme ni comme citoyen .» (Id., II, 2.)

Le sage est invincible : il ne combat, en effet, que là où il est le plus fort. « Tu veux ce qui est dans mon champ : prends-le ; prends mes serviteurs ; prends mon pouvoir ; prends mon corps ; mais tu ne feras pas que mes désirs soient trompés, ou que je tombe dans ce que je cherche à éviter. »

Le sage ne descend au combat que pour les choses qui dépendent de son libre arbitre. Comment alors ne serait-il pas invincible ? (Id., III, 6.)

Qu'est-ce qui faisait donc la confiance d'Ulysse ?
Ce n'était ni la réputation, ni la richesse, ni le pouvoir ; c'était sa force intérieure, c'est-à-dire ses
convictions sur ce qui dépend de nous et sur ce qui
n'en dépend pas. Ce sont elles seules, en effet, qui
nous font libres et indépendants, qui font relever
la tête à celui qu'on humilie, qui nous font regarder
en face et d'un œil fixe les riches et les puissants.
(Id., iii, 26.)

———

Aurons-nous renversé, avec la citadelle qu'ils s'y
sont faite, tous les tyrans qui sont en nous, ces
tyrans que nous y trouvons chaque jour à propos de
tout, tantôt les mêmes, tantôt divers ? C'est par là
qu'il faut commencer. (Id., iv, 1.)

———

« A moi la sagesse (devrais-tu dire) ; à un tel le
tribunat ! A lui le consulat ; à moi la retenue ! Je
n'applaudis pas, quand il est déshonorant de le
faire. Je ne me lève pas, quand je ne dois pas me
lever. Je suis libre, en effet, et l'ami de Dieu, pour
lui obéir volontairement en tout. Je ne dois m'épren-
dre de rien autre, ni de mon corps, ni de la fortune,
ni du pouvoir, ni de la réputation, ni de quoi que ce
soit en un mot, car Dieu ne veut pas que je m'en
éprenne. (Id., iv, 3.)

———

Moi j'ai tout examiné, et je sais que personne n'a
prise sur moi. Dieu m'a donné la liberté ; je sais ce
qu'il a voulu : personne ne peut aujourd'hui me
faire esclave ; j'ai pour garantir ma liberté un magistrat tel qu'il le faut, des juges tels qu'il les faut.
Toi, tu es le maître de ma fortune, mais que m'importe ! Tu es le maître de m'exiler, de me mettre
aux fers ! Eh bien ! je te concède tout cela, avec

mon corps même tout entier, lorsque tu le voudras.
Mais fais l'essai de ton pouvoir, et tu verras où il
s'arrête entre tes mains. (Id., IV, 7.)

Si une figue arrive dans ta robe, prends-la et
mange-la : il t'est permis de faire assez de cas des
figues pour cela. Mais quant à me baisser, quant à
faire tomber quelqu'un ou me faire renverser par
lui, quant à flatter ceux qui ont là leurs entrées, la
figue n'en vaut pas la peine, non plus qu'aucun de
ces biens que les philosophes m'ont appris à ne pas
regarder comme des biens.

Alors donc que je ne crains rien de ce que le tyran
peut me faire, et que je ne désire rien de ce qu'il
peut me donner, pourquoi m'extasier et me décon-
certer devant lui? Pourquoi avoir peur de ses
gardes? Pourquoi me réjouir s'il me parle ou m'accueille avec bienveillance? Et pourquoi raconter
aux autres comment il m'aura parlé? Est-il donc
Socrate, est-il donc Diogène, pour que sa louange
soit une preuve de ce que je vaux? Est-ce que je
prends ses mœurs pour modèle? Non; seulement,
pour continuer à jouer, je vais chez lui, et je lui
obéis, tant qu'il ne me commande ni sottise, ni mauvaise action.

— Mais de pareilles doctrines nous font mépriser
les lois! — Et quelle est la doctrine qui donne à
ceux qui la suivent plus de soumission aux lois?
Mais le caprice d'un imbécile n'est pas une loi. Et
cependant vois comme, à l'égard de ces gens eux-
mêmes, cette doctrine nous dispose de la façon
qu'il faut, elle qui nous apprend à ne leur disputer
aucune des choses pour lesquelles ils peuvent être
plus forts que nous. Elle nous apprend à céder au
sujet de notre corps, à céder au sujet de notre

fortune, au sujet de nos enfants, de nos parents, de nos frères ; à nous détacher de tout ; à renoncer à tout ; elle n'en excepte que nos façons de penser, dont Jupiter a voulu faire ce qui distingue chacun de nous. (Id., IV, 7.)

Couvre-toi d'ignominie, oui, couvre-toi d'ignominie, ô mon âme ! Tu n'auras plus le temps de t'honorer. Pour tous les hommes la vie est fugitive ; mais la tienne touche presque à son terme, et tu n'as de toi aucun respect, car c'est dans les âmes des autres que tu places ta félicité. (Marc-Aurèle, II, 6.)

Oh ! que toutes choses s'évanouissent en peu de temps, les corps au sein du monde, leur souvenir au sein des âges ! Que sont tous les objets sensibles, et surtout ceux qui nous séduisent par l'attrait de la volupté, ou nous effrayent par l'image de la douleur ; ceux enfin dont le faste nous arrache des cris d'admiration ? Que tout cela est frivole, digne de mépris ! C'est un dégoût, une corruption, c'est la mort. Voilà ce que doit comprendre ta raison. Songe à ce que sont ceux-là mêmes dont les opinions et les voix nous donnent la gloire. Qu'est-ce que la mort ? Si on la considère en elle seule ; si, par une abstraction de la pensée, on la sépare des images dont nous la revêtons, on verra que la mort n'est rien qu'une opération de la nature. Or, quiconque a peur d'une opération de la nature est un faible enfant. Il y a plus : non seulement c'est là une opération de la nature, mais c'est une opération utile à la nature. Considère enfin comment l'homme touche à Dieu, par quelle partie de lui-même, et quand cette partie de l'homme se trouve dans les conditions nécessaires. (Marc-Aurèle, II, 12.)

Voici pourtant ce que je suis : un peu de chair, un faible souffle et un principe modérateur. Le troisième principe est celui qui commande. C'est là qu'il faut appliquer tous tes soins. Tu es vieux ; ne permets plus qu'il soit dans l'esclavage, ni qu'il soit entraîné au gré d'un sauvage caprice, ni qu'il murmure contre la destinée, contre le présent, ou qu'il n'ose envisager l'avenir. (Id., II, 2.)

Juge-toi digne de conformer toutes tes paroles, toutes tes actions à la nature. Que jamais le blâme, les discours qui pourraient s'ensuivre, n'aient sur toi aucune influence. S'il est bien de faire la chose ou de la dire, ne la juge pas indigne de toi. Eux, ils ont leur manière propre de juger, leur passion propre : n'y regarde pas, va ton droit chemin, suis la nature qui t'est propre et celle qui est commune à tous. Il n'y a, pour l'une et pour l'autre, qu'une seule route. (Id., v, 3.)

La mort est la fin du combat que se livrent nos sens, des secousses que nous impriment nos désirs, des écarts de notre pensée, de la servitude que nous impose la chair. (Id., VI, 28.)

Il est honteux que, dans une vie à laquelle ne succombe point ton corps, ton âme succombe la première. (Id., VI, 29.)

Personne ne t'empêchera de vivre selon la loi de la nature : il ne t'arrivera rien contre la loi de la nature universelle. (Id., VI, 58.)

Quand ce qui commande en nous suit sa nature, voici sa conduite avec les événements de la vie : toujours c'est sans effort qu'il se transporte du côté de ce qui lui est possible et permis. Il n'a de prédilection pour aucun sujet déterminé. S'il se porte vers les choses préférées, c'est sans condition. De l'obstacle qui se présente il fait la matière même de son action. C'est ainsi que le feu se rend le maître de ce qui lui tombe dedans : une petite lampe en eût été éteinte ; mais le feu resplendissant s'approprie bientôt les matières entassées, les consume, et par elles s'élève plus haut encore. (Id., IV, 1.)

———

Supprime l'opinion, tu as supprimé cette plainte : *On m'a fait du mal.* Supprime la plainte : *On m'a fait du mal*, et le mal même est supprimé. (Id., IV, 7.)

———

Ne te laisse point entraîner au gré du tourbillon : toujours, quand tu te mets en mouvement pour agir, c'est ce qui est juste qu'il faut faire ; toujours, entre tes pensées, tiens-toi à ce qui peut clairement se concevoir. (Id., IV, 32.)

———

Appelles-tu donc en général malheur de l'homme ce qui n'est point un obstacle à l'accomplissement du but de la nature de l'homme ? Et y a-t-il un obstacle à l'accomplissement du but de la nature humaine, dans ce qui n'est point contre le vœu de cette nature ? Quoi ! tu sais quel est ce vœu ; ce qui t'est arrivé t'empêchera-t-il donc d'être juste, magnanime, tempérant, sage, réservé, véridique, modeste, libre ; d'avoir toutes les vertus dont la présence est le caractère propre de la nature humaine ? Souviens-toi, du reste, à chaque événement qui provoquerait ta tristesse, de recourir à

cette vérité : que ce n'est point là un malheur, mais
qu'il y a un réel bonheur à supporter cet accident
avec courage. (Id., IV, 49.)

Ils se cherchent des retraites, chaumières rus-
tiques, rivages des mers, montagnes : toi aussi tu
te livres d'habitude à un vif désir de pareils biens.
Or, c'est là le fait d'un homme ignorant et inhabile
puisqu'il t'est permis, à l'heure que tu veux, de te
retirer dans toi-même. Nulle part l'homme n'a de
retraite plus tranquille, moins troublée par les
affaires, que celle qu'il trouve dans son âme, particulièrement si l'on a en soi-même de ces choses dont la
contemplation suffit pour nous faire jouir à l'instant
du calme parfait, lequel n'est pas autre, à mon sens,
qu'une parfaite ordonnance de notre âme. Donne-toi
donc sans cesse cette retraite, et là, renouvelle-toi
toi-même. Qu'il y ait là de ces maximes courtes, fon-
damentales, qui, au premier abord, suffiront à rendre
la sérénité à ton âme, et à te renvoyer en état de
supporter avec résignation tout ce monde où tu
reviens. (Id., IV, 3.)

Essayons de les persuader. Cependant fais, malgré eux, ce qu'exigent la justice et la raison. Si
quelqu'un emploie la violence pour t'arrêter, tourne
ton âme à la résignation et au calme, sers-toi de
l'obstacle pour exercer une autre vertu. Souviens-
toi que ton désir était sous condition, et que tu ne
voulais pas une chose impossible. Que voulais-tu
donc ? T'efforcer d'accomplir telle action ? Tu l'as
fait. Tenons pour accompli ce qu'on s'est porté à
accomplir. (Id., VI, 50.)

Il m'est permis de ne porter aucun jugement sur
cette chose, et de ne pas troubler mon âme. Les

choses, en effet, ne sont pas de telle nature qu'elles forcent nos jugements. (Id., VI, 52.)

Celui qu'éblouit l'éclat de la réputation qu'il peut laisser après sa mort ne réfléchit pas que chacun de ceux qui se souviendront de lui mourra bientôt lui-même ; qu'il en arrivera autant à leurs successeurs dans la vie, jusqu'à ce que s'éteigne cette renommée tout entière, après avoir passé par quelques êtres dont la vie à peine allumée est destinée à s'éteindre. Admettons même que ceux qui se souviendront de toi soient immortels, et immortelle ta mémoire : que t'en reviendra-t-il, je ne dis pas après la mort, mais même pendant la vie ? Qu'est-ce que la gloire, sauf une certaine utilité pratique ? C'est donc à tort que tu négliges le don que t'a fait la nature, en t'attachant à toute autre chose qu'à la raison. (Id., IV, 19.)

Tout ce qui est beau, dans quelque genre que ce soit, est beau par lui-même ; c'est en lui que réside toute sa beauté, et la louange n'en fait pas partie. La louange ne rend un objet ni pire ni meilleur. Et ce que je dis là, je l'applique à toutes les choses que l'usage vulgaire nomme belles, par exemple : les objets matériels et les œuvres de l'art. Ce qui est beau dans la réalité a-t-il besoin de louange ? Non, pas plus que la loi, pas plus que la vérité, pas plus que la bienveillance, que la pudeur. Y a-t-il là quelque chose qui soit beau parce qu'on le loue, ou que puisse gâter le blâme ? L'émeraude perd-elle de son prix pour n'être point louée ? Que dirai-je de l'or, de l'ivoire, de la pourpre, d'une lyre, d'un glaive, d'une fleur, d'un arbrisseau ? (Id., IV, 20.)

Tout passe en un jour, et le panégyrique et l'objet célébré. (Id., IV, 35.)

Quelle conduite ! On ne veut point louer les hommes de son temps, ceux qui vivent avec nous ; et on fait grand cas des louanges de ceux qui naîtront plus tard, qu'on n'a jamais vus, qu'on ne verra jamais ! C'est à peu près comme si tu t'affligeais de n'avoir pas obtenu les louanges de ceux qui ont vécu jadis. (Id., VI, 18.)

A quelles gens on veut plaire ! Et pour quoi gagner, et par quelles actions ! Bientôt le temps engloutira toutes ces choses ; et combien déjà il en a englouties ! (Id., VI, 59.)

Combien d'hommes autrefois célèbres qui déjà sont tombés dans l'oubli ! Combien aussi depuis longtemps sont morts, qui les avaient célébrés ! (Id., VII, 6.)

Tu veux être loué par un homme qui trois fois par heure se maudit lui-même ! Tu veux plaire à un homme qui ne se plaît pas à lui-même ! Se plaît-on à soi-même quand on se repent de presque tout ce qu'on fait ? (Id., VIII, 53.)

Ce qui commande en nous ne se trouble jamais lui-même, je veux dire ne se jette point lui-même dans la crainte ou la douleur. Si quelqu'un peut l'effrayer, l'affliger, qu'il le fasse : l'intelligence ne se laissera point entraîner par l'opinion à ces mouvements désordonnés. C'est au corps à prendre soin que rien ne le blesse, s'il est possible, et quand il souffre, à se plaindre: pour l'âme, qui s'effraye, qui s'afflige, qui juge souverainement de ces passions, il ne faut pas qu'elle soit blessée; ne l'entraîne jamais à porter un pareil jugement. Ce qui commande en nous n'a besoin, pour ce qui le concerne, de rien d'étranger, à moins qu'il ne se rende indigent lui-même. Par conséquent, rien ne le trouble, rien ne peut l'embarrasser, à moins que lui-même ne se trouble et ne s'embarrasse. (Id., VII, 16.)

Renferme-toi en toi-même. La nature de l'âme raisonnable, c'est de se suffire à elle-même, quand elle pratique la justice, car alors elle jouit d'une pleine sérénité. (Id., VII, 28.)

Sur la douleur. Quand elle est insupportable, elle nous fait périr; quand elle dure, c'est qu'elle est supportable. Lorsque l'âme se renferme en elle-même, elle conserve sa sérénité, et ce qui commande en nous n'éprouve aucun dommage. (Id., VII, 33.)

La nature ne t'a pas si intimement uni à ce mélange d'éléments, qu'il te soit interdit de te circonscrire toi-même, et de soumettre à ton pouvoir les fonctions qui te sont propres. Il se peut très bien qu'on soit un homme divin et qu'on ne soit connu de personne. Souviens-toi toujours de cette vérité, et de celle-ci encore : qu'il suffit de bien peu de choses pour faire une vie heureuse. Oui, si tu désespères de devenir un dialecticien, un physicien, ne renonce pas pour cela à te montrer libre, modeste, sociable, obéissant à Dieu. (Id., VII, 67.)

L'âme est libre de conserver sa sérénité et sa paix, et de ne pas admettre l'opinion que c'est un mal. En effet, tout jugement, tout désir, tout appétit, toute passion, est en dedans de nous : aucun mal ne peut monter jusque-là. (Id., VIII, 28.)

———

Efface les idées qui te viennent des sens en te disant sans cesse à toi-même : Il est aujourd'hui en mon pouvoir de ne laisser dans cette âme nulle perversité, nul désir, nul trouble, en un mot ; je puis voir ce que sont en réalité les objets, et me servir de chacun d'eux suivant son mérite. Souviens-toi de ce pouvoir qui t'a été accordé par la nature. (Id., VIII, 29.)

———

L'obstacle à la sensation est un mal pour la nature animale. L'obstacle qui s'oppose à la satisfaction du désir est encore un mal pour la nature animale. Il y a également un mal qui arrête le développement de l'organisation des plantes. De même aussi l'obstacle qui arrête l'intelligence est un mal pour la nature intelligente. Applique-toi à toi-même toutes ces observations. La douleur, le plaisir, te font-ils sentir leurs atteintes ? Que la sensation y voie. Y a-t-il eu empêchement à l'accomplissement de ton désir ? Si tu avais conçu ton désir sans tenir compte de ce qui pouvait arriver, c'est là un mal qui touche en toi la partie raisonnable. Mais, si tu acceptes l'événement comme chose ordinaire, tu n'as point été blessé, tu n'as point rencontré d'obstacle. Personne autre que toi n'a certainement l'habitude d'entraver les fonctions propres à ton intelligence ; car ni feu, ni fer, ni tyran, ni calomnie, rien, en un mot, n'y porte atteinte ; quand la sphère est faite, elle reste ronde et polie. (Id., VIII, 41.)

———

Chacun a son plaisir à soi. Moi, le mien, c'est de conserver mon esprit bien sain ; de le préserver de toute aversion pour l'homme ou pour ce qui arrive aux hommes ; de lui faire envisager d'un œil de bienveillance, accueillir sans murmure tous les événements ; de lui faire user de chaque chose selon sa valeur. (Id., VIII, 43.)

———

Prends-moi, jette-moi où tu veux. Là encore, je posséderai mon génie secourable, c'est-à-dire que je serai content, pourvu que j'agisse conformément aux lois de ma propre nature. Est-ce donc un si grand bien pour moi, que mon âme, pour si peu, éprouve un malaise ; qu'elle tombe au-dessous d'elle-même, humiliée, pleine de désirs, affaissée sur soi, consternée ? Que peux-tu trouver là qui ait tant d'attraits ? (Id., VIII, 45.)

———

Souviens-toi que ce qui commande en toi devient inexpugnable, quand il se ramasse en lui-même, qu'il se contente de soi, ne faisant jamais que sa volonté, même quand c'est sans raison qu'il résiste. Que sera-ce donc quand il portera son jugement sur un objet après avoir pris conseil de la raison et pesé les circonstances ? C'est là ce qui fait une citadelle d'une âme libre de passions ; car l'homme n'a pas d'asile plus sûr où il puisse plus tard se défendre contre les attaques. Ne pas voir cela, c'est ignorance ; le voir, et ne pas se retirer dans cet asile, c'est se rendre infortuné. (Id., VIII, 48.)

———

La vie est courte et pour celui qui loue, et pour celui qui reçoit la louange et pour celui qui rappelle un nom et pour celui dont le nom est rappelé.

Ajoute que cela se passe dans un coin de cette plage terrestre, dans un coin où il n'y a pas même accord entre tous les hommes, que dis-je ? entre un homme et lui-même. Ajoute enfin que la terre tout entière n'est qu'un point. (Id., VIII, 21.)

J'ai souvent admiré comment il se fait que l'homme, s'aimant lui-même par-dessus toutes choses, fasse cependant moins de cas de sa propre opinion sur ce qu'il vaut, que de celle d'autrui. Si l'on recevait d'un dieu ou d'un maître sage l'ordre de ne rien penser, de ne rien méditer, qu'à l'instant même de la conception on n'en rendît compte en public, on ne supporterait pas un jour entier cette contrainte. Il est donc vrai que nous redoutons plus l'opinion d'autrui sur nous que la nôtre. (Id., XII, 4.)

Combien de temps il gagne, celui qui ne prend pas garde à ce que le prochain a dit, a fait, a pensé, mais seulement à ce qu'il fait lui-même, afin de rendre ses actions justes et saintes. (Id., IV, 18.)

Ne vois-tu pas que, si les artisans s'accommodent jusqu'à un certain point au jugement des inhabiles, ils n'en restent pas moins attachés à la règle de leur métier et ne s'en laissent jamais divertir ? N'est-il pas honteux que l'architecte, que le médecin aient plus de respect pour la règle de leur art que l'homme n'en a pour sa propre règle, laquelle lui est commune avec les dieux ? (Id., VI, 35.)

D'Antisthène : « C'est chose royale, quand on fait le bien, d'entendre dire du mal de soi. (Id., VII, 36.)

Si tu as compris où gît la principale affaire, cesse
de t'inquiéter de la réputation que tu te feras : qu'il
te suffise de passer dans le bien le reste de ta vie,
ce que la nature voudra bien t'accorder encore.
Apprends donc ce qu'elle exige de toi ; ne te laisse
distraire par nulle autre chose au monde. Déjà, tu
l'as éprouvé ; après avoir erré autour de mille
objets, nulle part tu n'as trouvé le bonheur, ni dans
l'étude du raisonnement, ni dans la richesse, ni
dans la gloire, ni dans les jouissances, nulle part
enfin. Où est donc le bonheur ? dans la pratique de
ce qu'exige la nature de l'homme. Mais comment
régler ses actions sur elle ? en se faisant des principes qui règlent nos désirs et nos actions. Quels
principes ? Ceux qu'on se fait sur le bien et le mal,
à savoir qu'il n'y a rien de bon pour l'homme que
ce qui le rend juste, tempérant, courageux, libre,
et rien de mauvais que ce qui produit les effets
contraires à ceux-là. (Id., VIII, 1.)

Quand tu agis, point de nonchalance. Quand tu
parles à quelqu'un, point d'agitation. Ne sois pas
déréglé dans tes pensées. Que ton âme ne soit ni
toujours sombre ni toujours épanouie. Ne donne pas
ta vie tout entière au soin des affaires. Ils tuent, ils
massacrent, ils maudissent. Qu'y a-t-il qui empêche
ton âme de rester pure, sage, modérée, juste ? C'est
comme si un passant blasphémait contre une source
d'eau limpide et douce : elle ne cesserait point pour
cela de faire jaillir un breuvage salutaire. Y jetât-il
de la boue, du fumier, elle aurait bientôt fait de le
dissiper, de le laver ; jamais elle n'en serait souillée.
Comment pourras-tu donc avoir en toi une source
intarissable, et non un puits croupissant ? Conquiers

à chaque heure ta liberté, sois bienveillant, simple et modeste. (Id., VIII, 51.)

La volonté d'un autre m'est aussi indifférente que son souffle et son corps. Car, bien que la nature nous ait faits particulièrement les uns pour les autres, cependant l'âme de chacun de nous a son domaine propre. Autrement le vice d'un autre serait son propre vice, ce que Dieu n'a pas voulu afin qu'il ne fût pas au pouvoir d'un autre de me rendre malheureux. (Id., VIII, 56.)

Il faut effacer les impressions de nos sens, arrêter notre emportement, éteindre notre désir, être le maître de notre âme. (Id., IX, 7.)

Il n'y a point de brigands qui nous ravissent notre libre volonté. C'est un mot d'Épictète. (Id., XI, 36.)

Pénètre au fond de leurs âmes et tu verras quels juges tu crains, et quels juges ils sont pour eux-mêmes. (Id. IX, 18.)

Ce que l'on dira, ce que l'on pensera, ce que l'on fera contre lui, il ne s'en met pas même en peine, satisfait de ces deux choses : de faire avec justice ce qu'il fait présentement et d'aimer ce qui lui est présentement distribué. Il est libre de toute autre affaire, de tout autre soin ; il ne demande rien que de marcher dans le droit chemin selon la loi, et de suivre Dieu qui tient toujours le droit chemin. (Id., X, 11.)

Il faut être branches du même arbre, tout en ayant chacun sa pensée. (Id., xi, 8.)

Quelqu'un me méprise ? C'est son affaire. Moi, je prendrai garde de ne rien faire ou dire qui soit digne de mépris. Quelqu'un me hait ? C'est son affaire encore. Moi, je suis doux et bienveillant pour tout le monde ; tout prêt à montrer à chacun qu'il se trompe, non en le mortifiant, non en affectant de faire un effort, mais franchement et avec bonté. (Id., xi, 13.)

Il y a trois choses qui te constituent : un corps un souffle, une intelligence. De ces choses, deux ne sont à toi que pour en prendre soin ; la troisième seule est proprement tienne. Si tu éloignes de toi-même, c'est-à-dire de ta pensée, tout ce que font ou disent les autres, tout ce que toi-même as dit ou fait, toutes les idées de l'avenir qui te troublent, tout ce qui vient du corps qui t'environne ou du souffle né avec lui, et non de ton libre arbitre ; tout ce qui fait rouler autour de toi le tourbillon extérieur, en sorte que ta force intelligente s'arrache à la fatalité et vive chez elle-même, pure, libre, pratiquant la justice, résignée à ce qui arrive et ne disant que la vérité ; si, dis-je, tu sépares de ton esprit les impressions qui lui sont communes avec le corps, l'idée du passé comme celle de l'avenir, si tu te rends toi-même semblable à ce qu'est, chez Empédocle, *le globe d'une parfaite rondeur, content de rester joyeusement en lui-même* ; si tu t'appliques à vivre uniquement ce que tu vis, c'est-à-dire le présent : alors tu seras en état de passer ce qui te reste d'existence jusqu'à la mort, exempt de trouble, noblement, et dans une parfaite union avec ton génie. (Id., xii, 3.)

Que si l'on cherche à m'épouvanter par la multitude des maux, ainsi je réplique : si tu as assez de force en toi pour repousser une attaque de la fortune, autant tu dois en avoir pour les repousser toutes ; quand une fois la vertu a cuirassé ton âme, elle l'a rendue invulnérable de tous côtés. Qu'elle soit affranchie de l'avarice, la plus terrible plaie du genre humain, et l'ambition ne tardera pas à quitter la place. Si tu ne regardes pas le dernier jour comme un châtiment, mais comme une loi de la nature, quand tu auras chassé de ton cœur la crainte de la mort, aucune terreur n'osera y pénétrer...

La raison ne terrasse pas séparément chacun des vices, mais tous à la fois ; d'un seul coup, son triomphe est complet.

... On n'est méprisé des autres que lorsqu'on se méprise soi-même. Une âme vile et rampante donne seule prise à cet affront. Mais quand on s'élève au-dessus des plus terribles coups du sort, quand on surmonte les disgrâces qui abattent le vulgaire, les misères elles-mêmes nous protègent comme des bandelettes sacrées... Un grand homme, s'il tombe, est encore grand par terre ; ne le crois pas plus méprisé que ces débris de temples saints qu'on foule aux pieds, mais que la piété vénère autant que s'ils étaient encore debout. (Sénèque, *Consolation à Helvia*, XIII.)

IV

LA CONSTANCE DANS LE BIEN

Pour que la vertu soit parfaite, il faut qu'elle soit constante, que l'âme se fortifie par une étude et une pratique continuelles, que toute notre bonne volonté se transforme en bonne habitude. « Jusqu'au dernier terme de la vie, dit Sénèque, nous sommes à l'œuvre; nous ne cesserons de consacrer nos travaux au bien commun, d'assister les misères particulières et d'offrir à nos ennemis le secours d'une main bienveillante. » Et il cite, à cet effet, la parole d'un éloquent guerrier : « Nous pressons sous le casque notre blanche chevelure. » Oui, tant que dure la vie, il faut travailler, lutter et souffrir. Mais qu'importe la durée plus ou moins longue de l'action, pourvu que l'on sente que la victoire est au bout et que l'on puisse dire avec Sénèque: « Tout ce que l'âme se commande, elle l'obtient. » Et qui ne connaît le pouvoir de la volonté? L'homme s'en sert quelquefois pour accomplir des choses extraordinaires qui étonnent et éblouissent le vulgaire, et nul exercice ne lui semble trop pénible ni trop long pour le motif bien frivole de satisfaire sa vanité glorieuse. Ceux mêmes qui prétendent n'avoir pas de volonté savent bien en trouver pour quelque intérêt mesquin et en user avec une constance digne d'une meilleure cause. Ce qui fait la force des âmes d'élite, c'est que, pour elles, vouloir le bien, c'est le pouvoir: « Il n'est point, dit Sénèque, de passion si effrénée, si indomptable, qu'elle ne puisse être pliée au joug de la discipline... N'appellerons-nous pas à notre aide la patience qui nous réserve une récompense si belle, le calme inaltérable d'une âme heureuse? Quelle victoire d'échapper à la tyrannie des passions ! » Aussi Épictète, après nous avoir montré que la persévérance dans les choses raisonnables ne ressemble pas à l'obstination dans les choses insensées et mauvaises, nous encourage-t-il « à la plus noble des luttes, celle où l'on ne doit reculer devant rien, et recevoir bravement tous les coups ». Il nous exhorte aussi à y persévérer : « Si on y succombe, dit-il, on peut la recommencer encore, et, si l'on est vainqueur une fois, on est comme si l'on n'avait jamais été vaincu ; seulement il ne faut pas que l'habitude de la défaite vous amène à vous y résigner et que désormais, comme un mauvais athlète, vous figuriez en vaincu à toutes les luttes, petit comme une caille qui se sauve. » De même, Marc-Aurèle insiste sur la nécessité de montrer « à chaque heure du jour, dans nos actions, un caractère ferme, une gravité qui ne se démente jamais, mais point affectée, un cœur aimant, de la liberté, de la justice ». Les obstacles mêmes qu'il rencontre, loin d'abattre son courage, concourent à la fin qu'il s'est proposée : « Ma pensée, dit-il, change, transforme, en ce que j'avais dessein de faire, cela même qui entrave mon action. Tout obstacle qui arrête une œuvre devient l'objet même de l'œuvre, et tout nous devient une route, qui s'oppose à notre route. » Ainsi, nous donne-t-il l'idée du vrai courage qui s'alimente des obstacles mêmes « comme un grand feu tourne en flamme et en lumière tout ce qu'on y jette ». Et par quelle comparaison juste et pleine de poésie rend-il sensible à notre esprit l'action constante, douce et pénétrante de l'âme qui ne s'épuise jamais en s'épanchant toujours ! Le but auquel tendent les stoïciens et qu'ils appellent le bonheur, la félicité même, c'est le calme de l'âme devenue libre par la constance dans la vertu.

Jusqu'au dernier terme de la vie nous serons à l'œuvre ; nous ne cesserons de consacrer nos travaux au bien commun, d'assister les misères particulières, et d'offrir à nos ennemis le secours d'une main bienveillante. C'est nous qui n'accordons d'exemption à aucun âge ; et, comme disait cet éloquent guerrier : « Nous pressons sous le casque notre blanche chevelure. » C'est nous qui permettons si peu de loisir avant la mort, que, s'il est possible, pour nous la mort elle-même n'est pas oisive. (Sénèque, *Du repos*.)

Je crois que vous savez que l'on ne peut vivre heureusement, non pas même commodément, sans l'étude de la sagesse ; que la vie est heureuse quand on a fait cette acquisition, qu'elle est même assez douce aussitôt qu'on y a fait quelque progrès ; mais il y faut penser souvent, afin de vous affermir dans cette connaissance, et de vous l'imprimer plus fortement. Il est sans doute plus difficile de garder une bonne résolution que de la prendre, et vous devez fortifier votre âme par une étude continuelle, jusqu'à ce que vous ayez fait une bonne habitude de ce qui n'est encore qu'une bonne volonté. Id., *Epître*, XVI.)

« Il est impossible, dit-on, de retrancher entièrement de l'âme la colère ; la nature de l'homme ne le permet pas. » Cependant il n'est rien de si difficile, de si pénible que l'esprit humain ne puisse vaincre, avec quoi ne puisse familiariser un constant exercice; il n'est point de passion si effrénée, si indomptable, qu'elle ne puisse être pliée au joug de la discipline. Tout ce que l'âme se commande, elle l'obtient. Certains hommes sont parvenus à ne jamais rire ; quelques-uns se sont interdit le vin, etc. L'un se contente d'un court sommeil, et prolonge d'infatigables veilles; d'autres ont appris à remonter en courant des cordes déliées, à porter des poids énormes, presque au-dessus des forces humaines, à plonger à d'immenses profondeurs, et à parcourir les eaux sans reprendre haleine.

Il est mille autres choses dans lesquelles la persévérance franchit tout obstacle, et prouve que rien n'est difficile, lorsque l'âme elle-même s'est imposé la patience... N'appellerons-nous pas à notre aide la patience qui nous réserve une récompense si belle, le calme inaltérable d'une âme heureuse ? Quelle victoire d'échapper à ce mal redoutable, la colère, et en même temps à la rage, à la violence, à la fureur et aux autres passions qui l'accompagnent !

N'allons pas nous chercher une apologie ni le droit de nous excuser en disant : Ou cela est utile, ou cela est inévitable. Car enfin quel vice a jamais manqué d'avocat ? Il ne faut pas prétendre que la colère ne peut être guérie. Les maux qui nous travaillent ne sont pas incurables, et la nature elle-même, qui nous créa pour le bien, nous vient en aide si nous voulons nous corriger. D'ailleurs le chemin de la vertu n'est pas, comme l'ont cru quelques-uns, difficile et escarpé ; on y va de plain-pied. Et je ne viens pas vous raconter des chimères : la route est facile vers une vie heureuse ; commencez seulement sous de bons auspices, et avec l'assistance favorable des dieux. Il est beaucoup plus difficile de faire ce que vous faites. Quoi, en effet, de plus doux que le repos de l'âme ! quoi de plus fatigant que la colère ! quoi de plus calme que la clémence ! quoi de plus affairé que la cruauté ! La chasteté est toujours en repos, la débauche est toujours occupée. Enfin, toutes les vertus sont d'une conservation facile ; les vices s'entretiennent à grands frais. (Id., *De la colère.*)

———

Il est des gens qui, pour avoir entendu dire qu'il faut être ferme, que notre faculté de juger et de vouloir est de sa nature indépendante et libre, que tout le reste, pouvant être entravé ou contraint, est esclave et ne nous appartient pas, s'imaginent qu'ils doivent persister obstinément dans toutes les décisions qu'ils ont pu prendre. Mais, avant tout, il faut que ta décision soit saine.... Il faut être ferme, non dans toutes ses décisions, mais dans celles qui sont raisonnables. (Épictète, *Entretiens*, II, 15.)

———

Toute qualité se fortifie et se conserve par les actes qui lui sont conformes, le talent du charpentier par de belles œuvres de charpentier, le talent du littérateur par de belles œuvres littéraires. Si vous vous habituez à écrire contrairement aux règles, tout votre talent se détruit et se perd infailliblement. De même l'honnêteté se conserve par des actes honnêtes, et des actes déshonnêtes la détruisent ; la loyauté se conserve par des actes loyaux, et des actes contraires la détruisent. Les défauts, à leur tour, se fortifient par des actes coupables :

l'impudence par des actes impudents ; la déloyauté,
par des actes déloyaux ; l'amour de la médisance,
par des médisances ; l'irascibilité par la colère ;
et l'avidité par la supériorité des recettes sur les
déboursés.

C'est pour cela que les philosophes nous avertis-
sent qu'il ne suffit pas d'apprendre la théorie, qu'il
faut y joindre encore la méditation, puis la pratique ; car il y a longtemps que nous sommes habitués à faire le contraire de ce qu'ils nous enseignent,
et à suivre dans la pratique les idées qui sont le
contraire des vraies. Si donc nous ne faisons pas,
à leur tour, passer dans la pratique les idées
vraies, nous ne serons jamais que des gens qui
expliquent les pensées des autres. Aujourd'hui quel
est celui de nous qui ne peut disserter avec art sur
le bien et sur le mal; montrer que telles choses sont
bonnes, telles autres mauvaises, telles autres indifférentes ; que les bonnes sont les vertus et tout ce qui
s'y rattache ; que les mauvaises sont leurs contraires ; que les choses indifférentes sont la richesse,
la santé, la réputation? Mais si, au milieu de notre
dissertation, il survient un bruit un peu fort, ou si
quelqu'un des assistants se moque de nous, nous
voici décontenancés ! Philosophe, où donc est ce que
tu disais? D'où le tirais-tu quand tu le disais ? Cela
était sur tes lèvres, et rien de plus. Pourquoi déshonorer des ressources que tu n'as pas su t'approprier?
Pourquoi te jouer de ce qu'il y a de plus respectable ? Autre chose est de faire comme ceux qui
serrent dans leur cellier du pain et du vin, ou de
faire comme ceux qui s'en nourrissent. Ce dont on
se nourrit se digère, se répand dans le corps, devient
des muscles, de la chair, des os, du sang, le teint et
la respiration de la santé. Ce que l'on a serré, on l'a
sous la main, pour le pouvoir prendre et montrer ;

mais on n'en tire d'autre profit que de faire voir qu'on l'a. Quelle différence y a-t-il à exposer les idées que tu n'appliques pas, ou à exposer celles d'une autre école ?

Voilà comment n'étant déjà pas de force à remplir notre rôle d'homme, nous nous chargeons encore de celui de philosophe : c'est se charger comme quelqu'un qui ne pourrait soulever dix livres, et qui voudrait porter la pierrre d'Ajax. (Id., ii, 9.)

Toute habitude, tout talent se forme et se fortifie par les actions qui lui sont analogues ; marchez, pour être marcheur ; courez, pour être coureur. Voulez-vous savoir lire ? lisez. Savoir écrire ? écrivez. Passez trente jours de suite sans lire, à faire toute autre chose, et vous saurez ce qui en arrivera. Il en est de même pour l'âme ; lorsque vous vous emportez, sachez que ce n'est pas le seul mal qui vous arrive, mais que vous augmentez en même temps votre disposition à la colère ; c'est du bois que vous mettez dans le feu.

Les maladies de l'âme laissent des traces, des meurtrissures, qu'il faut faire disparaître complètement ; sinon, pour peu qu'on reçoive encore quelque coup à la même place, ce ne sont plus des meurtrissures, ce sont des plaies qui se produisent. Si donc tu ne veux pas être enclin à la colère, n'en entretiens pas en toi l'habitude ; ne lui donne rien pour l'alimenter.

L'habitude, en effet, commence par s'affaiblir et disparaît entièrement. (Id., 18.)

Il n'est point d'art dont l'enseignement ne soit ennuyeux pour l'ignorant qui n'y connaît rien. Mais pour les produits des arts, le but de leur création se

révèle au premier coup d'œil, et la plupart d'entre
eux ont quelque chose qui séduit et agrée. C'est une
triste chose que de rester là à voir comment
s'apprend le métier de cordonnier ; mais la chaus-
sure a son utilité, et n'est pas d'autre part dés-
agréable à la vue. L'enseignement du métier de
charpentier aussi est peu attrayant, surtout pour
l'ignorant qui y assiste par hasard ; mais l'utilité de
ce métier se manifeste par ses produits. C'est ce qui
se voit encore bien mieux dans la musique : assistez
à une leçon et vous trouverez que c'est le plus
ennuyeux de tous les enseignements ; mais que
d'agréments et de charmes dans les produits de la
musique, même pour l'oreille des ignorants !

Nous voyons que c'est en apprenant certaines
choses que le charpentier devient charpentier ; que
c'est en apprenant certaines choses que le pilote
devient pilote. N'admettrons-nous donc pas ici aussi
que, pour devenir un sage parfait, il ne suffit pas de
vouloir, et qu'il faut encore apprendre certaines
choses ? (Id., II, 14.)

———

De toutes les promesses que tu te faisais au début,
vois quelles sont celles que tu as tenues et celles
que tu n'as pas tenues ; vois aussi comment tu te
rappelles les premières avec bonheur, et les se-
condes avec regret ; puis, si tu le peux, recommence
où tu n'as pas réussi. Quand on se livre à la plus
noble des luttes, on doit ne reculer devant rien,
mais recevoir bravement tous les coups, car ce dont
il s'agit ici, ce n'est ni la lutte ordinaire, ni le pancrace lui-même, où l'on peut, vainqueur ou vaincu,
valoir plus, valoir moins, et être très heureux ou
très malheureux. Ce dont il s'agit ici, c'est le
bonheur lui-même, c'est la félicité elle-même. Il y

à mieux : ici, si nous nous retirons de l'arène, rien
ne nous empêche de recommencer la lutte, et il ne
nous faut pas pour cela attendre quatre ans le
retour de nouveaux jeux olympiques ; mais aussitôt
qu'on s'est ranimé, que l'on se retrouve soi-même,
que l'on porte en soi la même ardeur, on peut reprendre la lutte ; si on y succombe de nouveau, on
peut la recommencer encore, et si l'on est vainqueur
une fois, on est comme si l'on n'avait jamais été
vaincu. Seulement, il ne faut pas que l'habitude de
la défaite vous amène à vous y résigner et que
désormais, comme un mauvais athlète, vous figuriez
en vaincu à toutes les luttes, petit comme une caille
qui se sauve. (Id., III, 25.)

Songe, à chaque heure du jour, qu'il faut montrer
dans tes actions un caractère ferme, comme il
convient à un Romain et à un homme ; une gravité
qui ne se dément jamais, mais point affectée ; un
cœur aimant, de la liberté, de la justice. Débarrasse
ton âme de toute autre pensée ; tu l'en débarrasseras si tu considères chacun de tes actes comme le
dernier de ta vie, si tu agis sans précipitation, sans
aucune de ces passions qui ôtent à la raison son
empire, sans dissimulation, sans amour-propre, et
avec résignation aux décrets de la destinée. Vois-tu
combien sont peu nombreux les préceptes dont
l'observation suffit pour assurer à notre existence
un cours paisible et le bonheur des dieux. Oui,
l'observation de ces préceptes, c'est tout ce que les
dieux exigent de nous. (Marc-Aurèle, II, 5.)

Tu es tiraillé dans tous les sens par les événements du dehors. Donne-toi du loisir, afin d'ap-

prendre quelque chose de bon et cesse de te laisser
aller au tourbillon. Préserve-toi encore d'une autre
agitation insensée, car c'est folie aussi de fatiguer
sa vie à des actions sans but; il faut un but où
se dirigent tous nos désirs, et, en un mot, toutes
nos pensées. (Id., II, 7.)

Combien de temps il gagne celui qui ne prend pas
garde à ce que le prochain a dit, a fait, a pensé,
mais seulement à ce qu'il fait lui-même, afin de
rendre ses actions justes et saintes! Agathon disait:
Ne regarde point autour de toi les mœurs corrom-
pues, mais cours sur la ligne droite, devant toi,
sans jamais dévier. (Id., IV, 18.)

Point de dégoût, de découragement, de désespoir,
si tu ne réussis pas toujours à faire chaque chose
suivant les règles de la raison. Si tu viens d'échouer,
recommence; que ce soit assez pour ta satisfaction
d'avoir le plus souvent agi comme il sied à un
homme. Il faut aimer l'œuvre à laquelle tu re-
tournes; il ne faut pas revenir à la philosophie
comme un écolier chez son maître. (Id., V, 9.)

Ma pensée change, transforme, en ce que j'avais
dessein de faire, cela même qui entrave mon action.
Tout obstacle qui arrête une œuvre devient l'objet
même de l'œuvre, et tout nous devient une route,
qui s'oppose à notre route (Id., V, 20.)

Ne t'imagine pas, parce que tu trouves qu'une
chose est difficile à faire, que c'est chose impossible
à l'homme; mais, si c'est chose possible à l'homme,

si c'est chose qui convient à sa nature, pense que toi aussi tu peux y atteindre. (Id., vi, 19.)

Prends garde de tomber dans les mœurs des Césars ; ne te pénètre point de leurs couleurs ; c'est trop la coutume. Conserve-toi simple, bon, pur, grave, ennemi du faste, ami de la justice, religieux, bienveillant, humain, ferme dans la pratique de tes devoirs. Fais tous tes efforts pour demeurer tel que la philosophie a voulu te rendre. Révère les dieux, veille à la conservation des hommes. La vie est courte ; le seul fruit de l'existence terrestre, c'est de maintenir notre âme dans une disposition sainte, de faire des actions utiles à la société. (Id., vi, 30.)

De même que la nature plie et fait rentrer dans l'ordre déterminé par le destin, agrége enfin à son tout ce qui lui fait obstacle et lui résiste ; de même, l'être raisonnable peut se faire une matière d'action de tout ce qui l'arrête et s'en servir pour parvenir à sa fin, quelle qu'elle soit. (Id., viii, 35.)

Le soleil semble se répandre, et en effet se répand partout ; mais pourtant il ne s'épuise pas. Cette effusion, c'est une extension. Vois ce que c'est qu'un rayon, quand la lumière du soleil pénètre à nos yeux par une ouverture étroite dans un appartement obscur. Il s'allonge en ligne droite, puis s'applique, pour ainsi dire, contre le solide quelconque qui s'oppose à son passage et forme une barrière au-devant de l'air qu'il pourrait éclairer plus loin ; là, il s'arrête, sans glisser, sans tomber. C'est ainsi que ton âme doit se verser, s'épancher au dehors. Jamais d'épuisement, mais seulement une extension, point de violence, point d'abattement, quand des obstacles l'entravent ; qu'elle ne tombe pas, qu'elle s'arrête, qu'elle éclaire ce qui peut recevoir sa lumière. On se privera soi-même de cette lumière quand on négligera de s'en laisser pénétrer. (Id. VIII, 57.)

———

Demeure ferme jusqu'à ce que tu te sois rendu les vérités familières, comme un bon estomac se rend propres tous les aliments ; comme un grand feu tourne en flamme et en lumière tout ce qu'on y jette. (Id., x, 31.)

———

Celui dont la vie n'a pas un but unique, toujours le même, celui-là ne peut pas être pendant toute sa vie toujours égal, toujours le même. Ce que je dis là ne suffit point, si tu n'ajoutes aussi quel doit être ce but. Car, de même que tous les hommes n'ont pas la même opinion sur ces choses quelconques que la plupart appellent des biens, mais seulement sur de certains biens, je veux dire sur ceux de la société ; de même, nous devons nous proposer pour but l'utilité de la société et celle de l'État. En effet, celui qui dirige tous ses efforts vers ce but fera toujours des actions uniformes et, sous ce point de vue, sera toujours égal, toujours le même. (Id., xi, 21.)

———

Il faut, dans la pratique des principes, se montrer semblable au combattant du pancrace et non au gladiateur, car celui-ci laisse tomber l'épée dont il se sert, et il est tué, tandis que l'autre a toujours la main à sa disposition et n'a besoin de rien que de s'en servir. (Id. XII, 8.)

———

Quoi ! la lumière d'une lampe brille jusqu'au moment où elle s'éteint et ne perd rien de son éclat ; et la vérité, la justice, la tempérance qui sont en toi s'éteindraient avant toi ! (Id., XII, 15.)

Le salut de notre vie, c'est de voir ce que chaque objet est en lui-même, ce qu'est sa matière, ce qu'est sa forme ; c'est de pratiquer la justice de toute notre âme et de dire la vérité. Que reste-t-il après cela, que de jouir de la vie, en rattachant une bonne action à une autre bonne action, sans laisser entre elles aucun vide. (Id., XII, 29.)

Il n'y a qu'une seule règle qui conduit les vertus humaines ; parce qu'il n'y a qu'une seule raison qui est droite et simple. Il ne se trouve rien de plus divin que ce qui est divin, ni de plus céleste que ce qui est céleste. Les choses mortelles montent, déclinent, augmentent, dépérissent, se remplissent, se vident, et cette vicissitude produit l'inégalité qui se trouve en elles. Les choses divines sont toutes d'une même condition et d'une même nature. Or, cette raison, dont je parle, n'est autre chose qu'une portion de la divinité, enfermée dans le corps de l'homme. Si la raison est divine et qu'il n'y ait rien de bon sans la raison, il faut que ce qui est bon soit divin. Or, il n'y a pas de différence entre les choses divines ; il n'y en a donc point aussi entre les bonnes. Ainsi vous voyez que la joie et la constance dans les tourments sont deux vertus pareilles ; car il se rencontre en l'une et en l'autre une même grandeur d'âme, hormis qu'elle est oisive et relâchée en celle-là, raide et opiniâtre en celle-ci. Quoi, ne croyez-vous pas que la vertu soit pareille en celui

qui force hardiment une place, et en celui qui la
défend avec courage et patience ?

Si Scipion est glorieux pour avoir enfermé
Numance et l'avoir serré de si près qu'il contraignit
les assiégés, qu'il ne pouvait vaincre, de se perdre
eux-mêmes ; les Numantins le sont aussi qui, sachant bien que rien n'est fermé quand le passage
de la mort est ouvert, expirèrent courageusement
entre les bras de la liberté. Tout le reste est de la
même sorte : comme la tranquillité, la sincérité, la
liberté, la constance, la patience, la persévérance ;
car il n'y a qu'une vertu qui leur sert d'appui et qui
tient l'âme droite et invariable. (Sénèque, *Epître*, LXVI.)

Assurons la paix de notre âme ; nous l'obtiendrons
par la méditation constante des enseignements salutaires, par la pratique des bonnes actions, par la
direction de l'âme vers la seule passion de l'honnête.
Il faut satisfaire à la conscience sans jamais travailler pour la renommée. Acceptons-la, même
mauvaise, pourvu que nous la méritions bonne.
« Mais le public admire les passions énergiques ;
l'audace est un honneur, la douceur passe pour faiblesse. » Peut-être au premier aspect ; mais dès
qu'une vie toujours égale a témoigné que ce n'est
pas indolence, mais paix de l'âme, ce même peuple
vous aime et vous respecte. (Sénèque, *De la colère*,
3, LXI.)

Croyez-moi, une bonne partie de notre repos et
de notre tranquillité consiste à ne point faire de mal.
Les méchants mènent une vie pleine de trouble et
de confusion ; ils ont autant de peur qu'ils font de
mal, et leur esprit n'est jamais en paix. Ils tremblent

après une mauvaise action ; ils demeurent en suspens, leur conscience ne leur permettant point de faire autre chose, et les obligeant de se réfléchir incessamment sur leur crime. Qui s'attend d'être puni l'est déjà, et qui l'a mérité s'y attend toujours. Un méchant homme peut bien être en lieu de sûreté, mais il n'est jamais en assurance, car, quoiqu'on ne le voie pas, il s'imagine qu'on peut le voir ; il est agité dans le sommeil, et si l'on parle d'un crime, il jette aussitôt la vue sur le sien ; il lui semble que sa faute ne saurait jamais trouver d'asile. (Sénèque, *Épître*, v.)

Vous demanderez peut-être quel est le fondement de la vertu : c'est de ne point se réjouir pour des choses vaines et légères ; et ce n'en est pas seulement le fondement, c'en est aussi le comble. Car celui-là est monté au plus haut degré qui sait de quoi il doit se réjouir, et qui ne fait point dépendre son bonheur du pouvoir d'autrui. On est dans un état inquiet et incertain quand on est ému par l'espérance de quelque bien, quoique la conquête en soit facile et que le succès n'ait jamais manqué. Apprenez donc, avant toutes choses, de quoi vous devez vous réjouir. Vous croirez peut-être que je vais vous retrancher beaucoup de plaisirs par la soustraction que je prétends faire des choses fortuites, et de toutes les espérances dont naissent les plus douces satisfactions de la vie ; au contraire, je prétends vous maintenir dans une satisfaction continuelle ; je veux même vous la rendre familière et domestique pour ainsi dire ; ce qui arrivera si vous la portez au-dedans de vous. Les autres joies ne descendent point jusqu'au cœur ; elles s'arrêtent seulement sur le front parce qu'elles sont superfi-

15.

cielles et légères ; à moins qu'on ne veuille dire qu'il
suffit de rire pour être content. Mais il faut avoir
pour cela l'esprit libre, ferme et au-dessus de toutes
choses. Enfin, soyez persuadé que la véritable joie
a toujours quelque chose de sévère. Quoi ! pensez-
vous qu'on puisse avec un visage ouvert et un œil
riant (comme parlent nos délicats), mépriser la mort,
accepter la pauvreté, tenir en bride la volupté et se
résoudre à supporter la douleur ? Celui qui roule
ces pensées dans son esprit a certainement beaucoup de joie, quoiqu'elle ne chatouille guère les
sens. Je veux vous mettre en possession de cette
joie ; elle ne vous manquera jamais quand vous en
aurez trouvé une fois la source.

V

LE DÉTACHEMENT DE LA VIE

Les stoïciens étaient si détachés de la vie qu'elle
semble être pour eux un moyen, non une fin. Sénèque nous conseille de ne trop l'aimer ni trop la
haïr. Mais elle n'est pas en elle-même un bien, pas
plus que toutes les autres choses qui ne dépendent
pas de notre libre arbitre. Elle n'est un bien que
pour ceux qui l'emploient à perfectionner leur âme,
et ce sont précisément ceux-là qui sont le plus dis-
posés à la quitter. Vivre, c'est pour eux apprendre
à mourir. Les stoïciens croient que la durée de la
vie de chacun est réglée dès sa naissance : « Les
destins, dit Sénèque, suivent leur propre impulsion ;
ils n'ajoutent rien, ils ne retranchent rien à leurs
promesses : nos vœux, nos regrets n'y font rien.

Chacun aura tout ce qui lui fut assigné le premier
jour ». Mais leur détachement de la vie n'a pas
pour cause la soumission passive à la nécessité,
c'est l'obéissance volontaire aux lois sages auxquelles toute la nature obéit. Cette confiance a
même chez Épictète et Marc-Aurèle un caractère
plus individuel : la vie est pour eux un rôle que Dieu
peut juger terminé après le troisième acte comme
après le cinquième. « Va-t'en donc avec un cœur
paisible, dit Marc-Aurèle. Celui qui te congédie est
sans colère. » Sénèque blâme le suicide : « Un
homme généreux et sage, dit-il, ne doit pas se
dérober de la vie, mais en sortir honnêtement ; surtout il faut éviter cette envie passionnée de mourir,
qui est tombée autrefois dans l'esprit de beaucoup
de gens. » La morale pratique des stoïciens sur la
vie et la mort me semble être renfermée dans cette
parole de Marc-Aurèle : « La vie est courte ; le
seul fruit de l'existence terrestre, c'est de maintenir notre âme dans une disposition sainte, de faire
des actions utiles à la société. »

Tous, c'est pour cela que nous sommes élevés :
quiconque arrive à la vie, est destiné à la mort.
Applaudissons-nous donc tous de ce qui nous a été
donné, et rendons-le quand on nous le redemandera.
Le sort atteint chacun à des heures différentes ; il
n'oublie personne. Que l'âme se tienne donc dispo-
sée ; qu'elle ne craigne jamais ce qui est inévitable ; qu'elle attende toujours ce qui est incertain.
Rappellerai-je ces héros, ces fils de héros, signalés

par tant de consulats ou de triomphes, tombant
sous les coups du sort inexorable ; et ces rois et
ces royaumes, ces peuples et ces nations qui subi-
rent leur destin. Tout homme, que dis-je, toute
chose marche à son dernier jour ; mais tous n'ont
pas même fin ; l'un, c'est au milieu de sa course que
la vie l'abandonne ; l'autre, c'est dès le premier
pas qu'elle lui échappe ; tandis qu'un autre, accablé
de son extrême vieillesse, et désireux d'en finir,
obtient à peine son affranchissement. Chacun, sans
doute, a son heure, mais tous nous faisons route
vers le même terme. Je ne sais s'il y a plus de folie
à méconnaître la loi de la mort, que d'impudence à
y résister. (Sénèque, *Consolation à Polybe*, xxx.)

Loin de toi cette accablante pensée : « Il eût pu
vivre plus longtemps ». Sa vie n'a pas été interrompue ; jamais le hasard n'intervient dans le cours de
nos années : ce qui fut promis à chacun lui est payé.
Les destins suivent leur propre impulsion ; ils n'a-
joutent rien, ils ne retranchent rien à leurs promesses ; nos vœux, nos regrets n'y font rien. Chacun aura tout ce qui lui fut assigné le premier jour ;
dès l'instant qu'il a vu pour la première fois la
lumière, il est entré dans le chemin du trépas, il
s'est avancé d'un pas vers la mort ; et ces mêmes
années, dont s'enrichissait sa jeunesse, appauvris-
saient sa vie. L'erreur qui nous égare, c'est de penser que nous ne penchons vers la tombe que vieux
et cassés, quand tout d'abord l'enfance et la jeunesse et tout âge nous y pousse. Les destins, qui
poursuivent leur tâche, nous ôtent le sentiment de
notre destruction ; et, pour mieux dérober sa marche, la mort se cache sous le nom de la vie. Le pre-

mier âge devient l'enfance, l'enfance est absorbée
par la puberté, la puberté par la jeunesse, la jeunesse par la vieillesse. Chaque progrès, à le bien
prendre, est une décadence. (Sénèque, *Consolation
à Marcia*, xx.)

* * *

Celui qui craint la mort ne fera jamais acte
d'homme vivant. Mais celui qui sait que cet arrêt
lui fut signifié, au moment même qu'il fut conçu,
vivra selon les termes de l'arrêt, et puisera ainsi une
force d'âme suffisante pour que rien de ce qui arrive
ne soit imprévu. Car, en regardant de loin, comme
devant arriver, tout ce qui est possible, il amortira
tous les malheurs. Pour l'homme préparé, pour
l'homme qui s'y attend, le mal n'offre rien de nouveau ; il n'est accablant que pour celui qui vit sans
inquiétude dans la perspective du bonheur. (Id.,
De la tranquillité de l'âme, xi.)

* * *

Que désires-tu davantage? de vivre plus longtemps ? veux-tu dire, de sentir, de vouloir, de croître, de dégénérer, de parler, de penser? Laquelle
de ces facultés te semble digne de tes désirs ? Si
chacune d'elles ne mérite que ton mépris, marche
vers le dernier but, qui est d'obéir à la raison et à
Dieu. Mais il y a de la contradiction à leur adresser
ce culte, et à t'irriter de la privation des objets que
te ravit la mort. (Marc-Aurèle, xii, 31.)

* * *

Combien est petite cette partie du temps immense,
infini, qui est accordée à chacun de nous! elle s'évanouit bientôt dans l'éternité. Combien est petite
notre part de l'universelle matière ! combien est
petite notre part de l'âme universelle ! Qu'est-ce

que cette petite motte, cette portion de la terre
entière, où tu rampes? Voilà les pensées qu'il te faut
méditer, afin de te mettre dans l'esprit qu'il n'y a
rien de grand que de faire ce qu'exige ta nature et
de souffrir ce que t'apporte la nature commune. (Id.,
XII, 32.)

———

O homme! tu as été citoyen dans la grande cité.
Que t'importe de l'avoir été pendant cinq ou pendant trois années? Ce qui est conforme aux lois
n'est inique pour personne. Qu'y a-t-il donc de si
fâcheux à être renvoyé de la cité, non par un tyran,
non par un juge inique, mais par la nature même,
qui t'y avait fait entrer? C'est comme quand un
comédien est congédié du théâtre par le même préteur qui l'y avait engagé. — Mais je n'ai pas joué les
cinq actes; je n'en ai joué que trois. — Tu dis bien:
mais c'est que, dans la vie, trois actes suffisent
pour faire la pièce entière. L'être qui détermine la
fin, c'est celui qui a constitué autrefois l'ensemble
des parties, et qui, aujourd'hui, est cause de la dissolution. Ni l'une ni l'autre chose ne vient de toi.
Va-t'en donc avec un cœur paisible. Celui qui te
congédie est sans colère. (Marc-Aurèle, XII, 36.)

———

Il nous faut prendre garde de ne pas trop aimer,
ni aussi de ne pas trop haïr la vie; et quand la raison nous oblige de la quitter, il ne le faut pas faire
légèrement et avec précipitation. Un homme généreux et sage ne doit pas se dérober de la vie, mais
en sortir honnêtement: surtout il faut éviter cette
envie passionnée de mourir, qui est tombée autrefois dans l'esprit de beaucoup de gens; car il est
certain que l'âme se porte quelquefois aveuglément

au désir de la mort, ainsi qu'à d'autres objets, et que cela est arrivé tantôt à d'honnêtes gens et tantôt à des lâches. Ceux-là méprisaient la vie, ceux-ci en étaient incommodés ; il y en a plusieurs aussi qui, lassés de faire et de voir toujours les mêmes choses, prennent du dégoût de la vie, sans toutefois en avoir de l'aversion. (Sénèque, *Epître*, xxiv.)

CHAPITRE VII

MOYENS DE CULTURE

Les exemples

Les stoïciens, dont la principale force a été de se retirer en eux-mêmes et de développer toutes les facultés de leur nature divine, n'ont pas cependant dédaigné l'appui qui vient du dehors. Tous ont compris la puissance merveilleuse de l'exemple ; et le sentiment de leur force ne leur a pas fait oublier ce qu'ils devaient à autrui. Sénèque, après avoir parlé des dangers des mauvais exemples, rend justice à la vertu des bons exemples avec un ton convaincu qui montre qu'il en a éprouvé les bienfaits. On est heureux de voir qu'il a foi dans l'influence du bien autant qu'il croit à la contagion du mal : « On prend, dit-il, les mœurs de ceux que l'on fréquente, et comme certaines maladies du corps se transmettent par le contact, ainsi l'âme communique ses affections de proche en proche..... Le vice infecte de son venin ceux qui l'approchent. Dans un sens contraire, l'action des vertus est la même ; elles adoucissent tout ce qui les touche ; et un climat favorable, un air salubre, n'ont jamais autant fait pour la

santé que le commerce d'un monde meilleur, pour
une âme chancelante. » Ceux qui subissent ainsi
l'influence salutaire de la vertu, n'en ont pas toujours conscience : leur âme l'aspire à son insu, de
même que le malade aspire l'air vivifiant qui fortifie
par degrés ses organes affaiblis. Et ce ne sont pas
seulement les âmes faibles qui en ressentent du
bien ; les fortes aussi, dans leurs défaillances, sont
rappelées au devoir et à la constance par la parole
ou la pensée et, plus encore, par l'action d'une âme
affermie dans la vertu. Ce pouvoir ne cesse pas avec
la présence ; il ne dépend ni du temps ni de l'espace : par la pensée, l'âme se met en communication avec celui qu'elle révère et dont la vie sert de
guide à la sienne : « Il faut, dit Sénèque, se proposer quelque homme de bien, et l'avoir toujours
devant les yeux, afin de vivre comme s'il était présent, et de faire toutes choses comme s'il nous
regardait.... On ne ferait guère de mauvaises
actions si l'on avait un témoin quand on va les faire...
Oh! que j'estime heureux celui de qui le regard ou
le souvenir est capable d'arrêter le vice d'autrui ! »
Qui n'aspire, en effet, à cette puissance bienfaisante
d'une âme pure, constante et fidèle ? N'est-ce pas
l'ambition la plus haute et la plus digne de ceux qui
doivent servir de témoins à Dieu sur la terre ?
« Heureux encore, ajoute Sénèque, celui qui peut
révérer une personne de telle sorte qu'à son souvenir il se contienne dans le devoir ! Qui peut exercer ce respect, méritera bientôt d'être respecté ! »

C'est, en effet, l'indice d'une âme sincèrement éprise du bien, lequel se personnifie pour elle dans ceux qui le pratiquent avec persévérance : les voir agir à tout instant, c'est éclairer sa conscience ; les suivre, c'est garder le chemin droit sans dévier. Mais quelque parfait que nous semble le modèle que nous nous sommes proposé, sa vie ne doit pas être pour nous une règle absolue, car il n'est permis à aucun être humain de renoncer à l'indépendance de sa conscience ; nous révérons l'homme de bien parce qu'il se rapproche de l'idéal de notre conscience ; mais la conscience reste au-dessus de tout et nous avons besoin d'entendre et d'interpréter sa voix sans aucun intermédiaire. Plus nous sommes fidèles à obéir à cette voix, mieux aussi nous comprenons la vertu de ceux qui ont triomphé dans le bon combat ; et l'expérience de la vie ne fait qu'accroître notre respect pour ces héros de l'humanité. Un lien invisible, indissoluble, unit entre elles, à travers les âges, toutes les âmes qui ont la passion du bien. C'est ainsi que Sénèque sent la présence des « deux Catons, du sage Lélius, de Socrate, Platon, Zénon et Cléanthe ». De même Épictète vit en leur présence et se fortifie sous leur regard, dans sa courageuse indépendance. Si Sénèque parle surtout du secours inestimable que nous recevons par l'exemple des gens de bien, Épictète insiste davantage sur l'exemple que nous devons donner à autrui. « Les livres des stoïciens, dit-il, sont pleins de beaux raisonnements. Qu'est-ce qui nous manque

donc ? Quelqu'un qui pratique et qui confirme ses
paroles par ses actes. Viens prendre ce rôle pour
que nous n'employions plus dans l'école des exemples
tirés de l'antiquité, mais que nous en ayons aussi un
de notre époque. » Ce véhément appel s'adresse à
tout homme, car chacun de nous est en quelque
sorte le gardien de son frère, et lui doit le secours
de l'exemple. Toute vie humaine, fût-elle la plus
obscure, a son retentissement dans d'autres âmes.
Ainsi, dans le monde moral, y a-t-il une infinité
d'actions et de réactions dont nul ne peut évaluer
la portée. De là, nécessité de veiller sur l'influence
que nous exerçons et celle que nous subissons :
« Placez, dit Épictète, un charbon éteint auprès
d'un charbon allumé, le premier éteindra le second,
ou le second allumera le premier. »

Marc-Aurèle se souvient avec une pieuse gratitude de tous ceux qui ont contribué à former son
âme à la vertu. Et le nombre en est si grand qu'on
peut soupçonner son cœur bienveillant d'avoir
recherché avec soin dans tous ceux qui l'entouraient,
les qualités dignes d'être imitées. Il y a tant de
simplicité dans cette énumération des richesses de
son âme, tant de déférence pour ceux à qui il en est
redevable, qu'on ne songe pas à l'accuser de com-
plaisance pour lui-même, et l'on est touché de la
tendresse délicate qu'il a pour tous ses bienfaiteurs
auxquels il rend hommage de tout le bien qu'il en a
reçu. Marc-Aurèle ne semble pas avoir adopté un
modèle unique, en aurait-il trouvé un parfait parmi

les humains ? Il nous enseigne ainsi à rendre justice
à la vertu, à l'admirer, à l'aimer et à l'imiter partout
où nous la rencontrons, dans le passé comme dans
le présent ; et à nous efforcer de transmettre à
d'autres ce que nos devanciers et nos contemporains nous ont donné.

On prend les mœurs de ceux que l'on fréquente :
et comme certaines maladies du corps se transmettent par le contact, ainsi l'âme communique ses
affections de proche en proche. L'ivrogne entraîne
ses familiers à aimer le vin ; la compagnie des libertins amollit l'homme fort, et, s'il est possible, le
héros ; l'avarice infecte de son venin ceux qui
l'approchent. Dans un sens contraire, l'action des
vertus est la même ; elles adoucissent tout ce qui
les touche ; et un climat favorable, un air salubre,
n'ont jamais autant fait pour la santé, que le commerce d'un monde meilleur, pour une âme chancelante. Tu comprendras tout ce que peut cette
influence, si tu observes que les bêtes féroces elles-
mêmes s'apprivoisent en vivant près de nous, et que
le monstre le plus farouche ne conserve rien de
son cruel instinct s'il a longtemps habité le toit
de l'homme. Toute aspérité s'émousse et s'efface
peu à peu au frottement des âmes tranquilles.
D'ailleurs, non seulement l'exemple rend meilleur
celui qui vit parmi les hommes pacifiques, mais il ne
trouve aucune occasion de colère, et il n'exerce pas
son penchant vicieux. (Sénèque, *De la colère*, 3, VIII.)

Retirez-vous donc dans vous-même autant que
vous pourrez ; recherchez ceux qui peuvent vous
rendre meilleur, et recevez aussi ceux que vous
pourrez rendre meill eurs ; cela est réciproque ; les

hommes apprennent lorsqu'ils enseignent. (Sénèque, *Epître*, VII.)

———

Il faut se proposer quelque homme de bien, et l'avoir toujours devant les yeux, afin de vivre comme s'il était présent, et de faire toutes choses comme s'il nous regardait... On ne ferait guère de mauvaises actions si l'on avait un témoin quand on va les faire.

Il est bon que l'esprit se représente une personne pour laquelle il ait des respects, et dont la considération rende même son secret et ses pensées plus honnêtes. Oh ! que j'estime heureux celui de qui le regard ou le souvenir est capable d'arrêter le vice d'autrui ! Heureux encore celui qui peut révérer une personne de telle sorte, qu'à son souvenir il se contienne dans le devoir ! Qui peut exercer ce respect méritera bientôt d'être respecté ! Proposez-vous donc Caton, et s'il vous semble trop austère, prenez Lelius, qui est un esprit plus doux. Enfin, choisissez celui dont la vie et les discours vous auront plu davantage ; et, vous faisant un portrait de son esprit et de son image, montrez-le vous dans toutes les occasions, soit pour conseil, soit pour exemple. On a besoin, je le répète, d'une personne sur qui nos mœurs se règlent. Sans une règle vous ne sauriez corriger ce qui n'est pas droit. (Id., XI.)

———

Pourquoi ne garderions-nous pas les portraits des grands hommes et n'honorerions-nous pas le jour de leur naissance, afin de nous exciter à la vertu ? Ne les nommons jamais sans quelque éloge, car le respect que nous devons à nos précepteurs, nous le devons aussi à ces précepteurs du genre humain, qui nous ont découvert les sources de tant de choses utiles. Si nous rencontrons un préteur, un consul, nous lui rendons toutes les marques d'honneur, nous descendons de cheval, nous nous découvrons, nous nous retirons du chemin. Et, quand les deux Catons, le sage Lélie, Socrate, Platon, Zénon et Cléanthe se présenteront à nos esprits, les recevrons-nous sans leur rendre quelque vénération particulière ? Pour moi, je les révère extrêmement et je n'entends point citer les noms de ces grands personnages, que je ne me lève toujours pour leur faire honneur. (Id., LXIV.)

Quand tu dois avoir un entretien avec quelqu'un, surtout avec ceux qui passent pour les premiers de la ville, propose-toi ce qu'auraient fait en cette rencontre Socrate ou Zénon ; et ainsi, sans incertitude, tu tireras bon parti de tout événement. (Épictète, *Manuel*, XXXIII.)

Tous les beaux raisonnements sur toutes ces choses (l'honnête et le juste), ne veux-tu pas les laisser à d'autres, à ces diminutifs d'hommes qui ne savent pas ce que c'est que de souffrir, pour qu'ils restent assis dans leur coin à recevoir leur salaire, ou à grogner de ce qu'on ne leur donne rien ? Ne veux-tu pas venir devant nous appliquer ce que tu as appris ? Ce ne sont pas les beaux raisonnements qui nous manquent aujourd'hui ! Les livres des stoïciens sont pleins de beaux raisonnements. Qu'est-ce qui nous manque donc ? Quelqu'un qui pratique, et qui confirme ses paroles par ses actes. Viens prendre ce rôle, pour que nous n'employions plus dans l'école des exemples tirés de l'antiquité, mais que nous en ayons aussi un de notre époque. (Id., *Entretiens*, I, 29.)

Tu veux exhorter les hommes au bien ! Mais t'y es-tu exhorté toi-même ? Tu veux leur être utile ! Montre-leur par ton propre exemple quels hommes la philosophie sait faire, et ne bavarde pas inutilement. Par ta façon de manger, sois utile à ceux qui mangent avec toi ; par ta façon de boire, à ceux qui y boivent : Cède-leur : fais abnégation de toi-même ; supporte tout d'eux, sois-leur utile ainsi, et ne crache pas sur eux. (Id., III, 14.)

De deux choses l'une : ou celui qui se laisse entraîner souvent à causer, à dîner, et généralement à vivre avec d'autres, leur deviendra semblable, ou il les convertira à ses mœurs. Placez, en effet, un charbon éteint auprès d'un charbon allumé, le premier éteindra le second, ou le second allumera le premier. (Id., 16.)

Exemple de mon aïeul Vérus : Douceur de mœurs, patience inaltérable. (Marc-Aurèle, I, 1.)

Qualités qu'on prisait dans mon père, souvenir qu'il m'a laissé, modestie, caractère mâle. (Id., 2.)

Imiter de ma mère sa piété, sa bienfaisance, m'abstenir comme elle, non seulement de faire le mal, mais même d'en concevoir la pensée ; mener sa vie frugale, et qui ressemblait si peu au luxe habituel des riches. (Id., 3.)

A mon gouverneur, je dois de savoir supporter la fatigue, réduire mes besoins, mettre moi-même la main au travail, ne point me mêler des affaires des autres, et laisser chez moi peu d'accès à la délation. (Id., 5.)

C'est Diogénète qui m'a inspiré la haine des futiles occupations. Grâce à lui encore, je sais supporter la franchise dans le langage. (Id., 6.)

Rusticus m'a fait comprendre que j'avais besoin de redresser, de cultiver mon caractère. Il m'a détourné des fausses voies où entraînent les sophistes. Il m'a dissuadé d'écrire sur les sciences spéculatives, de déclamer de petites harangues qui ne visent qu'aux applaudissements, de chercher à ravir l'admiration des hommes par une ostentation de grande activité ou de munificence. Je lui dois d'être resté étranger à la rhétorique, à la poétique, à toute affectation d'élégance dans le style ; de ne jamais me promener dans ma maison, revêtu d'une robe longue et traînante ; de m'être affranchi de tous les besoins du luxe ; d'écrire simplement mes lettres, à l'exemple de celle qu'il écrivit de Sinnesse à ma mère ; de me montrer facilement exorable, toujours prêt au pardon, dès l'instant où ceux qui m'ont offensé par leurs paroles ou leur conduite veulent revenir à moi ; de mettre à mes lectures une scrupuleuse attention, et de ne jamais me contenter de comprendre superficiellement les choses ; de ne jamais donner de léger mon assentiment aux grands discoureurs. Enfin, je lui dois d'avoir eu entre les mains les *Commentaires* d'Épictète : c'est lui-même qui me prêta le livre. (Id., 7.)

Préceptes d'Apollonius : Être libre ; de la circonspection, mais de l'hésitation jamais ; nul regard, ne fût-ce qu'un instant, à rien autre chose que la saine raison ; éternelle égalité d'âme, au milieu des douleurs aiguës, dans la perte de son enfant, dans les longues maladies. J'ai eu en lui, sous mes yeux, un vivant et manifeste exemple de l'union possible, dans le même homme, de l'extrême fermeté et de la douceur : même quand il enseignait, jamais la plus légère impatience. En lui j'ai vu un homme qui estimait certainement comme le moindre de ses biens cette expérience consommée, cette habileté à transmettre aux autres l'intelligence des questions philosophiques. C'est de lui que j'ai appris comment il faut accueillir les bienfaits que croient nous offrir nos amis : n'en soyons point humiliés ; ne refusons pas sans un sentiment de gratitude. (Id., 8.)

Sextus a présenté à mes yeux le modèle de la bienveillance, l'exemple d'une famille gouvernée par l'affection paternelle, l'homme qui comprenait ce que c'est que vivre selon la nature ; sa gravité n'avait rien d'affecté ; il savait découvrir avec une inquiète bonté les besoins de ses amis ; il supportait patiemment les sots et ceux qui donnent sans réflexion leur avis. Il s'accommodait à toutes les humeurs ; aussi trouvait-on dans son commerce plus d'agréments que dans toutes les flatteries, en même temps qu'on se sentait pénétré pour lui d'un profond respect. Il était habile à découvrir, à coordonner clairement, méthodiquement, les préceptes nécessaires à l'usage de la vie. D'ailleurs il ne donna jamais le moindre signe de colère ni d'aucune autre passion. Il était tout à la fois et libre de toute affection déréglée, et le plus aimant des hommes, sensible au bien qu'on disait de lui, mais ennemi des bruyantes acclamations ; enfin, érudit sans pédanterie. (Id., 9.)

J'ai appris d'Alexandre le platonicien à ne pas dire souvent, ni sans nécessité, et à ne pas écrire dans une lettre *Je n'ai pas le temps* ; à ne jamais user d'un tel moyen, de ce prétexte d'affaires urgentes, pour refuser habituellement de rendre les services qu'exigeaient mes relations d'amitié. (Id., 12.)

Leçons de Catulus : Jamais d'indifférence pour les reproches d'un ami, même quand ces reproches seraient mal fondés ; se sentir un vif empressement à se louer de ses maîtres, ainsi qu'en avaient, dit-on, Domitius et Athénédote ; témoigner à ses enfants une affection sincère. (Id., 13.)

Exemples de mon frère Sévérus : Amour de nos proches, de la vérité, de la justice. C'est lui qui m'a fait connaître Thraséas, Helvidius, Caton, Dion, Brutus ; qui m'a fait concevoir l'idée de ce que c'est qu'un Etat libre, où la règle c'est l'égalité naturelle de tous les citoyens et l'égalité de leurs droits ; d'une royauté qui place, avant tous les devoirs, le respect de la liberté des citoyens. Son estime pour la philosophie demeura constamment la même et ne se démentit jamais. Il était bienfaisant, libéral ; jamais de défaillance dans son espoir ; une confiance sans réserve dans l'affection de ses amis. Il ne dissimulait pas le mécontentement que vous lui aviez causé ; ses amis n'avaient pas à deviner : Que veut-il ? ou que ne veut-il pas ? il le révélait à leurs yeux. (Id., 14.)

Sois maître de toi-même, disait Maximus ; ne sois point versatile ; montre de la fermeté dans les maladies, dans toutes les circonstances fâcheuses ; aie une humeur toujours égale, pleine à la fois de douceur et de gravité ; fais ta besogne obligée sans

témoigner jamais de répugnance. Quand Maximus
parlait, tout le monde était convaincu qu'il expri-
mait sa pensée, et, quand il agissait, qu'un but
honorable guidait son action. Ne s'étonner de rien,
n'être surpris de rien ; ne jamais se presser, mais
ne pas non plus montrer d'indolence, d'irrésolution,
d'abattement ; point de ces alternatives de bonne
humeur, puis de colère ou de bouderie, de la bienfaisance, de la générosité dans le pardon des
fautes ; jamais de mensonge ; offrir dans sa personne l'image de la rectitude naturelle, plutôt que
celle d'un redressement ; tel était Maximus. D'ailleurs, nul jamais ne se crut l'objet de ses mépris,
ni n'osa se préférer à lui. Enfin, c'était par excellence l'homme plein de grâce et d'esprit. (Id., 15.)

Ce que j'ai vu de mon père: La mansuétude jointe
à une rigoureuse inflexibilité dans les jugements
portés après mûr examen ; le mépris de la vaine
gloire que confèrent de prétendus hommes ; l'amour
du travail et l'assiduité ; l'empressement à écouter
ceux qui nous apportent des conseils d'utilité publique ; l'invariable application à chacun de la
rémunération selon les œuvres ; le tact qui nous
indique où il faut nous roidir, où il faut nous relâ-
cher. (Marc-Aurèle, I, 16.)

Examine bien leurs âmes, et vois ce que les
hommes sages évitent, ce qu'ils ambitionnent.
(Id., IV, 38.)

Agis toujours comme un disciple d'Antonin. Rappelle-toi sa constance dans l'accomplissement des
prescriptions de la raison, l'égalité de son humeur,
dans toutes les conjonctures, sa piété, la sérénité

de son visage, sa douceur extrême, son mépris pour la vaine gloire, son application à pénétrer le sens des choses ; songe qu'il ne laissa jamais rien passer avant de l'avoir bien examiné, bien compris. Il supportait les reproches injustes, sans récriminer jamais ; il ne faisait rien avec précipitation ; il n'écoutait point les délateurs ; il examinait avec soin les mœurs et les actions ; il n'était ni médisant, ni méticuleux, ni soupçonneux, ni sophiste ; il se contentait de peu : rien de modeste comme son habitation, son lit, ses vêtements, sa nourriture, le service de sa maison. Il aimait le travail ; sa longanimité était extrême ; il mangeait sobrement et cette sobriété le rendait capable de s'occuper jusqu'au soir de la même affaire sans avoir besoin de sortir pour ses nécessités, sinon à l'heure accoutumée. Rappelle-toi combien son amitié était constante, égale, avec quelle bonté il supportait une contradiction franche à ses propres sentiments ; avec quelle joie il recevait un avis meilleur que le sien ; songe enfin que sa piété n'avait rien de superstitieux. Alors ta dernière heure te trouvera comme lui avec la conscience du bien que tu auras fait. (Id., VI, 30.)

Il y avait, dans les lois d'Ephèse, un commandement de se rappeler sans cesse au souvenir quelqu'un des anciens qui s'étaient appliqués à la vertu. (Id., XI, 26.)

Tu ne pourrais donner des leçons d'écriture et de lecture, si auparavant tu n'avais appris. De même, à plus forte raison, pour l'art de vivre. (Id., XI, 29.)

CHAPITRE VIII

L'AMITIÉ

Mais parmi toutes les âmes que nous révérons pour leur vertu, il en est dont l'irrésistible charme nous attire et nous subjugue. C'est un « je ne sais quoi » que Perse attribue au ciel, ainsi que Montaigne. Les stoïciens avaient l'âme trop élevée et trop pure, ils aimaient trop la vertu pour n'être pas capables de ressentir le pouvoir divin de l'amitié. Après avoir énuméré les avantages que trouve l'homme de bien dans le commerce de son semblable qui l'anime, le soutient et le rend plus sage et meilleur, Sénèque exalte les bienfaits d'une amitié douce et fidèle : « Quel bonheur, dit-il, de rencontrer des cœurs bien préparés, où tout secret puisse s'épancher en sûreté, dont la conscience te soit moins à craindre que la tienne, dont les entretiens calment tes inquiétudes, dont la sagesse te conseille, dont la gaieté dissipe ta tristesse, dont la vue seule te réjouisse. » Et il nous donne, au sujet du choix d'un ami, des conseils, souvent élevés, et toujours judicieux. Il croit qu'il faut réfléchir longtemps avant de choisir, mais ce ne sont pas là de ces amitiés d'étoile qu'on trouve,

16.

bien plutôt qu'on ne les choisit. « Quand vous
l'aurez résolu, ajoute-t-il, recevez-le à cœur ouvert
et lui parlez avec autant de confiance qu'à vous-
même. » Il n'en coûte pas de témoigner une confiance illimitée à cet autre et meilleur moi ; c'est
même un besoin toujours plus impérieux de lui
révéler son âme. Mais nul n'a parlé avec plus d'en-
thousiasme que Perse de son ami Cornutus : « Oui,
s'écrie-t-il, je voudrais avoir cent voix pour dire
combien je te porte profondément gravé dans mon
sein... pressé par la raison, mon cœur s'efforce
d'être subjugué, il revêt sous ta main savante une
toute autre physionomie ». Ainsi l'ami véritable ne
se fait pas complice de nos faiblesses, il nous parle
le langage de la raison et s'efforce de nous rendre
homme de bien. En passant par son cœur, la voix
grave du devoir prend des accents plus doux qui la
font pénétrer dans notre âme. Épictète croit que le
sage seul est capable d'aimer. En effet, l'amour de
la sagesse et de la vertu peut seul former entre les
âmes des liens durables : « Où l'amitié se trouvera-t-
elle, dit Épictète, si elle ne se trouve où sont la
loyauté, l'honnêteté et le don de tout ce qui est beau,
sans mélange d'aucune autre chose » ? L'amitié qui
contribue si puissamment au perfectionnement de
l'âme, s'élève et se purifie d'autant plus que les
amis sont plus parfaits. Elle est constante, parce
que ceux qu'elle unit ne sauraient se renier eux-
mêmes. Combien elle est digne de respect lorsqu'elle ne cesse de nous mettre dans le vrai chemin

et qu'elle se confond, ainsi que celle de Marc-Aurèle et de Fronton, avec l'amour de la vertu !

Il est certain que deux hommes de bien sont utiles l'un à l'autre, parce que vivant ensemble dans l'exercice continuel de leurs vertus, ils se maintiennent dans l'état de la sagesse qu'ils ont acquise; ils désirent tous deux avoir un compagnon avec qui ils puissent discourir et conférer. Ceux qui savent lutter s'exercent entre eux et se tiennent en haleine. Le musicien s'excite en la compagnie d'un autre musicien, et comme le sage s'excite de lui-même, il sera aussi excité par un autre sage, car il est nécessaire que sa vertu soit dans l'action. Mais encore, quelle utilité le sage apportera-t-il au sage ? Il lui donnera du cœur et lui fera connaître les occasions de faire quelque bonne action. De plus, il lui communiquera ses pensées et lui apprendra ce qu'il aura trouvé de nouveau ; car il y aura toujours quelque découverte à faire, et du champ pour exercer les esprits. Le méchant nuit au méchant ; il le rend encore plus mauvais en irritant sa colère et sa crainte, en flattant son chagrin et en approuvant ses plaisirs. Aussi les méchants sont-ils perdus depuis que leurs vices se sont mêlés ensemble, et que leur malice s'étant assemblée a formé comme un corps. Ainsi, par la raison des contraires, un homme de bien doit être utile à un homme de bien. De quelle manière, direz-vous ? Il se réjouira, il le confirmera dans son assurance et leur satisfaction s'augmentera par la réflexion qu'ils feront sur leur tranquillité mutuelle. De plus, il lui donnera la connaissance de certaines choses, car le sage ne sait pas tout et quand il le saurait, il y a des chemins plus courts qu'on lui pourrait montrer pour conduire ses desseins avec moins de peine. Le sage se rendra utile non seulement par ses forces, mais encore par celles de celui même qu'il voudra aider. Ce n'est pas que, demeurant tout seul, il n'agisse selon toute sa capacité, il ira son train ; mais c'est aider un homme que de l'animer pendant sa course. Partant, vous voyez que le sage est utile au sage et encore à soi-même... Outre tous ces avantages, le sage trouvera encore en la compagnie du sage cette satisfaction qui est douce et fort honnête d'avoir les mêmes inclinations et les mêmes antipathies en toutes choses. C'est pourquoi ils agissent toujours de concert dans l'exécution de leurs bons desseins. (Sénèque, *Epître*, cix.)

————————

Mais rien ne charme autant l'âme qu'une amitié douce et fidèle. Quel bonheur de rencontrer des cœurs bien préparés, où tout secret puisse s'épancher en sûreté, dont la conscience te soit moins à craindre que la tienne, dont les entretiens calment tes inquiétudes, dont la sagesse te conseille, dont la gaieté dissipe ta tristesse, dont la vue seule te réjouisse. (Sénèque, *De la tranquillité de l'âme*, vii.)

————————

Si vous tenez pour ami une personne en qui vous n'avez pas autant de confiance qu'en vous-même, vous vous trompez lourdement, et vous ne connaissez guère ce que c'est qu'une amitié véritable.

Examinez toutes choses avec votre ami ; mais examinez votre ami avant toutes choses : avant le choix on peut tout discuter ; quand il est fait, on doit tout croire.

..... Songez longtemps si vous devez prendre un tel pour ami ; quand vous l'aurez résolu, recevez-le à cœur ouvert, et lui parlez avec autant de confiance qu'à vous-même.

.....Vous le rendrez fidèle, si vous croyez qu'il le soit ; outre que l'on donne envie de tromper en craignant d'être trompé et qu'il semble qu'on met en droit de commettre une faute celui que l'on soupçonne d'être capable de la faire.

Qu'est-ce donc qui me peut obliger à retenir mes paroles en présence de mon ami ? Pourquoi ne croirais-je pas que je suis seul quand je suis avec lui ? (Id., *Épître*, III.)

Celui qui se considère en contractant une amitié, ne fait rien qui vaille ; il finira comme il a commencé.....

Si on doit désirer l'amitié à cause d'elle-même, celui qui trouve son contentement en soi s'en peut approcher comme d'une chose parfaitement belle, sans espérance d'aucun profit, et sans craindre les caprices de la fortune. Celui-là dégrade l'amitié de sa noblesse qui la recherche pour s'en servir au besoin. (Id., IX.)

La joie que nous recevons de nos amis qui sont absents est légère et passe incontinent ; mais le plaisir que nous donnent leur vue, leur présence et leur conversation a quelque chose de vif et d'animé, particulièrement si c'est une personne qui ait les qualités telles que nous les désirons.

Faites donc que je reçoive un riche présent en votre personne quand vous viendrez ici.

Vous ferez une action qui vous sera très utile, si vous rendez votre ami homme de bien. (Id., XXXV.)

Je vous remercie de ce que vous m'écrivez souvent, car c'est le seul moyen que vous avez de vous rendre présent à mes yeux ; aussi ne reçois-je jamais de vos lettres, que nous ne soyons incontinent ensemble. Si nous aimons les portraits de nos amis, parce qu'ils les rappellent dans notre souvenir, et charment d'un faux plaisir l'ennui que nous avons de leur absence, combien devons-nous chérir les lettres qui nous en apportent des traits et des marques véritables ! Car ce qu'il y a de plus doux dans leur conversation, leur main nous le fait reconnaître sur le papier. (Id., XI.)

———

Aujourd'hui, à la sollicitation de ma muse, je te fais sonder mon cœur, heureux de te montrer quelle place tu y occupes, ô Cornutus, ô doux ami ! Frappe mon cœur : tu sais connaître au son la solidité d'un objet, dépouiller le fard d'une langue plâtrée. Oui, je voudrais avoir cent voix, pour dire combien je te porte profondément gravé dans mon sein, pour le dire d'une voix éclatante, pour révéler par mes accents tout cet amour qui se dérobe au fond de mes entrailles, amour inexprimable.

..... A l'âge où la route s'ouvre incertaine, où l'inexpérience de la vie partage l'esprit irrésolu entre divers sentiers, je me plaçai sous ton égide. Jeune encore, reçu dans ton sein, tu daignes me former à la discipline de Socrate. Dès lors, soumis à cette règle qui sait me charmer, je sens mes mœurs se redresser, et pressé par la raison, mon cœur s'efforce d'être subjugué, il revêt sous ta main savante une toute autre physionomie.

..... Même étude, même repos, tout nous fut commun.....

N'en doute pas, il est sûrement un médiateur qui associe nos jours ; une même étoile en est le guide.

..... Je ne sais lequel, mais sûrement il est un
astre qui fait notre sympathie. (Perse, *Satire* v.)

On aime vraisemblablement ce à quoi on s'attache. Or les hommes s'attachent-ils à ce qu'ils
croient mauvais ? Jamais. A ce qui leur semble indifférent ? Jamais non plus. Reste donc qu'ils ne
s'attachent qu'à ce qu'ils croient bon, et, puisqu'ils
ne s'attachent qu'à cela, qu'ils n'aiment que cela.
Celui donc qui se connaît au bien est aussi celui
qui s'entend à aimer ; mais quant à celui qui ne
peut pas distinguer le bien du mal, et tous les deux
de ce qui est indifférent, comment s'entendrait-il à
aimer ? Aimer n'appartient donc qu'au sage.

.....Toi qui dis de la richesse, de la volupté et de
toutes les choses en général, tantôt qu'elles sont
des biens, tantôt qu'elles sont des maux, ne dis-tu
pas aussi du même individu, tantôt qu'il est bon,
tantôt qu'il est mauvais ? N'as-tu pas pour lui,
tantôt de l'affection, tantôt de la haine, tantôt des
louanges, tantôt du blâme ? — Oui, c'est ce qui
m'arrive. — Eh bien ! quand on se trompe sur
quelqu'un, crois-tu qu'on l'aime réellement ? —
Non pas. — Et celui qui n'a pris quelqu'un que
pour le quitter bientôt, crois-tu qu'il lui appartienne
du cœur ? — Pas davantage. — Et celui qui, tantôt
vous accable d'injures, tantôt est en extase devant
vous ? — Pas davantage.

Où l'amitié se trouvera-t-elle si elle ne se trouve
où sont la loyauté, l'honnêteté, et le don de tout ce
qui est beau, sans mélange d'aucune autre chose ?

Que celui qui veut être l'ami de quelqu'un ou se
faire de quelqu'un un ami, déracine donc en lui les
opinions sauvages et impures ; qu'il les prenne en
haine et qu'il les chasse de son âme. Il y gagnera

d'abord de ne plus se dire d'injures à lui-même, de
ne plus être en lutte avec lui-même, de ne plus se
repentir, de ne plus se mettre à la torture. Puis,
pour ce qui est des autres, il se donnera tout entier
à ceux qui lui ressembleront. (Épictète, *Entretiens*,
II, 22.)

* * *

Que dirai-je qui suffise à rendre ma situation, ou
comment accuserai-je convenablement cette nécessité trop dure qui me tient enchaîné ici, quand j'ai
l'esprit si agité, si obsédé d'inquiétude ; qui ne me
permet pas de courir à l'instant à mon cher Fronton,
à ma très belle âme, surtout dans une maladie de
cette sorte, de m'approcher de lui, de prendre ses
mains, et enfin ce pied lui-même, autant qu'il se
pourrait sans l'incommoder ; de le toucher et de le
retoucher ; de le soigner dans le bain ; de le soutenir sur ma main dans sa marche ? Et tu m'appelles
ton ami, lorsque je ne renverse pas les maisons pour
voler vers toi de toute ma force ! En vérité, je suis
le plus boiteux, moi, avec ma réserve, avec ma
paresse. Moi ! que dirai-je ? Je crains de dire
quelque chose que tu ne veuilles pas entendre ;
car il est certain que tu as fait ce que tu as pu, par
tes expressions plaisantes et enjouées, pour m'ôter
l'inquiétude et me faire croire que tu supportes tout
cela le plus patiemment du monde. Moi, cependant
où est mon esprit ? Je ne sais ; ou plutôt je sais
qu'il est parti pour je ne sais quel lieu où tu es. Par
pitié, tâche, à force de régime et d'abstinence, de
chasser tout le mal que ton courage peut supporter,
mais qui est pour moi la plus cruelle et la plus dé-
chirante épreuve. Et si tu partiras pour les eaux, et
quand, et comment tu te trouves à présent, vite, je
t'en prie, écris-moi tout cela, et remets-moi du

calme dans l'âme. Moi cependant, quelle qu'elle
soit, je porterai ta lettre avec moi. Adieu, mon très
aimable Fronton; mais c'est plutôt aux dieux que je
dois ici m'adresser; et cela même est selon ton
désir. O vous qui êtes partout, dieux bons, rendez
la santé à mon Fronton, l'homme le plus aimable et
le plus cher à mon cœur! Rendez-lui une santé
pleine, entière, inaltérable, rendez-lui la santé, et
qu'il puisse être avec moi! Homme très saint,
adieu. (Marc-Aurèle, II° *Lettre à Fronton.*)

En attendant, je te lis ici, même malgré toi; et
cela seul me fait vivre et me suffit..... Adieu mon
souffle. Et je ne t'aimerais pas avec ardeur, toi qui
m'as écrit ces choses! Que ferais-je? Je ne puis
insister. Mais, l'année dernière, il me fut donné, en
ce même lieu et en ce même temps, de brûler du
désir de voir ma mère; tu allumes en moi cette année
le même désir. (Id., III, *Lettre à Fronton.*)

Adieu, toi qui m'es le plus grand des biens sous
le ciel. Il suffit à ma gloire d'avoir eu un tel maître.
(Id., IV.)

Quelle lettre penses-tu m'avoir écrite? J'oserai le
dire: celle qui m'a enfanté, qui m'a nourri, ne m'a
jamais rien écrit d'aussi aimable, d'aussi doux.
Et ce n'est pas un effet de ton savoir ou de ton
éloquence; autrement, non seulement ma mère, mais
tous ceux qui respirent se hâteraient de le céder à
ton mérite; mais ta lettre, ni diserte, ni savante,
source jaillissante de bonté, trésor d'affection,
foyer d'amour, a élevé mon âme à un si haut degré
de joie, que mes paroles ne suffisent point à le
redire. Elle m'a embrasé du plus ardent désir; enfin

elle m'a rempli, comme dit Névius, *d'un amour à mort.* (Id., VII.)

J'ai reçu deux lettres de toi à la fois : dans l'une, tu m'adresses des reproches, tu m'accuses d'avoir mal exprimé mes pensées ; dans l'autre, tu encourages mes études. Que Baius fasse ton éloge ! Eh bien ! je te le jure sur ma vie, sur celle de ma mère, sur la tienne, la première de tes lettres m'a mis plus de joie dans l'âme. Je me suis écrié mille fois en la lisant: Oh ! que je suis heureux. Eh quoi ! me dira-t-on, heureux qu'un maître t'enseigne à rendre une pensée avec plus d'art, de clarté, de précision ou d'élégance ? Non, ce n'est point à ce titre que je suis heureux. Eh auquel donc ? J'ai appris de toi à dire la vérité, cet écueil des dieux et des hommes..... (Id., XX.)

Je comprends ta ruse si ingénieuse ; la plus aimable bienveillance te l'a inspirée. Comme tes louanges perdaient de leur prix par l'excès de ton amour pour moi, tu as voulu, à la faveur du blâme, rendre quelque crédit à tes éloges. Mais que je suis heureux d'être jugé digne des louanges et des critiques de mon Marcus Cornélius, le plus grand des orateurs et le meilleur des hommes ! Que dirai-je de tes lettres si bienveillantes, si vraies, si amicales ? Si vraies ! je ne parle que de la première partie, car les flatteries de la fin me rappellent cette pensée d'un Grec, je ne sais lequel, Thucydide, je pense: *Celui qui aime s'aveugle sur l'objet aimé.* En effet, c'est avec un amour presque aveugle que tu as jugé une partie de mes essais. Mais j'aime autant ne jamais bien écrire que de devoir à ton affection seule des éloges que ne mérite pas mon talent ; c'est elle qui t'inspirait cette dernière lettre, si aimable et si élégante. Pourtant, si tu le veux, je serai quelque chose. Au reste, tes lettres m'ont fait sentir combien vraiment tu m'aimais ; mais, s'il faut te parler de mon découragement, oui, mon esprit s'effraye ; j'ai peur de dire aujourd'hui dans le néant quelque parole qui me rende indigne de t'avoir pour maître. Vis pour moi, Fronton, ô toi, que dirai-je ? ô toi le meilleur de mes amis ! (Id., XXII.)

Adieu, mon si aimable maître, le plus ami de tous les amis, à qui je serai redevable de tout ce que je saurai dans les lettres. Je ne suis pas si ingrat que je ne sente tout ce que tu as fait pour moi, lorsque tu m'as laissé voir tes extraits, et lorsque tu ne cesses chaque jour de me mettre dans le vrai chemin, et de m'ouvrir les yeux, comme dit le vulgaire, j'ai bien raison de t'aimer. (Id., XXIII.)

Dans quel état penses-tu que soit mon âme, lorsque je songe combien il y a de temps que je ne t'ai vu, et pourquoi je ne t'ai vu ? Et il est possible que je ne te voie pas encore de quelques jours, puisque tu m'assures que cela ne peut être autrement ? Ainsi donc, tant que tu languiras, mon esprit abattu languira. Que si, les dieux aidant, tu peux enfin te tenir debout, mon esprit sera ferme et debout. Il brûle en ce moment du plus ardent désir de te voir. Adieu, âme de ton César, de ton ami, de ton disciple. (Id., XXIV.)

..... Adieu, mon maître, qui à raison l'emportes sur tous et en toute chose dans mon cœur. Mon maître, voici que je ne dors pas et que je tâche de dormir, afin que tu ne te fâches pas..... (Id., XXV.)

Quoi ! ce que je ne puis me dissimuler en aucune manière, le dissimulerai-je à un autre? Par exemple, quand tu m'as écrit une longue et belle lettre, quoique je dusse arriver le lendemain ? Eh bien ! c'est cela qui m'a été le plus agréable, c'est en cela que je me suis trouvé plus heureux que tous les hommes ensemble ; car en cela tu as montré avec toute la force et tout le charme possible quelle estime tu faisais de moi, et quelle confiance tu avais en mon amitié. Qu'ajouterai-je, si ce n'est que j'ai toute raison de t'aimer ? Mais que dis-je raison? Ah ! plût aux dieux que je pusse t'aimer selon ton mérite ! Et c'est pour cela que je me surprends quelquefois à me fâcher et à m'irriter contre toi, quoique absent et non coupable, de ne pouvoir t'aimer autant que je le veux, c'est-à-dire, que mon cœur ne puisse suivre ton amour à cette hauteur où il s'est placé.....

Si je t'aime avec force comme ami, je dois me souvenir aussi qu'autant je porte d'affection à l'ami, autant je dois porter de respect au maître. Adieu, mon très cher Fronton, toi que j'aime par-dessus toute chose..... (Id., XXVI.)

———

Porte-toi toujours bien, âme si chère.

Qui sait mieux que toi combien le respect du devoir est chose impérieuse ? (Id., LXIX.)

TROISIÈME PARTIE

Devoirs de l'homme envers ses semblables

CHAPITRE PREMIER

LA FRATERNITÉ HUMAINE

L'homme, selon les stoïciens, est fait pour vivre en société. C'est à la société qu'il doit sa force et sa sécurité. Chacun est membre de ce grand corps dont le salut dépend de l'amour et de l'appui mutuel de toutes ses parties. Les devoirs de l'homme envers ses semblables sont d'abord envisagés par Sénèque au point de vue de leur utilité même. L'homme, faible et nu, reçoit tout de la société : « D'où vient notre sûreté, dit-il, si ce n'est de la réciprocité des services ? La seule garantie de notre vie, son seul rempart contre les attaques subites, c'est ce commerce de bienfaits..... De même que tous les membres doivent s'accorder entre eux, parce que tous sont intéressés à la conservation de

chacun, ainsi les hommes doivent s'épargner l'un
l'autre, parce qu'ils sont nés pour vivre en commun. »
Cependant Sénèque s'élève aussi à des considérations plus hautes : « La nature nous a rendus tous
parents en nous engendrant d'une même matière et
pour une même fin. Elle nous a inspiré un amour
mutuel et nous a tous rendus sociables. C'est elle
qui a établi la justice et l'équité ; selon nos constitutions, c'est un plus grand mal de faire une injure
que d'en recevoir, c'est par son ordre que les mains
doivent être toujours prêtes à donner secours.
Ayons ce vers dans la bouche et dans le cœur :

Je suis homme et ne tiens rien d'humain hors de moi. »

Ainsi les devoirs de justice découlent de l'origine
commune de tous les hommes, de leur fraternité.
Épictète insiste aussi sur cette parenté que Marc-
Aurèle appelle « une parenté sainte qui unit chaque
homme avec tout le genre humain, parenté non de
sang et de naissance, mais participation à la même
intelligence. » Tous font consister les vertus
sociales, non dans des actes d'équité et de bonté,
mais dans l'amour qui les inspire. Le principe n'en
est donc plus l'intérêt, la nécessité de se soutenir
mutuellement par un échange de bons services ;
mais les hommes étant tous enfants de Dieu, ils
doivent s'entr'aimer et ne pas se lasser de faire du
bien. Saint Paul ne tient pas un autre langage.
Sénèque juge inutile d'énumérer ce que l'homme
doit faire et ce qu'il doit éviter, il croit tout dire en

nous rappelant que nous sommes tous « membres d'un même corps ». Cette parole, en effet, renferme tous les préceptes que doivent observer les hommes entre eux. Les définir, ce serait les limiter : or la justice et l'amour n'ont point de limites : « Les mains doivent toujours être prêtes. » Et pour que les mains s'ouvrent et ne se lassent point, il faut que le cœur s'ouvre. Ce n'est pas au nom de l'amour de Dieu pour les hommes que les stoïciens leur enjoignent de s'aimer mutuellement, c'est au nom de « l'union, de l'harmonie de toute la nature ». Se séparer du tout par l'injustice, la haine et l'aversion, « c'est se jeter en dehors de l'union que comportait notre nature », c'est, en d'autres mots, se séparer de Dieu même qui est harmonie, c'est-à-dire amour.

Rien ne dissout et ne détruit l'accord du genre humain, comme l'ingratitude. D'où vient votre sûreté, si ce n'est de la réciprocité des services ? La seule garantie de notre vie, son seul rempart contre les attaques subites, c'est ce commerce de bienfaits. Suppose-nous isolés ; que sommes-nous ? La proie des animaux, la victime la plus faible, le sang le plus facile à couler. Les autres animaux ont assez de leur force pour se défendre ; ceux qui naissent pour errer, pour mener une vie solitaire, sont armés. L'homme n'est entouré que de sa faiblesse : ni ongles tranchants, ni dents puissantes ne le font redouter : nu et infirme, c'est la société qui le protège. Dieu lui a donné deux puissances qui d'un être précaire en ont fait le plus fort, la

raison et la société ; et celui qui, pris à part, serait
inférieur à tous, est le maître du monde. C'est la
société qui lui a donné la propriété de tous les
animaux : né sur la terre, c'est la société qui a
étendu son empire sur un climat étranger, et a voulu
qu'il dominât même la mer. C'est elle qui repousse
les assauts des maladies, prépare des appuis pour
la vieillesse, apporte des consolations contre la
douleur ; c'est elle qui nous rend courageux et nous
permet d'invoquer son patronage contre la fortune.
Détruis la société, et tu romps l'unité du genre
humain, sur laquelle repose la vie. Or tu la dé-
truiras, si tu soutiens que l'ingratitude ne doit pas
être évitée pour elle-même, mais par la crainte de
quelque chose d'extérieur. (Sénèque, *Des bienfaits*,
4, XVIII.)

———

De même que tous les membres doivent s'accorder
entre eux, parce que tous sont intéressés à la conservation de chacun, ainsi les hommes doivent
s'épargner l'un l'autre, parce qu'ils sont nés pour
vivre en commun. Or, il n'y a de salut pour la société que dans l'amour et l'appui mutuel de chacune
de ses parties. (Id., *De la colère*, 2, XXXI.)

———

C'est peu de chose de ne point nuire à celui que
nous devrions aider. Oh ! la belle louange à un
homme d'être doux envers un autre homme ! Lui
enseignerons-nous à tendre la main à celui qui fait
naufrage ; à montrer le chemin à celui qui est
égaré, et à partager son pain avec un homme qui
meurt de faim ? Pourquoi m'amuserais-je à déduire
tout ce qu'il faut faire ou éviter, puisqu'en peu de
mots je puis enseigner tous les devoirs de l'homme
en cette forme. Ce monde, que tu vois qui enferme
les choses divines et les choses humaines, n'est

qu'un. Nous sommes les membres de ce grand corps. La nature nous a rendus tous parents en nous engendrant d'une même matière et pour une même fin. Elle nous a inspiré un amour mutuel et nous a tous rendus serviables. C'est elle qui a établi la justice et l'équité ; selon ses constitutions, c'est un plus grand mal de faire une injure que d'en recevoir ; c'est par son ordre que les mains doivent être toujours prêtes à donner secours. Ayons ce vers dans la bouche et dans le cœur :

Je suis homme et ne tiens rien d'humain hors de moi.

Nous sommes nés pour vivre en commun ; notre société est une voûte de pierres liées ensemble, qui tomberaient si l'une ne soutenait l'autre. (Id., *Epître*, xcv.)

Si jamais tu as vu une main, un pied, une tête coupés, gisant séparés du reste du corps, c'est là l'image de ce que fait, autant qu'il est en lui, celui qui n'accepte pas les événements, qui se retranche du grand tout, ou qui fait quelque action nuisible à la société. Tu t'es jeté en dehors de cette union que comportait ta nature : ta nature t'avait fait partie, tu t'es retranché toi-même du tout. Mais ici il y a cela d'admirable, qu'il t'est permis de rentrer dans cette union, ce que Dieu n'a point accordé à d'autres parties, à savoir : de revenir à leur place après avoir été séparées et retranchées. Mais considère quelle bonté il a fallu pour accorder à l'homme cette prérogative. Dieu lui a donné ou de ne jamais se laisser arracher de son tout, ou, quand il en a été arraché, de s'y rejoindre, d'y adhérer, d'y reprendre sa place. (Marc-Aurèle, viii, 34.)

17.

Une branche détachée du rameau auquel elle tenait est nécessairement détachée de l'arbre tout entier : ainsi l'homme séparé d'un homme est retranché du corps de la société. C'est un étranger qui coupe la branche ; mais c'est l'homme lui-même qui se sépare de son prochain par la haine, l'aversion, ignorant qu'il vient en même temps de se retrancher de la cité tout entière. (Id., XI, 8.)

———

Tu as oublié quelle parenté sainte unit chaque homme avec tout le genre humain, parenté non de sang et de naissance, mais participation à la même intelligence (Id., XII, 26.)

CHAPITRE II

LA JUSTICE

La justice, pour les stoïciens, n'est pas cette vertu négative qui consiste à ne pas faire de tort à autrui : ils lui donnent le sens le plus large, pour eux c'est presque la perfection, la manifestation extérieure de la vertu dont l'âme est imprégnée et, telle qu'ils l'ont conçue, elle me semble inséparable de l'amour. Ce ne sont pas les stoïciens qui ont imaginé la distinction subtile entre les devoirs stricts et les devoirs larges, les stoïciens ne sont pas des esprits à catégories et à classes, tout chez eux est absolu. Pour eux on est juste, ou on ne l'est pas. On est juste, non pas en se conformant à la loi sociale dans tous les actes extérieurs, mais en rendant sa volonté juste ; et pour qu'elle soit telle, il faut que l'habitude de l'âme soit parfaite. Sénèque appelle la justice « une chose excellente et divine qui ne regarde que l'utilité d'autrui, et ne désire autre chose que de servir à tout le monde... Surtout que chacun se persuade et dise en soi-même : Il faut que je sois juste sans en espérer aucune récompense. Je veux qu'on dise encore : Je suis obligé de cultiver cette belle vertu sans aucune considération de mes intérêts particuliers. Car, en faisant une action de justice, on ne doit prétendre autre chose que d'être juste ». C'est donc toujours à l'intention, au sentiment qui sert de mobile que remonte Sénèque dans l'appréciation des actes. La véritable justice exclut toute pensée d'intérêt personnel, ainsi que d'ambition et de vanité. Sénèque dit qu'elle agit « pour se plaire à elle-même ». Je crois que cette parole signifie que l'homme juste n'a d'autre préoccupation que celle de satisfaire le sentiment du juste qui est en lui et qui est infini. Il me semble que Sénèque s'élève aussi haut que possible dans sa conception de la justice, puisqu'il comprend même la joie d'être persécuté pour la justice : « Je vous assure, dit-il, que souvent il faut être juste aux dépens de sa réputation. Alors, si vous le savez bien prendre, le mauvais bruit qui procédera d'une bonne action vous donnera un plaisir saint. » L'idée du juste est donc tellement au-dessus de toutes les considérations extérieures qu'elle semble souvent les contredire toutes ; et il faut que dans la pratique l'homme soit inflexible pour agir selon qu'il est persuadé en sa conscience, malgré l'opposition des hommes. Marc-Aurèle ne considère comme juste que « l'action qui a pour but le bien de la société ».Pour lui la justice est la source des autres vertus, « car, dit-il, nous ne saurions observer la justice, si nous nous prenions de passion pour les choses indifférentes, ou si nous nous laissions aller à l'erreur, aux préjugés, à l'inconstance ». Celui qui pèche fait tort à sa propre

âme : aussi Marc-Aurèle le trouve-t-il plus digne de
pitié que la victime de son injustice.

De même que Sénèque, il montre que ce n'est pas
seulement dans l'action qu'on peut être injuste, mais
encore dans le sentiment, la pensée et le jugement.
Se défier d'autrui, le soupçonner sans cause, mal
interpréter certains actes plus ou moins indifférents,
c'est être injuste. Et combien elles sont nombreuses
ces injustices de pensée qui ont leur source dans
l'égoïsme et l'orgueil ! Le moi si exigeant et si susceptible, voit des fautes dans tout ce qui semble
léser ses prétentions exorbitantes : « Voyons plus
simplement les choses, nous dit Sénèque, et jugeons-
les avec bienveillance... Ne croyons que ce qui
nous frappe les yeux, ce qui sera évident, et, toutes
les fois que nous reconnaîtrons nos soupçons mal
fondés, gourmandons notre crédulité. » Mais l'âme
équitable des stoïciens se montre surtout dans l'indulgence de leurs jugements sur autrui. Sénèque,
reconnaissant ce qu'il y a d'injuste à se servir d'un
poids et d'une mesure unique à l'égard de tant de
dispositions et d'esprits divers, nous exhorte à
examiner le caractère et l'intention de ceux que
nous voyons agir autour de nous. Il tient compte des
différences d'âge, de culture, de sexe, de condition, etc., etc. Il prouve que la plupart de nos jugements injustes ont pour cause les empiétements du
moi. « C'est l'effet d'un trop grand amour-propre ;
nous nous persuadons que, même pour nos
ennemis, nous devons être inviolables. Cha-

cun a dans son cœur des prétentions de roi,
et veut se donner tout pouvoir sur les autres,
sans en accorder aucun sur soi. » Il condamne
sévèrement ceux qui scrutent avec malveillance la
conduite des autres hommes, qui détournent leur
pensée d'eux-mêmes et se montrent impitoyables et
durs pour les moindres travers, et souvent même
pour les choses indifférentes : « Chez les autres, leur
dit-il, vous voyez une petite rougeur, et vous êtes
vous-même tout couvert d'ulcères. » Cette parole
n'exprime-t-elle pas très énergiquement la même
idée que celle de la paille et de la poutre ? Nous la
trouvons dans Épictète avec tout autant de force :
« Avant de connaître le motif de sa décision, dit-
il, d'où sais-tu s'il fait mal ?... Ne vantez et ne critiquez personne pour ce qui nous est commun avec
tout le monde : ne le faites que pour ses opinions
et ses intentions, car elles seules nous appartiennent en propre, et elles seules font que nos
actions sont honorables ou honteuses... Si tu
extirpes ou diminues en toi la malignité, le penchant
à la médisance, la précipitation... quelle belle occasion de sacrifice il y a là ! » Marc-Aurèle, pour être
équitable dans ses jugements, cherche à se mettre
à la place de ceux qu'il juge, à examiner leurs principes et leurs opinions. Aussi arrive-t-il à comprendre leur façon d'agir. Mais il s'attache surtout
à découvrir leurs bonnes qualités « l'activité de
celui-ci, la modestie de celui-là, la libéralité de cet
autre, et ainsi du reste ; car il n'y a rien, dit-il,

qui fasse plaisir comme l'image des vertus qui éclatent dans les mœurs de ceux qui vivent avec nous
et qui sautent en foule à nos yeux. Aie donc toujours leurs vertus présentes ».

La loi est la reine de toutes les choses divines et
humaines ; il faut qu'elle soit l'arbitre du bien et du
mal, la règle du juste et de l'injuste, la souveraine
et la maîtresse des animaux sensibles par nature,
il faut qu'elle commande ce qui doit être fait, et
qu'elle défende le contraire. (Chrysippe.)

La vertu est obligée à la connaissance d'elle-
même, et de toute autre chose. Il faut l'apprendre
premièrement, pour apprendre ensuite quelle volonté
nous devons avoir. Car l'action ne sera pas juste si
la volonté ne l'est pas aussi, puisque c'est elle qui
produit l'action, et cette volonté ne sera pas juste,
si l'habitude de l'âme, d'où elle procède, n'est pas
juste ; enfin, l'habitude de l'âme ne sera point parfaite, si elle ne connaît bien toutes les règles de la
vie, si elle ne juge sainement de toutes choses, et
si elle ne les réduit à leur juste valeur.

Pour vouloir toujours une même chose, il faut
vouloir ce qui est véritable. (Sénèque, *Epître*, xcv.)

Qu'ils m'apprennent combien la justice est une
chose excellente et divine, qui ne regarde que l'utilité d'autrui, et ne désire autre chose que de servir
à tout le monde ; qu'elle ne fait rien par ambition,
ni par vanité, mais pour se plaire à elle-même.
Surtout que chacun se persuade et dise en soi-
même : Il faut que je sois juste sans en espérer
aucune récompense. Je veux qu'on dise encore : Je

suis obligé de cultiver cette belle vertu sans aucune considération de mes intérêts particuliers. Car, en faisant une action de justice, on ne doit prétendre autre chose que d'être juste. Souvenez-vous de ce que je vous disais un peu auparavant. Il ne sert de rien que beaucoup de personnes sachent que vous êtes juste. Qui fait publier sa vertu ne travaille pas pour la vertu, mais pour la gloire. Vous ne voulez être juste que pour en recevoir de l'honneur, cependant je vous assure que souvent il faut être juste aux dépens de sa réputation. Alors, si vous le savez bien prendre, le mauvais bruit qui procédera d'une bonne action vous donnera un plaisir secret. (Sénèque, *Epître*, CXIII.)

Celui qui pèche, pèche contre lui-même. L'injustice commise retombe sur son auteur, puisqu'il se rend méchant lui-même. (Marc-Aurèle, IX, 4.)

Souvent on commet l'injustice sans rien faire, ce n'est pas l'action seule qui est injuste. (Id., 5.)

Tranquillité d'âme dans les choses qui proviennent de la cause extérieure ; justice dans les actions dont tu es toi-même la cause : je veux dire que tout désir, toute action ne doit avoir d'autre but que le bien de la société ; car c'est là ce qui est conforme à ta nature. (Marc-Aurèle, IX, 31.)

La justice est la source des autres vertus, car nous ne saurions observer la justice, si nous nous prenions de passion pour les choses indifférentes, ou si nous nous laissions aller à l'erreur, aux préjugés, à l'inconstance. (Id., XI, 10.)

Il faut bannir de l'âme tout soupçon, toute con-
jecture, source d'injustes colères. Un tel m'a salué
peu poliment, tel autre m'a embrassé avec froideur ;
celui-ci a interrompu brusquement une phrase
commencée ; celui-là ne m'a pas invité à un repas ;
le visage de cet autre m'a semblé peu gracieux.
Jamais les prétextes ne manqueront aux soupçons :
voyons plus simplement les choses, et jugeons-les
avec bienveillance. Ne croyons que ce qui nous
frappe les yeux, ce qui sera évident ; et toutes les
fois que nous reconnaîtrons nos soupçons mal
fondés, gourmandons notre crédulité. Cette sérénité
nous donnera l'habitude de ne pas croire facilement.
(Sénèque, *De la colère*, 2, XXIV.)

Il y a certaines choses dont nous sommes témoins.
Dans ce cas, examinons le caractère et l'intention
de ceux qui les font. C'est un enfant ? on pardonne
à son âge ; il ne sait s'il fait mal. C'est un père ? ou
il nous a fait assez de bien pour avoir acquis le
droit d'une offense, ou c'est peut-être encore un
service de plus que nous prenons pour une injure.
C'est une femme ? elle se trompe. C'est par ordre ?
qui pourrait, sans injustice, s'irriter contre la nécessité. C'est par représailles ? Ce n'est pas être
offensé que de souffrir ce que tu as fait souffrir le
premier. C'est un juge ? Respecte plus sa décision
que la tienne. C'est un roi? S'il te frappe, coupable,
cède à la justice ; si, innocent, cède à la fortune.
C'est un animal sans raison, ou un être semblable ?
Tu t'assimiles à lui en t'irritant. C'est une maladie,
une calamité ? Elle passera plus vite si tu la supportes. C'est un dieu ? Tu perds ta peine à t'irriter
contre lui, autant qu'à invoquer sa colère contre un
autre. C'est un homme de bien qui t'a fait injure ?

N'en crois rien. C'est un méchant ? N'en sois pas étonné, un autre le punira pour ce qu'il t'a fait ; et déjà il s'est puni lui-même par la faute qu'il a faite.

Deux circonstances excitent la colère : d'abord, lorsqu'il nous semble avoir été outragé ; ensuite, lorsqu'il nous semble l'avoir été injustement. Les hommes considèrent comme injustes certaines choses qu'ils ne méritent pas de souffrir ou d'autres auxquelles ils ne s'attendaient pas. Nous jugeons inique ce qui est imprévu ; aussi, ce qui révolte le plus, c'est ce qui arrive contre l'attente et l'espérance. Ce n'est pas une autre raison qui fait que les moindres choses nous offensent dans notre intérieur; et que, chez un ami, nous appelons la négligence une injure.

« Pourquoi donc, dit-on, sommes-nous si sensibles aux outrages d'un ennemi ? » C'est qu'ils viennent contre notre attente, ou qu'ils la dépassent. C'est l'effet d'un trop grand amour-propre ; nous nous persuadons que, même pour nos ennemis, nous devons être inviolables. Chacun a dans son cœur des prétentions de roi, et veut se donner tout pouvoir sur les autres, sans en accorder aucun sur soi. C'est donc ou l'ignorance des choses ou la présomption qui nous rend irritables. L'ignorance ; car est-il étonnant que les méchants fassent le mal ? Qu'y a-t-il d'étrange qu'un ennemi nuise, qu'un ami offense, qu'un fils s'oublie, qu'un esclave se néglige ? Fabius trouvait que c'était la plus pitoyable excuse pour un général que de dire: « Je n'y ai pas pensé. » Moi je trouve qu'elle est aussi pitoyable pour tout homme. Pense à tout, prévois tout: même dans les meilleurs caractères il existe des aspérités. La nature humaine produit des amis insidieux ; elle en produit d'ingrats, elle en produit de cupides, elle en produit d'impies. Dans tes juge-

ments sur les mœurs d'un seul, pense aux mœurs
publiques : quand tu te félicites le plus, tu dois le
plus craindre ; quand tout te semble calme, les
orages ne manquent pas, mais ils sommeillent.
(Id., 2, xxx.)

Avez-vous bien le loisir de fouiller les misères
d'autrui et de prononcer un jugement sur quelqu'un ?
Pourquoi ce philosophe est-il logé au large ? Pourquoi celui-ci soupe-t-il fastueusement ? Chez les
autres vous remarquez une petite rougeur, et vous
êtes vous-mêmes tout couverts d'ulcères. C'est
comme si l'on voyait plaisanter sur les taches et les
verrues des plus beaux corps, celui que dévore une
lèpre hideuse. Reprochez à Platon d'avoir demandé
de l'argent, à Aristote d'en avoir reçu, à Démocrite d'en avoir fait peu de cas, à Epicure d'en
avoir dissipé ; à moi-même reprochez sans cesse
Alcibiade et Phèdre. Oh ! vous serez trop heureux
dans votre apprentissage, quand, pour la première
fois, il vous sera donné d'imiter nos vices ! Que
n'envisagez-vous plutôt vos propres maux, qui, de
toutes parts, vous poignardent ? Les uns vous
assiègent du dehors, les autres consument vos entrailles. Non, les choses humaines n'en sont pas à
ce point, bien encore que vous connaissiez, par
votre situation, qu'il vous reste tant de loisir, et
que, pour accuser des gens meilleurs que vous,
vous ayez le temps de remuer votre langue. (Id.,
De la vie heureuse, XXVII.)

Quelqu'un se baigne de bonne heure. Ne dis pas :
« Il fait mal ; » mais dis : « C'est de bonne heure. »
Quelqu'un boit beaucoup de vin. Ne dis pas : « Il
fait mal ; » mais dis : « C'est beaucoup. » Car avant

de connaître le motif de sa décision, d'où sais-tu s'il fait mal. Ainsi il ne t'arrivera pas de voir et de comprendre une chose et de prononcer sur une autre. (Épictète, *Manuel*, XIV.)

Ne vantez et ne critiquez personne pour ce qui nous est commun avec tout le monde ; ne le faites que pour ses opinions et ses intentions ; car elles seules nous appartiennent en propre, et elles seules font que nos actions sont honorables ou honteuses. Et si tu extirpes ou diminues en toi la malignité, le penchant à la médisance, la précipitation, l'habitude des propos obscènes, la légèreté, la nonchalance ; si tu n'es plus troublé par ce qui te troublait auparavant, ou si tu l'es moins, alors tu pourras chaque jour célébrer une fête, aujourd'hui pour avoir bien agi dans tel cas, demain dans tel autre. Quelle belle occasion de sacrifice il y a là, bien plus belle que le combat ou la préture ! Car ce sont là des choses qui te viennent de toi seul et des Dieux, tandis que ces dernières tu dois te rappeler qui les donne, à qui on les donne, et en vue de quoi.

Si tu es nourri de ces réflexions, que t'importera en quel lieu tu seras heureux, en quel lieu tu seras agréable à Dieu ! Ce qu'on reçoit des Dieux n'est-il pas le même partout ? N'ont-ils pas partout de même les yeux sur ce qui se fait ? (Épictète, *Entretiens*, IV, 4.)

Quand tu voudras te donner du plaisir, rappelle à ton esprit les qualités de ceux qui vivent avec toi, l'activité de celui-ci, la modestie de celui-là, la libéralité de cet autre, et ainsi du reste ; car il n'y a rien qui fasse plaisir comme l'image des vertus qui éclatent dans les mœurs de ceux qui vivent avec nous et qui sautent en foule à nos yeux. Aie donc toujours leurs vertus présentes. (Marc-Aurèle, VI, 48.)

Rencontres-tu quelqu'un, aussitôt dis-toi à toi-même : Quels sont les principes de cet homme sur les vrais biens et sur les maux. Car, s'il a de certaines opinions sur le plaisir et la douleur, et sur ce qui les cause l'un et l'autre, sur la gloire, l'ignominie, la mort, la vie, il n'y a rien d'étonnant ni d'étrange pour moi à ce qu'il fasse ce qu'il fait ainsi, et je me souviendrai qu'il y a nécessité à ce qu'il agisse ainsi. (Id., VIII, 14.)

CHAPITRE III

LA CHARITÉ PASSIVE

L'indulgence, le support, la patience
la douceur

Les stoïciens pratiquent l'indulgence par justice autant que par charité. Ils jugent que l'homme n'a pas le droit de condamner ceux qui pèchent, ni de se venger des offenses qu'il reçoit d'autrui, puisque lui-même fait les mêmes choses. Le mal que nous voyons faire doit ramener notre pensée sur nous-mêmes, et nous rappeler les fautes que nous avons commises : « Il n'est point d'un homme sage, dit Sénèque, de haïr ceux qui s'égarent, autrement ce serait se haïr soi-même. Qu'il se rappelle combien de nos actes ont besoin d'indulgence... Un juge équitable ne porte pas dans sa propre cause une autre sentence que dans une cause étrangère. Non, il ne se trouve personne qui se puisse entièrement absoudre ; et tout homme qui se dit innocent invoque le témoignage des autres et non sa conscience... Méchants, nous vivons parmi des méchants. Une seule chose peut nous rendre le calme : c'est un traité d'indulgence mutuelle. » Il est impossible de mieux faire comprendre que le droit

de chaque homme est d'être supporté et de supporter
les autres. Mais les stoïciens ne se bornent pas à
montrer que la justice et l'équité exigent l'indulgence et le pardon ; ils nous les recommandent
encore au nom de l'amour qui doit unir les hommes
entre eux. Sans prononcer le nom de la charité
« qui excuse tout et qui supporte tout, » ils nous font
sentir que toutes leurs paroles en sont pénétrées.
Ceux qui pèchent sont à leurs yeux d'autant plus
dignes de pitié : ils les considèrent comme des ignorants qu'il faut tâcher d'éclairer ; des égarés qu'il
faut ramener à force de douceur et de patience ; des
malades qu'il faut plaindre, aimer, soutenir et
guérir. « Pourquoi, dit Sénèque, supportes-tu les
transports d'un malade, les propos d'un frénétique,
les coups d'un enfant ? C'est qu'ils te paraissent ne
savoir ce qu'ils font. Qu'importe quelle maladie fait
déraisonner ? La déraison est une excuse égale
pour tous. » Et à ceux qui s'irritent, il reproche
leur colère et leur rappelle la loi d'amour : « Allons,
malheureux, quand donc aimeras-tu ? Oh ! quel bon
temps tu perds à de mauvaises choses ! » Et quelle
touchante humilité provoque chez Épictète le mal
qu'on dit de lui ! « Si tu te rappelles qu'un tel a mal
parlé de toi, ne te justifie point de ce qu'on a dit,
réponds seulement : Il ignorait sans doute les
autres défauts qui sont en moi ; car il n'eût point
parlé seulement de ceux-là. » Lui aussi excuse
celui qui lui fait du tort : « Souviens-toi, dit-il,
qu'il le fait en croyant faire ce qui est pour lui con-

venable. » Montre-leur qu'ils se trompent, et tu
verras comment ils cesseront de faire mal. Et
Marc-Aurèle, dans la haute condition où la fortune
l'a placé, loin de perdre le sentiment de l'humanité,
sait entrer dans la pensée de tous, et ne s'irrite
point contre ceux qui méconnaissent ses intentions.
« Si les matelots, dit-il, injuriaient le pilote, et les
malades leur médecin, serait-ce à autre intention
que de leur faire chercher un moyen de sauver,
celui-ci ses passagers, celui-là ses malades. » Les
stoïciens sont convaincus que c'est faute de comprendre la vérité que les hommes se laissent entraîner au mal. Aussi nous exhortent-ils tous à
instruire ceux qui se trompent, à corriger avec bonté
ceux qui négligent leurs véritables intérêts. Avec
quelle douceur ils parlent de ceux qui s'égarent !
Avec quelle charité sincère, aussi, nous rappellent-
ils nos devoirs fraternels à l'égard des faibles, des
ignorants et des méchants ! « Montre donc à cet
homme, dit Épictète, où est la vérité, et tu verras
comme il ira. » Et en parlant de l'homme de bien,
il dit : « Il sera patient avec ceux qui ne lui ressemblent pas ; il sera doux pour eux, bon, indulgent, comme avec des ignorants, qui s'égarent dans
les questions les plus importantes. Il ne sera sévère
pour personne, parce qu'il sera pénétré de cette
parole de Platon : « C'est toujours malgré elle qu'une
âme est sevrée de la vérité. » Marc-Aurèle s'élève
encore plus haut, il veut que nous aimions même
ceux qui nous offensent.

Mais ce n'est pas seulement au nom des sentiments fraternels que les stoïciens demandent l'indulgence pour tous les hommes, c'est aussi au nom de Dieu, qui pardonne afin que nous pardonnions : « Les dieux, qui sont immortels, dit Marc-Aurèle, se résignent sans colère à supporter toujours pendant des siècles innombrables, un si grand nombre d'hommes, et si méchants ; bien mieux, ils prennent d'eux toutes sortes de soins. Mais toi, toi qui vas bientôt cesser de vivre, tu te fatigues, et cela quand tu es un de ces méchants. »

C'est encore au nom du respect de nous-mêmes que les stoïciens nous exhortent à ne pas nous irriter contre ceux qui font le mal, à leur pardonner et à leur faire du bien. « Il n'est pas beau, dit Sénèque, de compenser l'injure par l'injure... La vengeance est un mot qui n'a rien d'humain... Celui qui renvoie l'offense ne pèche qu'avec un peu plus d'excuse... Cet homme s'emporte : Toi, au contraire, provoque-le par tes bienfaits. » Et Marc-Aurèle nous dit que la meilleure manière de se venger, c'est de ne se pas rendre semblable aux méchants : « Un autre se conduit mal, que m'importe ? c'est son affaire. Ses affections lui sont propres, ses actions lui sont propres aussi. Moi, ce que j'ai maintenant, c'est ce que veut que j'aie la commune nature ; et ce que je fais, c'est ce que ma nature veut que je fasse. » Il appartenait au plus doux d'entre les hommes d'exalter la puissance invincible de la bienveillance et de la douceur et de nous faire sentir que ces vertus, si dignes de notre nature, loin d'être des marques de faiblesse, sont la vraie force, celle qui se possède, qui triomphe de tous les mauvais instincts et soumet l'âme à la loi d'amour. « Il n'est point digne d'un homme de s'emporter, dit-il ; la douceur et la bonté, en même temps qu'elles sont plus conformes à sa nature, ont aussi quelque chose de plus mâle ; c'est là qu'on montre véritablement de la force et du nerf, et non point dans l'indignation et le ressentiment. » La victoire la plus difficile, en effet, c'est celle que nous remportons sur notre amour-propre et notre orgueil. Il faut être bien fort pour être doux.

« Je ne puis, dis-tu, m'y résigner ; il est trop pénible de souffrir une injure. » Tu mens ! car quel homme ne peut supporter une injure, lorsqu'il supporte la colère ? Ajoute qu'en agissant ainsi, tu supportes et la colère et l'injure. Pourquoi supportes-tu les transports d'un malade, les propos d'un frénétique, les coups d'un enfant ? c'est qu'ils te paraissent ne savoir ce qu'ils font. Qu'importe quelle maladie fait déraisonner ? La déraison est une excuse égale pour tous. « Quoi donc ! dis-tu, l'offense sera impunie ? » Suppose que tu le veuilles ; elle ne le sera pourtant pas. La plus grande punition du mal, c'est de l'avoir fait ; et le plus rigoureux châtiment est d'être livré au supplice du repentir.

Nous sommes tous inconsidérés et imprévoyants, tous irrésolus, querelleurs, ambitieux : pourquoi

voiler, dans des termes adoucis, la plaie publique ?
Nous sommes tous méchants. Ainsi, tout ce qu'on
blâme dans un autre, chacun le retrouve dans son
propre cœur... Soyons donc entre nous plus tolé-
rants : méchants, nous vivons parmi des méchants.
Une seule chose peut nous rendre le calme : c'est un
traité d'indulgence mutuelle. Cet homme m'a offensé,
je ne le lui ai pas rendu ; mais déjà peut-être tu as
blessé quelqu'un, ou tu blesseras. (Sénèque, *De la
colère*, 3, xxxvi.)

A moins d'allumer toi-même le feu de la colère,
et de renouveler sans cesse les aliments qui doivent
l'attiser, elle s'éteindra d'elle-même, et perdra tous
les jours de sa violence ; or, ne vaut-il pas mieux
qu'elle soit vaincue par toi que par elle-même ? Tu
t'emportes contre celui-ci, puis contre celui-là,
contre tes esclaves, puis contre tes affranchis ;
contre tes parents, puis contre tes enfants, contre
tes connaissances, puis contre des inconnus. Partout, en effet, surabondent les prétextes, si le cœur
ne vient pas intercéder. La fureur t'entraînera d'ici
là, de là, plus loin ; et, de nouveaux stimulants sur-
gissent à chaque pas, ta rage sera permanente.
Allons, malheureux ! quand donc aimeras-tu ?
Oh ! quel bon temps tu perds à de mauvaises choses !
Qu'il serait doux, dès à présent, de s'assurer des
amis, d'apaiser ses ennemis, de servir l'Etat, de
donner ses soins à ses affaires domestiques, plutôt
que d'aller chercher de tous côtés ce que tu peux
faire de mal à quelqu'un pour le blesser, soit dans sa
dignité, ou son patrimoine ou sa personne.
Sachons distinguer l'impuissance de la mauvaise
volonté. Nous pardonnerons souvent, si nous examinons avant de nous fâcher. Loin de là, nous

suivons notre première impulsion, puis, malgré la
puérilité de nos emportements, nous y persistons,
pour ne paraître pas nous enflammer sans cause ;
et ce qu'il y a de plus injuste, c'est que l'injustice
de la colère la rend plus opiniâtre. Car nous la con-
servons, nous l'exaltons, comme si l'excès de la
colère était une preuve de sa justice. Ah ! que nous
ferions bien mieux de considérer ses premiers
motifs dans toute leur frivolité et leur insigni-
fiance ! Ce que l'on remarque dans la brute, on le
découvre chez l'homme : un fantôme, un rien le
bouleverse. (Id., XXVIII.)

Il faut méditer les exemples de la colère pour les
fuir ; ceux, au contraire, de la modération et de la
douceur, il faut les suivre. Je vais t'en citer
d'hommes qui ne manquaient ni de sujet de colère,
ni de puissance pour se venger. Qu'y avait-il, en
effet, de plus facile pour Antigone que d'envoyer au
supplice deux soldats, qui, appuyés contre la tente
royale, faisaient ce qu'on fait très volontiers, quoique
ce soit très dangereux : ils médisaient du roi.
Antigone avait tout entendu, car les interlocuteurs
n'étaient séparés de l'auditeur que par une simple
toile. Il l'agita doucement, et leur dit : « Retirez-
vous plus loin, de peur que le roi ne vous entende. »
Le même, dans une marche de nuit, ayant entendu
quelques soldats charger le roi de malédictions,
pour les avoir engagés dans un chemin bourbeux et
inextricable, s'approcha des plus embarrassés et,
après les avoir, sans se faire connaître, aidés à se
dégager : « Maintenant, dit-il, maudissez Antigone
qui vous a fait tomber dans ce mauvais pas, mais
priez aussi les dieux pour celui qui vous a retirés du
bourbier. »

Est-ce un ami qui nous offense ? il a fait ce qu'il
ne voulait pas. Est-ce un ennemi ? il a fait ce qu'il
devait. Cédons au sage, pardonnons à l'insensé.
Pour tous, enfin, disons-nous bien que les hommes
les plus sages tombent dans beaucoup de fautes,
qu'il n'y a personne de si circonspect dont la pudeur
ne s'oublie quelquefois ; personne de si composé dont
la gravité ne soit entraînée par l'occasion à quelques
actes de vivacité ; personne de si précautionné
contre l'outrage qu'il ne tombe dans le défaut qu'il
veut éviter. (Id., 3, XXXII).

———

Si on te rapporte qu'un tel a mal parlé de toi, ne
te justifie point de ce que l'on a dit, réponds seulement : « Il ignorait sans doute les autres défauts
qui sont en moi ; car il n'eût point parlé seulement
de ceux-là. » (Epictète, *Manuel*, XXXIII.)

———

Quand quelqu'un te fait du tort, ou dit du mal de
toi, souviens-toi qu'il le fait ou le dit en croyant
faire ce qui est pour lui convenable ; il n'est donc
pas possible qu'il suive ton opinion, mais la sienne,
et si son opinion est vicieuse, c'est lui qui a le mal,
puisque c'est lui qui a l'erreur. Et en effet, si quelqu'un croit faux un syllogisme vrai, ce n'est pas le
syllogisme qui en souffre, mais l'homme qui se
trompe. En partant de là, tu te conduiras avec douceur envers celui qui t'injuriera ; car tu te diras, à
chaque injure : « Cela lui a paru bon. » (Id., XLII.)

———

Chaque chose a deux anses : par l'une, elle est
facile à porter ; par l'autre, impossible. Ton frère
te fait-il une injustice, ne prends pas la chose par
le côté de l'injustice, car c'est l'anse par où on ne

saurait la porter ; mais plutôt prends-là par ce côté : c'est un frère, un homme nourri avec toi, et tu prendras la chose par où elle est supportable. (Id., XLIII.)

———

Esclave, ne peux-tu supporter ton frère, qui a Jupiter pour premier père, qui est un autre fils né de la même semence que toi, et qui a la même origine céleste ? Parce que tu as été mis à une place plus élevée que les autres, vas-tu te hâter de faire le tyran ? Ne te rappelles-tu pas qui tu es, et à qui tu commandes ? Ne te rappelles-tu pas que c'est à des parents, à des frères par la nature, à des descendants de Jupiter ? Mais je les ai achetés, et ils ne m'ont pas acheté, eux ! Vois-tu vers quoi tu tournes tes regards ? Vers la terre, vers l'abîme, vers les misérables lois des morts ! Tu ne les tournes pas vers les lois des dieux. (Id., *Entretiens*, I, 13.)

———

S'il est réel, comme le disent les philosophes, qu'il n'y a aux affirmations des hommes qu'une seule cause, la conviction que telle chose est vraie ; une seule à leurs négations, la conviction que telle chose est fausse ; une seule à leurs doutes, la conviction que telle chose est incertaine ; une seule à leurs vouloirs, la conviction que telle chose est convenable ; une seule à leurs désirs, la conviction que telle chose leur est utile ; s'il leur est impossible de désirer autre chose que ce qu'ils jugent convenable, pourquoi nous emporter contre la plupart d'entre eux ? — Ce sont des filous et des voleurs, dis-tu ! — Qu'est-ce donc que des filous et des voleurs ? Des gens qui se trompent sur ce qui est bon et sur ce qui est mauvais. Par suite, est-ce l'indignation ou la pitié qu'ils doivent t'inspirer ? Montre-leur qu'ils se trompent, et tu verras comment ils cesseront de faire mal. S'ils ne voient pas leur erreur, ils n'ont rien qu'ils puissent préférer à leur opinion.

O homme, il ne faut pas que les torts des autres produisent sur toi un effet contraire à la nature ; aie pitié d'eux plutôt. Laisse là ces mots de colère et de haine, ces exclamations de la multitude : « Quel monstre ! Quelle canaille ! Quel être odieux ! » Es-tu donc, pour ta part, devenu sage en un jour. Te voilà bien sévère ! (Id., 18.)

Si l'on sait clairement que l'homme n'a d'autre mesure de ses actions que ce qu'il lui semble voir, (que cela lui semble à tort ou à raison d'ailleurs : si à raison, il est sans reproches ; si à tort, il est le premier à en souffrir ; car il ne se peut pas que l'erreur soit d'un côté et la souffrance de l'autre), on n'aura de colère ni d'indignation contre personne, d'injures pour personne, jamais de reproches, jamais de haines ; jamais d'inimitiés. (Id., 28.)

Je sais que l'homme qui me manque est en réalité mon parent, non que nous soyons nés du même sang, du même germe, mais par notre commune participation à l'esprit, par notre prélèvement commun sur la nature divine. Nul de ceux-là ne saurait donc me nuire, car nul ne peut me précipiter dans ce qui est honteux. Je ne puis pas non plus m'irriter contre mon parent, ni me sentir pour lui de la haine, car nous sommes nés pour nous prêter à une œuvre mutuelle, comme les pieds, comme les mains, comme la mâchoire supérieure et l'inférieure. Par conséquent, l'hostilité des hommes entre eux est contre nature. Or, sentir en soi de l'indignation, de l'aversion, c'est une brutalité. (Marc-Aurèle, II.)

Ne va pas user la part qui te reste de vie, en pensées dont les autres soient l'objet, à moins que tu ne les rapportes à quelque but d'intérêt public. Oui, tu fais défaut à l'accomplissement d'un autre devoir; je dis qu'occuper ton esprit de ce que fait tel ou tel et du pourquoi, et de ce qu'il dit, et de ce qu'il a dans l'âme, et de ce qu'il machine, etc., c'est te détourner de l'étude du principe modérateur qui est en toi. Il faut donc exclure dans la série de tes pensées, tout hasard, toute frivolité et particulièrement toute curiosité et toute malice ; il faut t'habituer à n'avoir que des pensées de telle nature que si l'on te demande tout à coup à quoi tu songes, tu puisses franchement répondre : A ceci, ou à cela. En sorte, qu'on voie, à tes pensées, que tout en toi est simplicité et bienveillance ; que tout est d'un être sociable, plein de mépris pour toute pensée qui n'a d'objet que le plaisir, qu'une jouissance quelconque ; pour toute haine, toute envie, tout soupçon, enfin tout sentiment dont l'avis te ferait rougir de honte. (Id. III, 4.)

Combien il est dur de ne pas permettre aux hommes de se porter aux choses qui leur paraissent convenables et utiles ! et pourtant tu ne leur accordes pas de le faire, si je puis dire, quand tu t'indignes de ce qu'ils commettent des fautes. Ils s'y portent uniquement parce qu'ils y trouvent leur convenance et leur utilité ! — Mais ils se trompent. — Instruis-les donc ! montre-leur la faute, mais sans t'indigner. (Id., VI, 27.)

Accommode-toi aux événements que le sort te destine ; et les hommes avec lesquels ton partage est de vivre, aime-les, et d'un amour véritable. (Id., VI, 39.)

Accoutume-toi à prêter sans distraction l'oreille aux paroles des autres, et entre, autant qu'il se peut, dans la pensée de celui qui parle. (Id., VI, 53.)

Si les matelots injuriaient le pilote, et les malades leur médecin, serait-ce à autre intention que de leur faire chercher un moyen de sauver, celui-ci ses passagers, celui-là ses malades ? (Id., VI, 55.)

Le miel paraît amer aux gens qui ont la jaunisse ; ceux qui ont été mordus d'un chien enragé craignent l'eau ; les petits enfants trouvent que leur balle est une belle chose : pourquoi donc me fâcher ? Crois-tu qu'une opinion fausse ait moins de puissance que n'en a la bile sur celui qui a la jaunisse, et le venin sur celui qu'a mordu le chien enragé ? (Id., VI.)

Si quelqu'un te donne lieu de t'imaginer qu'il a fait une faute, dis-toi à toi-même : Suis-je bien sûr que c'est là une faute ? ou, si la faute est certaine : Ne s'en sera-t-il pas déjà reconnu coupable ? Châtiment aussi sensible pour lui que s'il se fût déchiré lui-même le visage. Vouloir que le méchant ne fasse pas le mal, c'est vouloir qu'il n'y ait pas de suc dans la figue, que les enfants ne vagissent pas, que le cheval ne hennisse pas ; et ainsi des autres choses qui sont nécessaires. Que pouvait faire autre chose un homme d'un tel caractère ? Si tu es habile, eh bien ! guéris son caractère. (Id., XII, 16.)

S'il arrive à quelqu'un de pécher envers toi, réfléchis aussitôt à l'opinion qu'il a dû se faire du bien ou du mal pour manquer ainsi. A cette pensée, tu auras pitié de lui ; tu ne sentiras plus ni étonnement ni colère. Ou, en effet, tu as la même opinion que lui sur ce qui est bien et sur ce qui est mal, ou tu as une autre opinion, mais analogue à la sienne. Tu dois donc pardonner. Mais, si tu ne partages pas son opinion sur les biens et sur les maux, il te sera plus facile encore de te montrer indulgent pour un homme qui a mauvaise vue. (Id., VII, 26.)

Les dieux, qui sont immortels, se résignent sans colère à supporter toujours pendant des siècles innombrables un si grand nombre d'hommes, et si méchants ; bien mieux, ils prennent d'eux toutes sortes de soins. Mais toi, toi qui vas bientôt cesser de vivre, tu te fatigues, et cela quand tu es un de ces méchants. (Id., VII, 70.)

Si la chose dépend de toi, pourquoi la fais-tu ? Si c'est d'un autre, qui vas-tu accuser? Les atomes ou les dieux? Dans les deux cas ce serait folie. N'accuse personne. Corrige, si tu le peux, celui qui pèche ; si tu ne le peux, redresse la chose elle-même ; si cela même passe ton pouvoir, que gagnes-tu encore à te plaindre ? Il ne faut jamais rien faire sans but. (Id., VIII, 7.)

Si l'on se trompe, corrige avec bonté, et montre quelle est l'erreur. Si tu ne le peux, accuse-toi toi-même, ou plutôt ne t'accuse pas. (Id., X, 4.)

Le sage ne se querelle jamais avec personne, et, autant qu'il le peut, empêche les autres de se quereller. Sur ce point, comme sur tous les autres, la vie de Socrate est là pour nous servir d'exemple. Non seulement il a partout évité de se quereller, mais il a empêché les autres de le faire. Vois chez

Xénophon, dans le *Banquet*, que de querelles il a apaisées ; vois d'autre part sa patience avec Thrazimaque, avec Polus, avec Callicrate; vois cette même patience avec sa femme, avec son fils, quand celui-ci essayait de le réfuter par ses sophismes. C'est qu'il savait de science trop certaine que nul n'est le maître de l'âme d'autrui et qu'en conséquence il n'avait de volonté que pour lui-même. Or, qu'est-ce que cela ? C'est ne pas avoir la prétention de *forcer* les autres à agir conformément à la nature, car cela ne dépend pas de nous ; mais s'attacher, tandis que les autres agissent pour leur compte comme bon leur semble, à vivre et à agir soi-même conformément à la nature, seulement en faisant tout ce qui dépend de soi pour qu'eux aussi vivent conformément à la nature... Quant à vouloir que son fils ou sa femme ne fissent jamais rien de mal, ce serait vouloir que ce qui ne dépend pas de lui en dépendît. Or, s'instruire n'est autre chose qu'apprendre à distinguer ce qui dépend de vous et ce qui n'en dépend pas. (Epictète, *Entretiens*, iv, 5.)

« Mais la colère renferme un certain plaisir, et il est doux de rendre le mal. » Nullement ; car, s'il est beau dans les bienfaits, de compenser un service par un service, il ne l'est pas de compenser l'injure par l'injure. Là il est honteux d'être vaincu, ici, de vaincre. La vengeance est un mot qui n'a rien d'humain (et pourtant on la confond avec la justice) ; le talion n'en diffère que parce que c'est une vengeance régulière. Celui qui renvoie l'offense, ne pèche qu'avec un peu plus d'excuse.

..... La vengeance la plus accablante pour l'agresseur, est de ne pas paraître digne de provoquer la vengeance. Beaucoup, en demandant satisfaction d'une légère blessure, n'ont fait que l'approfondir.

L'homme grand et généreux imite le lion magnanime, qui entend sans s'émouvoir les aboiements
des chiens impuissants.

..... Cet homme s'emporte : toi, au contraire, provoque-le par des bienfaits. La lutte cesse aussitôt
que l'un des deux quitte la place : pour combattre il
faut être deux. Si le combat s'engage, la colère s'en
mêle ; celui qui triomphe est celui qui recule le
premier ; le vainqueur, c'est le vaincu. Il t'a frappé ;
retire-toi. En lui rendant les coups, tu lui fournis
l'occasion de t'en donner de nouveaux et d'avoir une
excuse. (Sénèque, *De la colère*, 2, XXXII.)

« Il est impossible, dit Théophraste, que l'homme
de bien ne s'irrite pas contre les méchants. » A ce
compte, plus on sera homme de bien, plus on sera
irascible. Vois, si on n'est pas au contraire plus
doux, plus libre de toute haine. Et pourquoi haïr
ceux qui font mal, puisque c'est l'erreur qui les y
entraîne ? Il n'est point d'un homme sage de haïr
ceux qui s'égarent : autrement, ce serait se haïr lui-
même. Qu'il se rappelle combien de choses il a
faites contre la loi du devoir, combien de ses actes
ont besoin d'indulgence, et bientôt il s'irritera
contre lui-même. Car un juge équitable ne porte
pas dans sa propre cause une autre sentence que
dans une cause étrangère. Non, il ne se trouve personne qui se puisse entièrement absoudre ; et tout
homme qui se dit innocent invoque le témoignage
des autres et non sa conscience. N'est-il pas bien
plus humain de témoigner à ceux qui pèchent des
sentiments doux et paternels, de les ramener, non
de les poursuivre ? Si un homme s'égare dans les
champs, parce qu'il ignore sa route, il vaut mieux
le remettre dans le bon chemin que de le chasser. Il
faut donc corriger celui qui pèche et par les remon-

trances, et par la force, et par la douceur, et par la sévérité ; et il faut le rendre meilleur, tant pour lui que pour les autres, non sans châtiment, mais sans colère. Quel est, en effet, le médecin qui se fâche contre son malade ? (Id., I, xiv.)

Un bon guide, quand il trouve quelqu'un d'égaré, le met dans son vrai chemin, au lieu de le laisser là après force railleries et injures. Montre donc à cet homme, toi aussi, où est la vérité, et tu verras comme il ira. Si tu ne le lui montres pas, ne te moque pas de lui ; aie plutôt le sentiment de ton impuissance. (Épictète, *Entretiens*, ii, 12.)

Il sera patient avec ceux qui ne lui ressembleront pas ; il sera doux pour eux, bon, indulgent, comme avec des ignorants, qui s'égarent dans les questions les plus importantes. Il ne sera sévère pour personne, parce qu'il sera pénétré de cette parole de Platon : « C'est toujours malgré elle qu'une âme est sevrée de la vérité ! » (Id., 22.)

Accepte les injures, supporte les torts de ton frère, de ton père, de ton fils, de ton voisin, de ton compagnon de route. Fais-nous voir tout cela, pour que nous nous apercevions que les philosophes t'ont réellement appris quelque chose. (Id., iii, 21.)

Si tu tombes au milieu de la foule, dis-toi que ce sont des jeux, que c'est une assemblée, que c'est une fête ; et efforce-toi de célébrer cette fête avec les autres hommes. Est-il, en effet, plus doux spectacle pour un ami de l'humanité qu'un grand nombre d'hommes ? Des troupeaux de chevaux ou de bœufs nous font plaisir à voir ; c'est un plaisir que d'avoir sous les yeux un grand nombre de vaisseaux ; et la vue d'un grand nombre d'hommes serait une peine ?

Mais leurs cris m'étourdissent ! — C'est une gêne pour tes oreilles. Mais à toi qu'est-ce que cela fait ? Y a-t-il là gêne pour celle de tes facultés qui doit faire emploi des *idées* ? Est-il là quelqu'un qui t'empêche de désirer ou de craindre, de vouloir les choses ou de les repousser, conformément à la nature ? Quel est le tumulte qui ait ce pouvoir ? (Id., IV., 4.)

————

Qu'est-ce qui te fait peine ? La méchanceté des hommes ? Mais porte ta méditation sur ce principe, que les êtres raisonnables sont nés les uns pour les autres ; que, se supporter mutuellement, c'est une portion de la justice, et que c'est malgré nous que nous faisons le mal ; enfin, qu'il n'a de rien servi à tant de gens d'avoir vécu dans les inimitiés, les soupçons, les haines, les querelles : ils sont morts, ils ne sont plus que cendre. (Marc-Aurèle, IV.)

————

Toutes les fois que tu t'imagines qu'on t'a fait tort, applique à l'instant la règle suivante : Si la cité n'en éprouve aucun dommage, je n'ai éprouvé moi-même aucun dommage. Si la ville est offensée, ce qu'il faut, ce n'est pas de s'irriter contre celui qui a commis cette offense, c'est de lui montrer ce qu'il a négligé de faire. (Id., v, 22.)

————

Un autre se conduit mal, que m'importe ? C'est son affaire. Ses affections lui sont propres, ses actions lui sont propres aussi. Moi, ce que j'ai maintenant, c'est ce que veut que j'aie la commune nature ; et ce que je fais, c'est ce que ma nature veut que je fasse. (Id., v, 25.)

La meilleure manière de se venger, c'est de ne pas se rendre semblable aux méchants. (Id., vi, 6.)

On nous a égratignés, on nous a blessés d'un coup à la tête, dans les exercices de la palestre. Nous n'en faisons pas semblant, nous ne nous en offensons pas. Nous ne nous défions pas de celui qui nous a blessés comme d'un traître : seulement nous nous gardons de lui, non pas à titre d'ennemi, non pas parce que nous le soupçonnons. Nous l'évitons, nous ne le haïssons pas. C'est ainsi qu'il faut faire dans toutes les autres rencontres de la vie. Ne prenons pas garde à bien des actions, figurons-nous que nous sommes dans la palestre. Il est permis, comme je l'ai dit, d'éviter certaines gens, sans éprouver néanmoins ni soupçon ni haine. (Id., vi, 20.)

C'est le propre d'un homme d'aimer ceux même qui nous offensent. On en arrive là lorsqu'on réfléchit que les hommes sont nos proches ; que c'est par ignorance, malgré eux, qu'ils pèchent, et que bientôt nous mourrons les uns et les autres ; avant toute chose, qu'on ne nous a point fait de mal : en effet, ton âme n'a pas été rendue pire qu'elle n'était auparavant. (Id., vii, 22.)

Tu peux ne point te fâcher contre les stupides et les ingrats : bien plus, tu peux leur faire du bien. (Id., viii, 8.)

Les hommes sont faits les uns pour les autres : corrige-les donc, ou supporte-les. (Id., 59.)

Pénètre dans l'âme de chacun ; mais permets aux autres de pénétrer aussi dans ton âme. (Id., VIII, 61.)

Laissons la faute d'autrui là où elle est. (Id., IX, 20.)

Si tu le peux, corrige-les ; dans le cas contraire, souviens-toi que c'est pour l'exercer envers eux que t'a été donnée la bienveillance. Les dieux eux-mêmes sont bienveillants pour ces êtres ; ils les aident, tant leur bonté est grande, à acquérir santé, richesse, gloire. Il t'est permis de faire comme les dieux ; ou dis-moi qui t'en empêche. (Id., IX, 11.)

Si les autres te critiquent, ou te haïssent, ou poussent contre toi des clameurs, entre dans leur âme, pénètre jusqu'au fond, et vois ce qu'ils sont. Tu verras que tu n'as pas à te tourmenter pour leur faire prendre de toi je ne sais quelle opinion. Pourtant il faut leur vouloir du bien : la nature vous a faits amis. Les dieux eux-mêmes viennent par tous les moyens à leur secours, par les songes, les oracles, et pour leur faire avoir précisément les biens qui sont l'objet de leurs soins. (Id., 27.)

S'il a péché, c'est en lui qu'est le mal ; mais peut-être n'a-t-il pas péché. (Id., 38.)

Il est en ton pouvoir de redresser par tes leçons celui qui a quitté la bonne voie ; car toute faute est une déviation du but qu'on se propose, une aberration véritable. Quel tort t'a donc été causé ?.. Que demandes-tu davantage en faisant du bien aux hommes ? Ne te suffit-il pas d'avoir fait quelque chose de conforme à ta nature, et veux-tu en être

récompensé ? C'est comme si l'œil demandait un
salaire parce qu'il voit, ou les pieds parce qu'ils
marchent. Car, de même que ces parties du corps
ont été faites dans un certain but, et qu'en faisant la
fonction qu'exige leur structure elles font ce qui
leur est propre, de même l'homme, né pour faire
le bien, ne fait, quand il rend un service, quand il
vient au secours des autres dans les choses qui en
elles-mêmes ne sont rien, que ce que comporte son
organisation ; et il a atteint son objet. (Id., ix, 42.)

***

Te souvenir, quand tu sens quelque colère ou
quelque indignation que la vie humaine n'est qu'un
instant imperceptible, et que bientôt nous serons
tous au tombeau.

Que ce ne sont pas leurs actions qui causent notre
tourment, car elles ne subsistent que dans l'esprit
qui les a produites, mais que ce sont nos opinions.
Efface donc l'opinion. Cesse de juger de leur action
comme si c'était un mal pour toi ; et voilà ta colère
passée.

Que la bienveillance est invincible, pourvu qu'elle
soit sincère, sans dissimulation et sans fard. Car,
que pourrait te faire le plus méchant des hommes,
si tu persévérais à le traiter avec douceur ? Si,
dans l'occasion, tu l'exhortais paisiblement et si tu
lui donnais sans colère, alors qu'il s'efforce de te
faire du mal, des leçons comme celle-ci : « Non,
mon enfant ! nous sommes nés pour autre chose.
Ce n'est pas moi qui éprouverai le mal, c'est toi,
qui t'en fais à toi-même, mon enfant ! » Montre-lui
adroitement, par une considération générale, que
telle est la règle ; que ni les abeilles n'agissent
comme lui, ni aucun des animaux qui vivent naturellement en troupes. N'y mets ni moquerie ni

insulte ; mais l'air d'une affection véritable, d'un cœur que n'aigrit point la colère : non comme un pédant, non pour te faire admirer de ceux qui sont là ; mais n'aie en vue que lui seul, y eût-il même là d'autres témoins.

Souviens-toi de ces points comme si c'étaient autant d'inspirations des Muses ; et commence, enfin, pendant que tu vis, à être un homme. Mais il faut éviter de les flatter, autant que de leur montrer de la colère : d'un côté comme de l'autre, c'est manquer à la société et s'exposer à faire le mal. Dans les accès de colère, aie sous la main cette vérité, qu'il n'est point digne d'un homme de s'emporter ; que la douceur et la bonté, en même temps qu'elles sont plus conformes à sa nature, ont aussi quelque chose de plus mâle ; que c'est là qu'on montre véritablement de la force et du nerf, et non point dans l'indignation et le ressentiment ; car, plus cette conduite se rapproche de l'insensibilité, plus elle ressemble à la force. (Id., xi, 18.)

CHAPITRE IV

LA CHARITÉ ACTIVE

La bonté, la bienfaisance, la générosité

Le principe de la charité active chez les stoïciens, c'est l'amour qui doit unir tous les hommes, puisque la nature les a faits membres d'un seul corps. C'est Marc-Aurèle qui exprime le mieux cette idée, et qui nous la fait le mieux comprendre par la distinction délicate entre la partie et le membre. On peut à la rigueur admettre la séparation d'une partie d'avec le tout sans que le tout en soit irrémédiablement atteint ; mais il ne me semble pas qu'il en soit de même du retranchement d'un membre du corps qui entraîne la souffrance, sinon la destruction de tout le corps. Il y a aussi dans le mot partie quelque chose d'abstrait qui ne donne pas, comme celui de membre, à la fois l'idée d'amour intense et celle d'individualité. « Nous sommes tous faits pour coopérer ensemble à une même œuvre, dit Marc-Aurèle... Si tu te dis seulement que tu es une partie, tu n'aimes pas encore les hommes de tout ton cœur ; tu n'as pas encore, à leur faire du bien, le plaisir que donne l'action pure et simple ; tu ne le fais encore que par bienséance, et non comme si tu faisais ton bien propre. » Aucun de nous, en contribuant à l'utilité générale, à l'harmonie de l'humanité, n'est absorbé par le tout, chacun reste soi et travaille pour soi en travaillant pour tous ; ainsi que chaque membre tire sa vie et sa force du corps au bien-être duquel il concourt. Tout ce que nous sommes et tout ce que nous avons reçu doit servir à la fin universelle qui est le perfectionnement de tous et, par là même, le bonheur de tous. Encore là, les stoïciens rattachent la justice à la charité : « Tous ces biens ne sont pas à vous, dit Sénèque. Ils vous ont été remis en dépôt... Sais-tu comment tu peux te les assurer ? En les donnant en don. » N'est-ce pas là d'abord l'idée chrétienne des talents, ensuite celle des trésors placés sur un bon fonds pour la vie éternelle, par la pratique de la charité ? « Consulte donc ton intérêt, ajoute Sénèque, et prépare-toi une possession certaine et inattaquable de ces richesses... Tout cela est flétri, tant que tu le gardes, par des noms grossiers. Cela s'appelle maison, esclave, argent : quand tu l'as donné, c'est un bienfait. » Ce qui nous semble une omission regrettable dans ce morceau de Sénèque, c'est qu'il n'y a pas mentionné les richesses les plus excellentes qui sont à la portée de tous les hommes, même des plus déshérités en biens de ce monde, savoir l'intelligence, le cœur et la volonté, trésors dont l'homme doit user pour le bien de tous, et à l'aide desquels il accomplit des œuvres dignes de sa nature. Mais combien Sénèque répare largement cet oubli dans sa définition si belle et si complète du bienfait ! « Qu'est-ce donc que le bienfait, dit-il ? Un acte de bienveillance qui procure de la joie à celui qui en est l'objet et à celui qui en est l'auteur : c'est un acte volontaire et spontané. Ce qui importe donc n'est pas ce qui est fait, ce qui est donné, c'est l'intention : parce que le bienfait ne consiste pas dans la chose faite ou donnée, mais dans la pensée même de celui qui la donne ou la fait... Souvent j'ai beaucoup d'obligation à celui qui me donne peu, mais avec noblesse, qui égale dans son cœur les richesses des rois, qui m'offre un faible don, mais de bon cœur ; qui oublie sa pauvreté en voyant la mienne ; qui a non seulement la volonté, mais la passion de me servir ; qui croit recevoir lorsqu'il donne. » Avec quelle force d'analyse Sénèque nous fait connaître ici toutes les ressources du cœur qui aime et qui se donne sans réserve ! Le bienfait le plus insignifiant en apparence a plus de valeur aux yeux du stoïcien que les dons les plus magnifiques, pourvu qu'il soit inspiré par l'amour et offert avec bonté et délicatesse. C'est le sentiment qui fait le prix des actes. Tout naturellement les paroles de Sénèque nous rappellent celles de saint Paul : « Quand même j'aurais donné tous mes biens aux pauvres, si je n'ai pas la charité, je ne suis rien. » C'est pourquoi aussi Jésus estimait que l'obole de la

veuve indigente était un plus beau don que toutes
les offrandes des riches.

Mais, de peur qu'on ne s'en tienne à l'intention,
Sénèque se hâte de dire que « pour que le bienfait
soit complet, il faut l'intention et la chose ». Il ne
dépend pas toujours de nous de prouver à autrui
notre sympathie d'une manière bien efficace ; mais
un sentiment sincère est toujours ingénieux à se
témoigner, et il n'est sincère que s'il s'efforce de se
manifester par des actes. C'est une stérile pitié que
celle qui ne met pas la volonté en activité. La
volonté jointe à l'intention de bien faire est la seule
mesure de la valeur de nos actes. Ainsi que le dit
Sénèque, « l'homme de bien ne peut pas ne pas
vouloir ce qu'il doit », et ce qui le rend homme de
bien, c'est précisément sa volonté ferme et constante. Ses actes auraient-ils moins de prix, parce
qu'il ne peut se démentir lui-même ? Bien loin de là :
ceux qui sont l'objet de ses bienfaits savent ce que
vaut son inaltérable charité, toujours prête à soulager les misères d'autrui. Sénèque donne une
large extension à la bienfaisance. En parlant de
l'homme clément, il dit : « Il essuiera les larmes des
autres, il n'y mêlera pas les siennes. Il offrira la
main au naufragé ; à l'exilé, l'hospitalité ; à l'indigent, l'aumône... Il rendra le fils aux larmes d'une
mère, il fera tomber les chaines de l'esclave...
Mais il fera tout cela dans le calme de son esprit et
d'un visage inaltérable... Il est né pour servir d'appui
à tous, pour contribuer au bien public, dont il offre

une part à chacun. Même pour les méchants que, selon l'occasion, il réprimande et corrige, sa bonté est toujours accessible. » Nous nous demandons pourquoi Sénèque, qui veut que tous les actes de bienveillance viennent du cœur, interdit à l'homme bienfaisant toute marque extérieure de sensibilité, oubliant que c'est l'émotion qui double le bienfait. Il connaissait mieux le cœur humain, celui qui a dit : « Pleurez avec ceux qui pleurent ! »

Mais Sénèque a des paroles touchantes sur les devoirs des maîtres envers leurs serviteurs ; et sa grande âme s'élève au-dessus de tous les préjugés, quand il leur recommande l'humanité et la bonté et qu'il rappelle le dévouement de « ces amis respectueux, de ces compagnons, sujets, comme nous, au pouvoir de la fortune ». Là encore, c'est Dieu, notre maître à tous, qu'il présente à l'imitation des hommes.

Le même rapport d'union qu'ont entre eux les membres du corps, les êtres raisonnables, bien que séparés les uns des autres, l'ont aussi entre eux, parce qu'ils sont faits pour coopérer ensemble à la même œuvre. Et cette pensée touchera ton âme bien plus vivement encore, si tu te dis souvent à toi-même : Je suis un membre du corps que composent les êtres raisonnables. Si tu dis seulement que tu en es une partie, tu n'aimes pas encore les hommes de tout ton cœur ; tu n'as pas encore à leur faire du bien le plaisir que donne l'action pure et simple ; tu ne le fais encore que par bienséance, et non comme si tu faisais ton bien propre. (Marc-Aurèle, VII, 13.)

Tous ces biens ne sont pas à vous. Ils vous ont été remis en dépôt, et déjà ils attendent un autre maître, déjà ils sont la proie d'un ennemi, ou des sentiments ennemis d'un successeur. Sais-tu comment tu peux te les assurer? En les donnant en don. Consulte donc ton intérêt, et prépare-toi une possession certaine et inattaquable de ces richesses, que tu vas rendre non seulement plus honorable, mais plus sûre. Ce que tu admires, ce qui te fait croire à ta richesse et à ta puissance, est flétri, tant que tu le gardes, par des noms grossiers. Cela s'appelle maison, esclave, argent : quand tu l'as donné, c'est un bienfait. (Sénèque, *Des bienfaits*, 6, III.)

Eh quoi! dis-tu, c'est donc pour recevoir que tu donnes? Bien mieux, c'est pour ne pas perdre. Qu'un don soit déposé en un lieu d'où il ne doit pas être repris, d'où il puisse être rendu. Qu'un bienfait soit placé, comme un trésor, profondément enfoui, que l'on ne doit pas déterrer, à moins qu'il n'y ait nécessité. Mais quoi! la maison seule de l'homme riche n'offre-t-elle pas une ample matière à la bienfaisance? Qui voudrait, en effet, ne réserver le nom de libéralité qu'à celle qui s'adresse aux citoyens en toge? C'est aux hommes que la vertu nous ordonne d'être utiles ; qu'ils soient esclaves ou libres, ingénus ou affranchis ; qu'ils aient reçu la liberté suivant les formes, ou dans une réunion d'amis, qu'importe ?

Partout où il y a un homme, il y a place pour un bienfait. Le riche peut donc, en répandant l'argent même dans l'intérieur de sa maison, exercer sa libéralité, qui est ainsi nommée, non parce qu'on la doit à des hommes libres, mais parce qu'elle part d'une âme libre. (Id., *De la vie heureuse*, XXIV.)

――――――

Qu'est-ce donc que le bienfait ? Un acte de bienveillance qui procure de la joie à celui qui en est l'objet et à celui qui en est l'auteur : c'est un acte volontaire et spontané. Ce qui importe donc n'est pas ce qui est fait, ce qui est donné, c'est l'intention ; parce que le bienfait ne consiste pas dans la chose faite ou donnée, mais dans la pensée même de celui qui la donne ou la fait.

La grande différence de ces deux choses se fait comprendre en ce que le bienfait est toujours bien ; or, ce qui est donné ou fait n'est ni bien ni mal.

C'est l'intention qui grandit les petites choses, donne un lustre aux plus communes, rabaisse les plus grandes, les plus évaluées. Les objets que l'on poursuit ont une nature neutre, sans caractère de bien ni de mal ; tout dépend de l'intention qui les règle, les dirige, et leur impose une forme. Le bienfait n'est donc rien de ce qui se touche ; ainsi la piété n'est pas dans la graisse des victimes ou l'or dont on les charge, mais dans la droiture et la pureté du cœur. Une simple écuelle, un gâteau de froment signale la religion de l'homme de bien ; et le méchant n'échappe pas à l'impiété, quoiqu'il baigne l'autel dans des flots de sang.

Si le bienfait consistait dans la chose et non dans la volonté de faire bien, la valeur de la chose fixerait toujours la valeur du bienfait, ce qui est faux : car souvent j'ai beaucoup d'obligation à celui qui me donne peu, mais avec noblesse, qui égale dans son cœur les richesses des rois, qui m'offre un faible don, mais de bon cœur ; qui oublie sa pauvreté en voyant la mienne ; qui a non seulement la volonté, mais la passion de me servir ; qui croit recevoir lorsqu'il donne ; qui donne comme s'il était assuré de recevoir ; qui reçoit comme s'il n'avait pas donné ; qui saisit, qui poursuit l'occasion d'être utile. (Id., *Des bienfaits*, 1, VI.)

Il n'y a de bienfait que pour ce qui nous est offert d'abord avec intention, ensuite avec une intention amie et bienveillante.

C'est la volonté qui est à nos yeux la règle du devoir, vois quelles conditions elle doit réunir pour me rendre redevable. C'est peu de vouloir, si l'on ne m'a été utile ; c'est peu de m'être utile si on ne l'a voulu. Car suppose qu'on ait voulu me faire un présent et qu'on ne l'ait pas fait ; je jouis de l'intention, mais je ne jouis pas du bienfait : pour qu'il soit complet, il faut l'intention et la chose. De même que je ne dois rien à celui qui a bien voulu me prêter de l'argent, mais qui ne l'a pas fait, de même je puis être l'ami, mais non pas l'obligé de celui qui a voulu me rendre service et ne l'a pas pu. Je voudrais aussi faire quelque chose pour lui ; car il l'a voulu pour moi.

L'homme qui ne voit que lui, lui tout seul, et ne nous sert que parce qu'il ne peut autrement se servir, est à nos yeux au même rang que celui qui donne à ses troupeaux le fourrage d'hiver et d'été, qui nourrit bien ses captifs pour qu'ils se vendent mieux, qui engraisse et étrille des bœufs choisis ; au même rang que le maître d'escrime qui dresse avec le plus grand soin sa troupe de gladiateurs. Il y a, comme le dit Cléanthe, bien loin d'un bienfait à une spéculation.

Néanmoins je ne suis pas assez injuste pour penser ne rien devoir à celui qui, en m'ôtant utile, l'a ôté à lui-même. (Id., 6, VII, XI, XII, XIII.)

On ne veut pas moins, parce qu'on ne peut pas ne pas vouloir : au contraire, c'est la plus grande preuve d'une volonté ferme, de ne pouvoir pas changer. L'homme de bien ne peut pas ne pas faire ce qu'il fait ; car il ne serait pas homme de bien s'il ne le faisait. Donc l'homme de bien n'accorde pas de bienfait, parce qu'il fait ce qu'il doit ; car il ne peut pas ne pas faire ce qu'il doit. D'ailleurs, il y a une grande différence entre dire : Il ne peut pas ne faire cela puisqu'il y est forcé, ou : Il ne peut pas ne pas vouloir. Car, s'il est contraint de le faire, ce n'est pas à lui que je suis redevable du bienfait, mais à celui qui le contraint. Mais, s'il est contraint de vouloir parce qu'il n'a rien de mieux à vouloir, c'est lui-même qui se contraint. Ainsi, ce que je ne lui devrai pas quand il est contraint, je le lui devrai quand il se contraint. Qu'ils cessent, dis-tu, de vouloir ! Ici je te prie de réfléchir. Quel est l'homme assez insensé pour ne pas reconnaître comme volonté celle qui n'est pas en danger de périr, de se trouver jamais en opposition avec elle-même ; tandis qu'au contraire personne ne peut paraître vouloir aussi fortement que ce qui a une volonté constante au point d'être éternelle. Si nous accordons la volonté à celui qui peut aussitôt ne pas vouloir, ne la reconnaîtrons-nous pas à celui dans la nature duquel il n'entre pas de ne pas vouloir ? (Id., 6, XXI.)

La clémence est la modération d'une âme qui a le pouvoir de venger ; ou bien c'est l'indulgence d'un supérieur envers un inférieur dans l'application des peines... On dit encore que la clémence est un penchant de l'âme vers la douceur, lorsqu'il s'agit de punir.

Il essuiera les larmes des autres, il n'y mêlera pas les siennes. Il offrira la main au naufragé ; à l'exilé, l'hospitalité ; à l'indigent, l'aumône ; non cette aumône humiliante que la plupart de ceux qui veulent passer pour compatissants jettent avec dédain au malheureux qu'ils secourent, et dont le contact les dégoûte ; mais il donnera comme un homme à un homme, sur le patrimoine commun. Il rendra le fils aux larmes d'une mère, et fera tomber les chaînes de l'esclave, il retirera de l'arène le gladiateur, il ensevelira même le cadavre du criminel. Mais il fera tout cela dans le calme de son esprit et d'un visage inaltérable..... Il est né pour servir d'appui à tous, pour contribuer au bien public, dont il offre une part à chacun. Même pour les méchants, que selon l'occasion il réprimande et corrige, sa bonté est toujours accessible. Mais quant aux malheureux et à ceux qui souffrent avec constance, il leur viendra en aide avec bien plus de cœur.

Toutes les fois qu'il le pourra, il s'interposera entre eux et la fortune. (Id., *De la clémence*, 2, III.)

J'ai été bien aise d'apprendre, par ceux qui viennent de votre part, que vous vivez familièrement avec vos serviteurs ; cela est digne d'un homme sage et savant comme vous êtes. On dira : Quoi ? ce sont des esclaves ; mais ils sont hommes, ils sont nos domestiques. Ce sont des esclaves, mais ce sont des amis respectueux, et ce sont nos compagnons, si vous considérez que nous sommes également sujets au pouvoir de la fortune. C'est pourquoi je me ris de ceux qui tiennent qu'il n'est pas honnête de manger avec les personnes qui vous servent. Pourquoi en use-t-on ainsi? si ce n'est par faste et à cause que la coutume veut que le maître, lorsqu'il mange, soit investi d'une troupe de valets qui sont debout..... Ils demeurent toute une nuit sans manger et sans parler; cela fait qu'ils parlent mal de leur maître, à cause qu'ils n'osent parler en sa présence. Mais autrefois les serviteurs, qui n'avaient point la bouche fermée, et à qui on permettait de parler en présence de leurs maîtres, et de raisonner avec eux, s'exposaient librement à tous les périls, et donnaient leur tête pour sauver celle de leur maître; ils parlaient durant le repas; mais ils ne disaient mot dans la torture.

Faites qu'ils vous honorent plus qu'ils ne vous craignent..... puisqu'il suffit à Dieu d'être honoré et aimé, ce doit être assez pour les maîtres, car l'amour ne peut compatir avec la crainte (Id., *Epître*, XLVII.)

I

COMMENT IL FAUT DONNER

La charité étant infinie, les bienfaits doivent être sans limites. Tel est aussi l'avis de Sénèque. Mais pour qu'ils contribuent à la fois au bonheur de celui qui donne et de celui qui reçoit, ils ne doivent pas être dispensés au hasard et sans réflexion. Le bienfaiteur doit user de discernement, choisir le temps le plus opportun, et les moyens les plus efficaces pour faire le bien. Ses dons sont d'autant plus précieux s'ils sont répandus par une main discrète et délicate autant que libérale et généreuse. « Appelles-tu bienfaits, dit Sénèque, les présents dont tu n'oses avouer l'auteur ?....

« Combien ils descendent plus avant dans les profondeurs du cœur, pour n'en sortir jamais, lorsqu'ils vous charment moins par l'idée du bienfait que par celle du bienfaiteur... » Nous pensons avec Sénèque que le respect de nous-mêmes doit nous empêcher d'accepter les services d'un homme que nous ne pouvons estimer. Bien loin de les rechercher, nous devons éviter avec soin les occasions de nous attirer ses bienfaits.

Ce qui augmente le prix d'un acte de bonté, c'est l'empressement que l'on met à l'accomplir, car la promptitude de la bonne volonté prouve la spontanéité du sentiment qui l'inspire. « Accorder trop tard, dit Sénèque, c'est avoir refusé longtemps. Il ne faut pas donner avec insolence.... que peut attendre celui qui offense en obligeant ? C'est assez de reconnaissance que de lui pardonner son bienfait. » Se chercher soi-même dans le bien que l'on fait, c'est pour ainsi dire l'anéantir soi-même. « C'est le propre d'un esprit grand et généreux de ne pas poursuivre le fruit du bienfait, mais le bienfait même. » Ainsi parle Sénèque aux hommes intéressés qui prêtent leurs services à intérêt et qui, en donnant, songent à recevoir. Et il nous fait comprendre que le bien porte en lui-même sa récompense, et que c'est se dégrader que de calculer sur le retour. C'est aussi faire sentir rudement le poids de ses bienfaits que de les accorder avec des airs de supériorité qui blessent ceux qui les reçoivent. Le privilège de pouvoir donner est si grand que, pour se le faire pardonner, il en faut user avec affabilité et douceur, aller au devant de ceux qui peuvent y faire appel, leur épargner la peine et l'humiliation de demander, deviner leurs souhaits et se montrer si heureux d'y répondre qu'ils n'aient plus aucune crainte de nous les exposer. Le service rendu ne doit laisser d'autre trace dans l'âme généreuse que le désir d'en rendre d'autres. « Quand tu as fait du bien et qu'un autre a reçu ton bienfait, dit Marc-Aurèle, pourquoi, à l'exemple des fous, chercher une troisième chose encore, vouloir que ta bienfaisance paraisse aux yeux, ou qu'on ait pour toi de la reconnaissance.... Sois semblable à la vigne qui porte son fruit et puis après ne demande plus rien, satisfaite d'avoir donné sa grappe, et se préparant à porter d'autres raisins dans la saison. »

Ils songent surtout à eux-mêmes ceux qui se laissent décourager par les ingrats. Ainsi que nous le dit Sénèque, c'est nous-mêmes qui en augmentons le nombre par notre égoïsme, notre orgueil et notre dureté. Et pour nous exhorter à persévérer dans le bien, il nous rappelle que « les dieux ne se laissent pas rebuter dans leur inépuisable bienveillance, parce qu'il y a des hommes qui les outragent ou les oublient. Ils suivent leur nature et donnent à tous leur appui, même aux interprètes pervers de leur bienfaisance. Suivons leur exemple, ajoute-t-il, au-

tant que le permet la faiblesse humaine ». Et ailleurs
il nous rappelle que « le but d'une âme grande et
généreuse est de tolérer l'ingrat jusqu'à ce qu'elle
l'ait fait reconnaissant ». Il nous montre aussi qu'il
y a injustice à s'irriter contre le crime commun de
l'ingratitude qui est plus ou moins le fait de tous les
hommes, qu'il y a sottise, par conséquent, à s'irriter contre le nôtre. « Pardonne pour être absous » :
telle est sa conclusion. Il n'est pas nécessaire, en
effet, de fouiller avec soin pour trouver en nous le
vice de l'ingratitude, sous quelque forme qu'il se
manifeste, soit à l'égard de Dieu, soit envers nos
semblables, la nature, les animaux même, envers
tout ce qui nous procure quelque avantage ou quelque jouissance et que nous sommes trop prompts à
effacer de notre souvenir. Ainsi nous n'osons pas
dire que c'est de la magnanimité que de supporter
les ingrats, puisque la conscience nous fait reconnaître que c'est un simple devoir de justice. Mais
c'est de la magnanimité que d'accabler de bienfaits
ceux qui rendent le mal pour le bien, de répondre à
leur animosité avec douceur et bonté, en gardant le
silence sur leurs torts et sur la générosité dont ils
sont l'objet. Si quelque chose peut les ramener à de
bons sentiments, c'est la vertu de l'homme clément
qui surmonte le mal par le bien.

Pour moi, je ne mettrai pas d'entraves aux bienfaits, dont le mérite doit augmenter en raison de
leur nombre et de leur prix. Mais j'y veux du dis-

cornement; car, en donnant au hasard et sans
réflexion, on ne gagne le cœur de personne.

Voici donc ma pensée. Comme nul mouvement de
l'âme, quand même il part d'une volonté droite, n'est
honnête si la modération n'en a fait une vertu, je
m'oppose à ce que la libéralité se tourne en dissipation. Il y a contentement à recevoir un bienfait,
même à lui tendre les mains, lorsque la sagesse le
dirige sur le mérite ; mais non quand le hasard ou
une aveugle effervescence le jette au premier venu :
il faut pouvoir le publier et s'en faire honneur.
Appelles-tu bienfaits les présents dont tu n'oses
avouer l'auteur ? Mais combien ils sont plus précieux,
combien ils descendent plus avant dans les profondeurs du cœur, pour n'en sortir jamais, lorsqu'ils
nous charment moins par l'idée du bienfait que par
celle du bienfaiteur... Pour moi, je pense qu'on ne
doit rechercher le bienfait d'aucun homme dont on
méprise l'estime... Ce n'est pas un bienfait que le
don auquel manque son plus beau côté, le discernement de celui qui donne. (Sénèque, *Des bienfaits*,
XIV.)

———

La reconnaissance n'est obligée que dans la
mesure de la bienveillance. Il ne faut donc pas donner légèrement ; car on n'est débiteur qu'envers soi-
même de ce qu'on a reçu d'un indifférent. Il ne faut
pas donner tardivement ; car, comme dans tout bienfait, on met un grand prix à la volonté du bienfaiteur, accorder trop tard, c'est avoir refusé trop
longtemps. Il ne faut pas donner avec insolence ;
car, comme il est dans la nature de l'homme que
les injures se gravent plus profondément en lui
que les services, et que le bien s'efface vite de sa
mémoire, opiniâtre à retenir le mal, que peut at-

tendre celui qui offense en obligeant? C'est assez de reconnaissance que de lui pardonner son bienfait.

Au reste, notre zèle à bien faire ne doit pas être ralenti par la multitude des ingrats. Car, d'abord, comme je l'ai dit, nous l'augmentons nous-mêmes. Ensuite, même les dieux immortels ne se laissent pas rebuter dans leur inépuisable bienveillance, parce qu'il y a des hommes qui les outragent ou les oublient. Ils suivent leur nature, et donnent à tous leur appui, même aux interprètes pervers de leur bienfaisance. Suivons leur exemple, autant que le permet la faiblesse humaine. Rendons des services, ne les prêtons pas à intérêt. On mérite d'être trompé quand, en donnant, on songe à recevoir... C'est le propre d'un esprit grand et généreux de ne pas poursuivre le fruit du bienfait, mais le bienfait même, et de chercher encore l'homme de bien, quoiqu'il n'ait rencontré que des méchants. Où serait le mérite d'obliger beaucoup de gens, si personne ne trompait? La vertu consiste à donner : l'homme de bien ne calcule pas sur le retour, il en a aussitôt recueilli le fruit. L'ingratitude doit si peu nous faire reculer et nous rendre plus froids pour une belle action, que, si l'on m'ôtait l'espoir de rencontrer jamais un homme reconnaissant, j'aimerais mieux ne pas recevoir que de ne pas donner. Car le tort de qui ne donne pas vient avant le tort de l'ingrat. Je dirai ce que je pense. Méconnaître le don, c'est être plus coupable; ne pas donner, c'est l'être plus tôt.

Quel que soit le sort de tes premières largesses, persiste à en faire d'autres : elles seront mieux placées chez des ingrats, que la honte, l'occasion, l'exemple pourront, un jour, faire reconnaissants. Ne te lasse pas : poursuis ton œuvre, remplis ton rôle d'homme de bien. Viens en aide à tous, de ta fortune, de ton crédit, de ton renom, de tes conseils, de tes préceptes salutaires. (Id., 1, i.)

Que le bon sens dirige nos largesses ; ayons égard aux temps, aux lieux, aux personnes ; car les circonstances font ou détruisent tout le charme d'un bienfait. Je serai bien mieux agréé si je donne à quelqu'un ce qu'il n'a point, que ce dont il regorge ; ce qu'il a cherché depuis longtemps sans le trouver, que ce qu'il voit partout. (Id., XII.)

Les bienfaits plaisent d'autant mieux qu'ils sont réfléchis, qu'ils s'offrent d'eux-mêmes et sont retardés seulement par la discrétion de celui qui les reçoit. Le premier mérite est de devancer le désir ; le second de le suivre. Il vaut encore mieux prévenir la demande. Comme, en effet, l'honnête homme, en demandant, a la parole embarrassée et la rougeur sur le front, celui qui lui épargne ce supplice multiplie ses bienfaits. Un don sollicité n'est pas un don gratuit ; car, ainsi que le pensaient nos ancêtres, si pleins de sagesse, rien ne coûte plus cher que ce qu'on achète par des prières. Les hommes seraient plus économes de vœux, s'ils devaient les faire en public ; et même, en adressant aux dieux les supplications les plus honorables, nous préférons prier dans le silence et le secret de nos cœurs. (Id., 2, i.)

C'est un mot humiliant qui pèse et qu'on ne prononce que le front baissé : *Je vous prie.* Il faut en faire grâce à ton ami et à tout homme dont tu dois gagner l'amité par tes bienfaits. Quel que soit ton empressement, ils viendront trop tard s'ils viennent après la prière. Il faut donc deviner les désirs, et, lorsqu'ils sont compris, affranchir de la triste nécessité de prier. Rappelle-toi que les bienfaits les plus agréables et qui vivent le plus dans les cœurs sont ceux qui viennent au-devant de nous. (Id., II.)

Quelquefois, le silence ou la lenteur des paroles, qui contrefont la gravité et la mélancolie, gâtent les services les plus importants, puisque l'on promet de l'air dont on refuse. Combien n'est-il pas mieux d'ajouter de bonnes paroles à de bonnes choses, et de faire valoir ce que tu donnes, par des témoignages d'humanité et de bienveillance. Pour corriger quelqu'un de son hésitation à demander, tu peux ajouter quelque reproche amical : « Je t'en veux, quand tu avais besoin, de me l'avoir laissé ignorer si longtemps, d'avoir eu recours à un intermédiaire. Pour moi, je me félicite de voir mettre mon cœur à l'épreuve : dorénavant, ce que tu désireras, réclame-le comme un droit. Pour cette fois, je pardonne à ton impolitesse. » Ainsi, tu feras estimer plus ton cœur que le service, quel qu'il soit, qu'on était venu demander. (Id., III.)

La bienfaisance se hâte, et l'on fait promptement ce qu'on fait volontiers. Celui qui tarde et remet de jour en jour ses services, n'oblige pas de bon cœur. Il perd ainsi deux choses essentielles, et le temps et la preuve de sa bonne volonté. Vouloir tard, c'est ne pas vouloir. (Id., v.)

Qu'un bienfait a de charme et de prix, si le bienfaiteur ne souffre pas les remerciements, si en donnant il oublie déjà qu'il a donné ! Au contraire, c'est une folie de gourmander celui auquel on rend les plus grands services, et de confondre ensemble l'outrage et le don. Il ne faut donc pas aigrir un bienfait, et le mêler d'amertume. Si tu as quelque remontrance à faire, choisis un autre moment. (Id., VI.)

Quoi donc ! laisserai-je ignorer que c'est de moi qu'il a reçu ! sans doute : si d'abord cela même est une partie du bienfait; ensuite, je ferai bien d'autres choses, j'en donnerai bien d'autres qui lui feront deviner l'auteur du premier. Enfin, qu'il ne sache pas qu'il a reçu, que je sache que j'ai donné. C'est peu, diras-tu : c'est peu, si tu veux placer à intérêt ; mais si tu veux donner de la manière la plus profitable pour celui qui reçoit, tu auras assez de ton témoignage. Autrement, ce n'est pas de faire le bien qui te charme, mais de paraître le faire. Je veux, dis-tu, qu'il le sache : tu cherches donc un débiteur. Je veux absolument qu'il le sache : quoi ! s'il lui est plus utile de l'ignorer, plus honorable, plus agréable? Ne changeras-tu pas d'avis? Je veux qu'il le sache : ainsi, tu ne sauverais pas un homme dans les ténèbres.

Telle est la loi du bienfait entre deux hommes : l'un doit aussitôt oublier qu'il a donné, l'autre ne doit jamais oublier qu'il a reçu; c'est déchirer le cœur, c'est l'accabler, que de rappeler sans cesse vos services. (Id., X.)

Tu perds les bienfaits, si tu n'y aides; c'est peu d'avoir donné, il faut entretenir. Si tu veux voir reconnaissants ceux que tu obliges, il faut non seulement donner, il faut aimer ses bienfaits. (Id., XI.)

20

Il y a tel qui, après avoir fait un plaisir à quelqu'un, se hâte de lui porter cette faveur en compte. Cet autre n'a point une précipitation pareille, mais il regarde l'obligé comme son débiteur, il a toujours présent à la pensée le service qu'il a rendu. Un troisième enfin ignore, si je puis dire, ce qu'il a fait : il est semblable à la vigne, qui porte son fruit, et puis après, ne demande plus rien, satisfaite d'avoir donné sa grappe. Comme le cheval après la course comme le chien après la chasse, comme l'abeille quand elle a fait son miel, l'homme qui a fait le bien ne le crie point par le monde. Il passe à une autre action généreuse, de même que la vigne se prépare à porter d'autres raisins dans la saison. Faut-il donc être du nombre des gens qui ne savent pour ainsi dire pas ce qu'ils font ? — Oui. — Mais il faut bien savoir ce que l'on fait ; car c'est le propre, dit-on, d'un être qui doit vivre en société avec les autres, de sentir que ce qu'il fait est utile et bon pour la société, et, par Jupiter ! de vouloir que celui qui vit avec lui le sente lui-même. — Ce que tu dis là est vrai, sans doute ; mais tu comprends mal le sens de mes paroles. Par conséquent, tu seras un de ceux dont j'ai fait mention tout à l'heure. Eux aussi, en effet, ils sont conduits par des raisons auxquelles leur esprit donne son adhésion. Si tu veux bien comprendre ce que signifient mes paroles, ne crains pas que cela te fasse négliger aucune des actions utiles au bien de la société. (Marc-Aurèle, v, 6.)

Quand tu as fait du bien et qu'un autre a reçu ton bienfait, pourquoi, à l'exemple des fous, chercher une troisième chose encore, vouloir que ta bienfaisance paraisse aux yeux, ou qu'on ait pour toi de la reconnaissance ? (Id., VII, 73.)

Personne ne se lasse de recevoir du bien. Or, le bien que nous pouvons nous faire, c'est d'agir conformément à la nature. Ne te lasse donc point de te faire du bien à toi-même, en en faisant aux autres. (Id., VII, 74.)

Les bienfaits plaisent lorsqu'ils sont offerts avec des dehors humains, ou du moins doux et affables ; lorsqu'un supérieur me donne sans se dresser au-dessus de moi, mais avec toute la bonté qu'il a pu, descendant à mon niveau, ôtant tout faste à son présent, saisissant l'occasion propre, afin que je paraisse obligé, plutôt par circonstance que par besoin. Il y a un moyen d'empêcher ces importants de perdre leurs bienfaits par leur insolence, c'est de leur persuader que les dons ne paraissent pas plus grands pour être offerts avec plus de fracas ; qu'eux-mêmes ne peuvent pas pour cela paraître plus grands ; que c'est une fausse grandeur que celle de l'orgueil, et qu'elle fait prendre en aversion même ce qui est aimable.

On doit choisir avec plus de soin son créancier pour les dettes de reconnaissance, que pour les dettes d'argent. Car il suffit pour celles-ci de rendre ce que j'ai reçu, et, en le rendant, je suis quitte et libéré ; mais pour les autres, il faut payer au delà, et, même après avoir restitué, je reste lié. Car lorsque je me suis acquitté, je dois m'acquitter encore.

L'amitié nous avertit de ne pas nous attacher à un homme indigne. Il en est de même du lien sacré de la bienfaisance, d'où naît l'amitié.

Il n'y a pas bienfait quand on doit à qui l'on ne veut pas devoir. Avant de me donner il me faut mon libre arbitre : ensuite vient le bienfait. (Sénèque, *Des bienfaits*, 2, XIII.)

Le but de ton âme grande et généreuse est de
tolérer l'ingrat jusqu'à ce que tu l'aies fait reconnaissant. En suivant cette conduite, tu ne seras jamais
trompé. Car les vices cèdent aux vertus, si tu ne te
hâtes pas trop de les haïr.

Une maxime qui te plaît singulièrement, et que
tu regardes comme sublime, c'est qu'il est honteux
d'être vaincu en bienfaisance. Mais ce n'est pas
sans raison qu'on a mis en doute si c'est une vérité,
et la chose est tout autre que ton esprit ne la
conçoit. Car jamais il n'est honteux d'être surpassé
dans les combats de vertu, pourvu que tu ne jettes
pas les armes, et que, même vaincu, tu cherches
encore à vaincre. Tous n'apportent pas les mêmes
forces, les mêmes moyens, le même bonheur à
l'exécution d'une bonne œuvre, et c'est le bonheur
qui règle au moins le succès des plus vertueuses
entreprises. La seule volonté de se diriger vers le
bien est louable, quoiqu'un autre principe plus agile
ait pu la devancer. Ce n'est pas comme dans les
combats dont on offre au peuple le spectacle, où
la palme annonce le plus habile ; quoique là même
le sort favorise souvent le plus faible. Lorsqu'il
s'agit du devoir que chacun de son côté désire remplir le plus pleinement, si l'un a pu davantage, s'il
a eu sous la main des ressources suffisantes à son
intention, si la fortune a secondé tous ses efforts ;
si l'autre, avec une volonté égale, a cependant rendu
moins qu'il n'a reçu, ou s'il n'a rien rendu du tout,
pourvu qu'il veuille rendre, et qu'il s'y applique de
toutes les facultés de son âme, il ne sera pas plus
vaincu que celui qui remet les armes à la main,
parce qu'il a été plus facile à l'ennemi de le tuer que
de le faire reculer. Cette défaite que tu regardes
comme honteuse, l'homme de bien n'y est pas
exposé ; car jamais il ne succombera, jamais il ne

renoncera : jusqu'au dernier jour de sa vie, il se tiendra prêt à combattre ; et il mourra à son poste, avec la conscience d'avoir beaucoup reçu et beaucoup voulu rendre. (Id. 5, III.)

Nul ne peut donc être vaincu en bienfaits, s'il reconnaît qu'il doit, s'il veut s'acquitter, si, par ses sentiments, il balance les choses qu'il ne peut rendre. Tant qu'il persiste dans cette disposition, tant qu'il se maintient dans cette volonté, sa reconnaissance se témoigne par des signes extérieurs: qu'importe de quel côté l'on compte le plus de cadeaux ? Tu peux donner beaucoup ; mais moi, je ne puis que recevoir ; tu as pour toi la fortune ; j'ai pour moi ma bonne volonté. Tu n'as donc pas d'autre supériorité sur moi que celle de l'homme armé de toutes pièces sur un homme armé à la légère. Ainsi, personne n'est vaincu en bienfaisance, parce que la reconnaissance va aussi loin que la volonté. (Id., IV.)

Comment faut-il supporter l'ingratitude ? Avec calme, douceur et magnanimité. Jamais l'insensibilité, l'oubli de l'ingrat ne te blessera au point qu'il ne te reste plus de plaisir pour avoir donné. Que jamais une injustice ne t'arrache ces paroles : « Je voudrais n'en avoir rien fait ! » Que même l'insuccès de ton bienfait te plaise encore ! L'ingrat se repentira toujours, si, même à présent, tu ne te repens pas.

. . . .

Examine en toi-même si tu t'es acquitté envers tous tes bienfaiteurs, si jamais entre tes mains aucun service ne s'est perdu, si le souvenir de tous les bienfaits t'accompagne sans cesse.

20.

Ce vice dont tu te plains, peut-être en fouillant avec soin, tu le trouveras caché dans quelque repli de ton cœur. Il y a injustice à t'irriter contre le crime commun, il y a sottise à t'irriter contre le tien. Pardonne pour être absous. Tu peux rendre l'ingrat meilleur par l'indulgence ; mais à coup sûr tu le rendras pire par la sévérité. Ne va pas endurcir son front : s'il lui reste quelque pudeur, souffre qu'il la conserve. Souvent la voix trop éclatante du reproche a fait tomber le masque à l'ingratitude encore timide. Nul ne craint d'être ce qu'il paraît déjà : la pudeur surprise se perd.

Autant que nous le pouvons, plaidons la cause de l'ingrat au dedans de nous-mêmes : peut-être n'a-t-il pas pu, peut-être n'a-t-il pas su ; peut-être rendra-t-il. Certaines mauvaises dettes sont devenues bonnes par la patience et la sagesse du créancier qui les a soutenues et assurées par des délais. Il nous faut faire de même. Réchauffons une foi languissante. (Id., 7, XXVI, XXVII.)

II

COMMENT IL FAUT RECEVOIR

Tous les hommes sont tour à tour bienfaiteurs et obligés. Dans quelque condition que ce soit, la plus élevée ou la plus infime, chacun reçoit de ses semblables, et c'est un devoir de justice autant que de charité de recevoir de bon cœur et de garder le souvenir du bienfait. Ainsi que nous l'avons déjà dit, il dépend plus ou moins du bienfaiteur de faire naître l'ingratitude ou la reconnaissance ; mais la

nature de l'obligé n'est pas étrangère non plus au
sentiment que produit en lui un acte de libéralité ou
de bonté. Aussi Sénèque nous dit, avec une profonde connaissance du cœur humain, que « ce qui
surtout fait les ingrats, c'est une trop haute opinion
de soi, et le défaut naturel à l'humanité de
n'admirer que soi et ce qui est sien ; ou l'avidité, ou
l'envie. Tout homme est pour lui-même un juge
indulgent : de là vient qu'il pense avoir tout mérité,
et ne recevoir que ce qui lui est dû ; et il ne se croit
jamais apprécié à sa juste valeur ». Toujours l'orgueil et l'égoïsme sont donc à la source de nos
vices. Ils font les bienfaiteurs durs et insolents,
et les obligés ingrats, mécontents et haineux, qui
se tournent contre ceux qui leur ont fait du bien.
Aussi me semble-t-il que ceux qui savent donner
de bon cœur savent recevoir de bon cœur. « De
tous les paradoxes de la secte stoïcienne, dit
Sénèque, celui-ci est, selon moi, le moins étrange,
le moins contestable : celui qui a reçu de bon cœur
a rendu. Car, comme nous rapportons tout à l'intention, chacun a fait tout ce qu'il a voulu faire.....
Un homme peut être reconnaissant par sa seule
volonté, il a offert cœur pour cœur ; et, ce qui est
le propre de l'amitié, il a maintenu l'égalité. Ensuite, un bienfait se paie autrement qu'une créance.
N'attends pas que je te fasse voir le paiement,
c'est une affaire qui se traite entre cœurs. » Oui,
l'âme simple, droite et généreuse, qui donne avec
joie reçoit de même avec joie ; elle chérit le bien-

fait, loin de le considérer comme un fardeau, et, tout en cherchant à rendre, elle est heureuse de devoir éternellement. Grâce à l'amour qui fait les bienfaiteurs généreux, affables et délicats, et les obligés heureux et reconnaissants, l'harmonie s'établit entre tous les membres de la famille humaine, par l'union de la justice et de la charité.

Lorsque nous aurons jugé convenable d'accepter, acceptons de bon cœur ; avouons ouvertement notre joie et qu'elle soit si manifeste pour notre bienfaiteur, qu'il y trouve une récompense immédiate. Car c'est une cause légitime de joie, de voir un ami joyeux ; plus légitime encore d'avoir fait sa joie. Montrons par d'affectueux épanchements, que nous avons reçu avec reconnaissance ; proclamons-la non seulement en présence du bienfaiteur, mais aux yeux de tous. Celui qui a reçu avec reconnaissance a déjà fait son premier paiement.

Il y en a qui ne veulent recevoir qu'en secret ; ils évitent les témoins et les confidents d'un bienfait : ceux-là ont une arrière-pensée. De même que celui qui oblige ne doit divulguer un bienfait qu'autant que cela plaît à l'obligé ; de même celui qui reçoit doit convoquer la foule. N'accepte point ce que tu as honte de devoir. Il y en a qui remercient furtivement, dans un coin, à l'oreille. Ce n'est pas là de la modestie, c'est une manière de désavouer. Il est ingrat celui qui, pour remercier, fuit les témoins.

Il y a des gens qui, en affaires, ne souffrent pas l'inscription de leur dette, ne veulent pas de courtiers, n'appellent pas de témoins à la signature, et refusent tout acte écrit. C'est ainsi qu'agissent ceux qui s'efforcent de dissimuler à tous les services qui leur sont rendus. Ils craignent de les avouer, afin de paraître tout devoir à leur mérite plutôt qu'à l'appui des autres. Ils sont surtout sobres d'hommages pour ceux auxquels ils doivent la vie ou la fortune ; et, en craignant de descendre au rôle de client, ils se rabaissent à celui d'ingrat.

D'autres disent le plus de mal de ceux qui leur ont fait le plus de bien. Il est moins dangereux d'offenser certains hommes que de les obliger ; ils cherchent dans la haine la preuve qu'ils ne vous doivent rien. Or, rien ne doit nous occuper davantage que de fixer en nous le souvenir de nos obligations, et plus d'une fois il faut le renouveler : car celui qui se souvient peut seul reconnaître, et c'est déjà reconnaître que de se souvenir.

Ce qui surtout fait les ingrats, c'est une trop haute opinion de soi, et le défaut naturel à l'humanité, de n'admirer que soi et ce qui est sien ; ou l'avidité, ou l'envie.

Tout homme est pour lui-même un juge indulgent : de là vient qu'il pense avoir tout mérité, et ne recevoir que ce qui lui est dû ; et il ne se croit jamais apprécié à sa juste valeur.

L'avidité ne permet à personne d'être reconnaissant ; jamais ce qu'on donne ne semble assez à une espérance sans mesure. Plus on obtient, plus on désire, et l'avarice assise sur des monceaux de richesses n'en est que plus ardente ; telle la flamme s'élance d'autant plus haut, qu'elle jaillit d'un plus vaste embrasement. (Sénèque, *Des bienfaits*, 2, XXII, XXIII, XXIV, XXVI.)

De tous les paradoxes de la secte stoïcienne, celui-ci est, selon moi, le moins étrange, le moins contestable : celui qui a reçu de bon cœur a rendu.

Car, comme nous rapportons tout à l'intention, chacun a fait tout ce qu'il a voulu faire ; et de même que la piété, la bonne foi, la justice et enfin toute vertu est parfaite en soi, encore qu'elle n'ait pu faire voir une main qui donne, de même un homme peut être reconnaissant par sa seule volonté.

Mais quoi ! dit-on, celui qui n'a rien fait peut-il avoir rendu ? D'abord il a fait quelque chose, il a offert cœur pour cœur, et, ce qui est le propre de l'amitié, il a maintenu l'égalité. Ensuite, un bienfait se paie autrement qu'une créance. N'attends pas que je te fasse voir le paiement, c'est une affaire qui se traite entre cœurs.

Nous disons que celui qui a reçu de bon cœur un bienfait s'est acquitté ; néanmoins nous lui laissons toujours une dette, afin qu'il s'acquitte de nouveau après s'être acquitté déjà. Ce n'est pas là un désaveu du bienfait, c'est un encouragement à la reconnaissance.

Ne soyons donc pas effrayés, et ne nous laissons pas abattre sous ce fardeau comme s'il était trop lourd..... Saisis donc le bienfait, chéris-le et réjouis-toi non de ce que tu reçois, mais de ce que tu rends en restant débiteur. (Id., 2, XXXI, XXXIV.)

QUATRIÈME PARTIE

Les femmes et le stoïcisme. — L'éducation

LES FEMMES ET LE STOÏCISME

Les stoïciens, qui ont appelé l'âme humaine à la liberté par la vertu, n'ont pas exclu de cette haute vocation la femme, malgré la condition inférieure que lui avaient faite la loi civile et l'abaissement des mœurs. Sénèque, Epictète et Marc-Aurèle n'ont pas souvent parlé de la femme ; leur morale est universelle, elle s'adresse à l'âme, dans ce qui fait l'essence même de son être, ce qui constitue sa grandeur et sa dignité, indépendamment de toutes les distinctions de rang, de condition et même de sexe ; car l'élément divin est le même dans les grands et les petits selon le monde, les forts et les faibles, les puissants et les infimes, les dominateurs et les esclaves. Mais les rares textes où les philosophes stoïciens font allusion à la femme nous prouvent qu'ils se sont fait d'elle une idée très élevée. Epictète, qui déplore l'éducation frivole des femmes et la dégradation qui en est la conséquence, a le sentiment de ce qu'elles doivent être. « C'est chose digne à tenter, dit-il, que de leur faire sentir que rien ne peut les rendre respectables, si ce n'est la modestie et la pudeur. » Cette parole nous montre qu'il comprend la mission de la femme et la hauteur morale à laquelle elle peut atteindre. Elle nous indique aussi que le respect pour lui est autre chose que les égards plus ou moins sincères qu'on se plaît à témoigner à un être inférieur : c'est l'hommage rendu à la dignité humaine, rehaussée par la vertu simple et modeste, mais d'autant plus grande et plus respectable qu'elle a plus de difficultés à vaincre, plus de tentations à surmonter ; c'est l'empire irrésistible d'une âme qui aime le bien, et qui fait révérer la loi morale dont sa vie est l'expression.

Les paroles éloquentes par lesquelles Sénèque exprime son admiration pour quelques femmes d'élite ne contredisent pas son jugement sévère sur la femme en général, telle que l'avait faite la décadence romaine. « Cet être indompté » est capable de se donner un frein, même dans l'opinion de Sénèque, puisqu'il lui conseille d'étudier la philosophie pour apprendre à se gouverner. Et il nous montre par de sublimes exemples ce que devient la femme par l'habitude de la vertu. « Qui donc, s'écrie-t-il, osera dire que la nature ait traité peu généreusement le cœur des femmes, et limité pour elles les vertus ? Elles sont aussi fortes que nous, et, quand il leur plaît, aussi capables d'actions honnêtes ; avec l'habitude elles supportent aussi bien que nous le travail et la douleur. »

Nous ne savons pas jusqu'à quel point Faustine a mérité l'éloge de Marc-Aurèle qui voyait en elle une compagne « si complaisante, si affectueuse, si simple ». Mais l'histoire a ratifié le pieux hommage, rendu par le vertueux empereur à la mémoire de sa mère Domitia Calvilla ou Lucilla dont l'exemple lui a inspiré « la piété, la bienfaisance, la tempérance, et la pureté ».

Les femmes ont à peine atteint leur quatorzième année que les hommes les appellent leurs maîtresses : elles jugent de là que nulle autre qualité n'est en elles, si ce n'est de pouvoir servir aux plaisirs des hommes ; elles commencent donc à se parer, et dans leur parure mettent tout leur espoir. Mais c'est chose digne à tenter que de leur faire sentir que rien ne peut les rendre respectables, si ce n'est la modestie et la pudeur. (Épictète, *Manuel*, XI.)

Je sais que tu vas me dire : « Tu as oublié que tu consoles une femme ; tu me cites des hommes pour exemple. » Mais qui donc osera dire que la nature ait traité peu généreusement le cœur des femmes, et limité pour elles les vertus ? Elles sont, crois-moi, aussi fortes que nous, et, quand il leur plaît, aussi capables d'actions honnêtes ; avec l'habitude elles supportent aussi bien que nous le travail et la douleur. En quelle ville, bons dieux, viens-je tenir ce langage ? Dans une ville où Lucrèce et Brutus renversèrent les rois qui pesaient sur nos têtes : Brutus, à qui nous devons la liberté ; Lucrèce, à qui nous devons Brutus ; dans une ville où Clélie, bravant le fleuve et l'ennemi, mérita par son insigne audace d'être placée même au-dessus des hommes. Assise sur son coursier d'airain, dans cette voie même où se presse la foule, Clélie reproche à nos jeunes gens qui montent dans leur litière, de franchir ainsi les portes d'une ville qui fit honneur de la statue équestre même à des femmes. Si tu veux que je te produise des exemples de femmes courageuses dans le deuil, je n'irai pas en quêter de porte en porte : dans une seule famille, je te montrerai les deux Cornélie ; la première, fille de Scipion, mère des Gracche, eut douze enfants, et vit passer douze funérailles. Encore n'eut-elle pas de peine à faire preuve de force pour ceux dont ni la naissance ni la mort ne furent sensibles à la république ; mais elle vit Tibérius et Caius Gracchus, à qui l'on ne contestera pas d'avoir été de grands hommes, si l'on n'accepte pas qu'ils furent hommes de bien, massacrés et privés de sépulture. Et cependant à ceux qui la consolaient et plaignaient son malheur, elle répondit : « Jamais je ne cesserai de me dire heureuse, moi qui portai les Gracche dans mon sein. » Cornélie, femme de Livius Drusus, avait perdu son fils, illustre jeune homme, d'un noble génie, qui marchait sur la trace des Gracche, et qui, laissant en instance tant de lois proposées, fut tué dans ses pénates sans que l'on ait su l'auteur du crime. Elle opposa cependant à cette mort précoce et imprévue autant d'énergie qu'en avait eu son fils en proposant des lois. (Sénèque, *Consolation à Marcia,* XVI.)

Imiter de ma mère sa piété, sa bienfaisance ; m'abstenir, comme elle, non seulement de faire le mal, mais même d'en concevoir la pensée ; mener sa vie frugale, et qui ressemblait si peu au luxe habituel des riches. (Marc Aurèle, l. I, 3.)

Si j'ai une femme d'un tel caractère, si complaisante, si affectueuse, si simple, c'est aux dieux que je le dois. (Id, l. I, 17.)

Au temps où la loi civile jugeait la femme incapable de se gouverner elle-même, les stoïciens la vengeaient de cette infériorité en lui inspirant le sentiment de sa dignité, et l'appelaient à exercer sur elle-même et sur autrui l'empire de la vertu. Nous savons, par les témoignages de leurs contemporains, ce qu'ont été les nobles femmes qui ont répondu à l'appel de ces sublimes défenseurs de la liberté. Douces et fortes, elles ont soutenu dans le devoir ceux à qui elles consacraient leur vie : leur fermeté et leur constance dans le bien n'ont eu d'égale que leur tendresse. Arria, femme de Pætus, la deuxième Arria, femme de Thraséas, et Fannia leur fille, n'ont pas eu moins de charme que de vertu, ni moins de grâce que de dignité. La vie de ces femmes excellentes est le plus éloquent plaidoyer contre ceux qui prétendent que la femme risque de perdre ses plus aimables qualités en aspirant à la force d'âme. Plus que jamais, dans notre société démocratique, où nos mœurs donnent à la femme tant d'influence, elle a besoin de trouver en elle-même son frein, de se soumettre volontairement au devoir, de devenir respectable par le respect d'elle-même, et d'inspirer l'amour du bien par sa vertu simple et aimable.

L'ÉDUCATION DES STOÏCIENS

Les principes d'éducation des stoïciens sont en rapport avec la fin qu'ils se proposent, savoir : l'autonomie de la volonté, le gouvernement d'un être libre par les lois de la raison dont il accepte volontairement l'empire. Ils comprennent la nécessité d'allier heureusement la discipline et la liberté, afin de ne pas émousser l'esprit par trop de compression, ni d'encourager les passions par la licence. L'éducation leur semble être une tâche difficile en ce que « les dispositions qu'il faut cultiver et celles qu'il faut étouffer se nourrissent d'aliments semblables ». Ainsi les âmes ardentes, qui sont les plus richement douées, sont aussi les plus accessibles aux passions et en particulier à celle de la colère. Tout ce qui sert à fortifier l'âme nourrit donc en même temps les passions ; et l'attention la plus vigilante ne suffit pas toujours à éviter les écueils. « Les éloges, dit Sénèque, exaltent l'enfant et lui inspirent une noble confiance en lui-même, mais ils engendrent aussi l'insolence et l'irascibilité. » Faut-il pour

cela s'abstenir des louanges ? Nous ne le pensons
pas ; mais il faut user sobrement de cet aiguillon,
avec les natures fortes et audacieuses qui sont dis-
posées à se louer elles-mêmes, et ne pas trop le
ménager aux caractères timides, enclins à se défier
d'eux-mêmes et à se décourager. Les stoïciens, se
préoccupant de cultiver chez les enfants le respect
de la dignité humaine, proscrivent de leur éducation
tout ce qui ressemble à la servitude : ils se gardent
de leur imposer rien d'humiliant ni de servile. Ils
n'accordent rien aux prières de l'enfant et ils veulent « qu'on ne lui donne rien qu'en considération
de lui-même, de sa conduite passée, de ses bonnes
promesses de l'avenir ». Ainsi les récompenses ne
sont pas bannies de l'éducation stoïcienne. L'ému-
lation ne l'est pas non plus, et en cela ils sont
moins austères que les jansénistes ; mais dans ses
luttes avec ses camarades, ils ne permettent à l'enfant ni de se laisser vaincre ni de se mettre en
colère. Egalement éloigné de la lâcheté et de l'animosité, il doit songer, non à faire du mal à ses
rivaux, mais à triompher d'eux. C'est ainsi que les
stoïciens ne perdent jamais de vue le but qu'ils veulent atteindre, celui d'apprendre à l'enfant à devenir
homme, c'est-à-dire à être maître de lui-même. Ce
n'est pas en un jour qu'on parvient à se posséder
assez pour lutter avec justice, sans haïr ses adversaires et même en étant leur ami. Que d'hommes
faits auraient besoin de l'école des stoïciens, pour
y apprendre la modération dans leurs rivalités

d'ambitions, qui leur font détester ceux qui s'opposent à leurs succès! Les stoïciens ne condamnent pas les satisfactions du triomphe ni celles qu'entraînent les actions louables ; mais ils ne veulent pas que l'enfant se vante ni que l'enivrement de la joie le conduise à l'orgueil. Combattre et même jouir en se possédant, telle paraît être la règle stoïcienne qu'ils cherchent à graver dans l'âme de l'enfant, à l'âge tendre où l'on peut façonner son esprit. Ils redoutent pour lui les tentations du désœuvrement et de la paresse, les séductions des voluptés et le relâchement d'une éducation molle et complaisante qui l'empêche de développer ses forces, qui laisse croître impunément tous ses mauvais instincts et le rend incapable de supporter les épreuves et les combats de la vie. Ils l'habituent à entendre le rude langage de la vérité qui l'éclaire sur ses défauts et l'aide à s'en corriger. Ils veulent qu'il connaisse quelquefois la crainte ; mais il me semble que cette crainte est une servitude, et je ne crois pas à l'efficacité de ce moyen de persuasion qui ne doit s'appliquer qu'aux natures rebelles et qui perd toute sa vertu s'il est prodigué. Il n'en est pas de même du respect qui est une sorte de culte rendu à tout ce qui a plus ou moins l'autorité et la perfection de la loi morale. La vertu de ceux qui la représentent aux yeux de l'enfant contribue puissamment à éveiller et à développer le sentiment du respect dont l'influence est grande dans l'éducation et porte ses fruits durant la vie entière. Là où il manque il n'y

a pas non plus beaucoup de culture morale, et je
dirai même que cette regrettable lacune indique en
même temps l'absence de foi dans le bien et d'en-
thousiasme pour le beau moral. Heureux ceux qu
ont été initiés au respect par la vertu constante, à
la fois ferme et douce, grave et aimable, de leurs
premiers guides dans la vie ! Rien ne peut effacer
les traces de ce sentiment dans l'âme qui est capable
de l'éprouver et pour laquelle il est le plus puissant
frein moral.

L'éducation exige une attention particulière, dont
les fruits sont surtout dans l'avenir ; car il est aisé
de façonner les esprits encore tendres ; il est difficile de déraciner des vices qui ont grandi avec nous.
La nature des âmes ardentes est d'être plus accessibles à la colère..... Il est très important que les
enfants aient de bonne heure des principes salutaires. Or, c'est une tâche difficile ; car il faut nous
attacher et à ne pas entretenir chez eux la colère,
et à ne pas émousser leur esprit. La chose demande
une observation attentive. En effet, les dispositions
qu'il faut cultiver, et celles qu'il faut étouffer se
nourrissent d'aliments semblables ; or les semblables trompent aisément même l'attention. L'esprit
abuse de la licence ; il s'affaisse dans la servitude ;
les éloges l'exaltent et lui inspirent une noble
confiance en lui-même, mais ils engendrent aussi
l'insolence et l'irascibilité. Il faut donc maintenir
l'enfant également éloigné des deux excès, de manière à employer tantôt le frein, tantôt l'aiguillon :
qu'on ne lui impose rien d'humiliant, rien de servile.
Qu'il n'ait jamais besoin de demander en suppliant,
et qu'il n'y trouve aucun profit. Qu'on ne lui donne

rien qu'en considération de lui-même, de sa conduite passée, de ses bonnes promesses pour l'avenir. Dans ses luttes avec ses camarades, ne souffrons pas qu'il se laisse vaincre ou qu'il se mette en colère; attachons-nous à le rendre ami de ceux avec qui il a coutume de rivaliser, afin que dans ces combats il s'habitue non pas à blesser mais à vaincre. Toutes les fois qu'il l'aura emporté, qu'il aura fait quelque chose de louable, laissons-le s'applaudir, mais non se vanter avec transport ; car la joie mène à l'enivrement, l'enivrement à l'orgueil et à une trop haute idée de soi. Nous lui donnerons quelque relâche ; mais nous ne le laisserons pas amollir dans le désœuvrement et la paresse, et nous le tiendrons loin du contact des voluptés. Car rien ne rend irritable comme une éducation molle et complaisante ; voilà pourquoi plus on a d'indulgence pour un enfant unique, plus on accorde à un pupille, plus on leur gâte le cœur. Il ne résistera pas à une offense, celui auquel jamais rien n'a été refusé, celui dont une tendre mère a toujours essuyé les larmes, qui a toujours eu raison contre son pédagogue.....

Il faut donc placer l'enfance loin de toute flatterie; qu'elle entende la vérité; qu'elle connaisse quelquefois la crainte, toujours le respect : qu'elle rende hommage à la veillesse ; qu'elle n'obtienne rien par la colère. Ce qu'on lui a refusé quand elle pleurait, qu'on le lui offre quand elle sera calme... Qu'on lui reproche toute mauvaise action. (Sénèque, *De la Colère*, II, XVIII et XIX.)

LE BON MAITRE

Sénèque regarde comme une chose importante de choisir des précepteurs et des pédagogues d'un « caractère doux ». La douceur, en effet, n'est-elle pas l'attrait irrésistible, le pouvoir invincible d'une âme qui se possède? « La tige encore tendre, dit Sénèque, s'attache aux branches voisines et grandit en se modelant sur elles. » C'est le cœur qu'il faut gagner tout d'abord, et rien n'y réussit mieux que la vertu douce, aimable et enjouée. D'ailleurs, l'esprit naturellement rebelle répugne à obéir à un commandement rude et sévère ; son premier mouvement est de se regimber, et il se soustrait avec joie à la contrainte toutes les fois qu'il le peut et s'en dédommage par la licence. Mais il suit volontiers celui qui lui fait à peine sentir le frein. « De même, dit Sénèque, que le coursier fier et généreux est plus facile à diriger lorsque son mors est doux, de même l'innocence marche par une impulsion volontaire et spontanée à la suite de la clémence On obtient donc davantage par cette voie. » Plus l'âme est fière, en effet, plus elle est impatiente de se soustraire à une autorité dure et violente, parce qu'elle y sent une atteinte portée à la dignité humaine.

Sénèque a une haute idée de l'enseignement, et le précepteur de son choix a « une grande âme dont l'activité grandit dans la retraite, et qui est utile à tous et à chacun. Il forme les âmes à la vertu et leur enseigne ce que c'est que la justice, la piété, la patience, le courage, le mépris de la mort, la connaissance des dieux, et quel bien gratuit c'est qu'une bonne conscience. » L'homme dévoué, courageux et intelligent qui se consacre à cette grande et belle

mission, est, aux yeux de Sénèque, aussi grand que
celui qui gouverne une nation, qui décide de la paix
et de la guerre et qui rend la justice.

Epictète exalte encore davantage le mérite des
bons maîtres. Il s'étonne qu'on n'ait pas élevé, ainsi
qu'aux bienfaiteurs de l'humanité, une statue à
« celui qui a trouvé, mis en lumière et produit
devant tous les hommes la vérité, non pas sur les
moyens de vivre, mais sur les moyens de vivre heureux ». « Quoi ! s'écrie-t-il, pour le don de la
vigne et du froment nous offrons des sacrifices de
reconnaissance ; et quand on a déposé dans notre
intelligence un fruit d'où devait sortir la démonstration de la vérité au sujet du bonheur, nous n'en
devrons rendre aucune action de grâce à Dieu ! »
Il montre que la fonction du maître est de conseiller,
d'encourager et de réprimander avec douceur ; de
faire voir à ceux qui commettent des fautes qu'ils
ne font pas ce qu'ils veulent, et qu'ils font ce qu'ils
ne veulent pas. N'est-ce pas là le premier et le plus
important point de l'éducation ? La conscience étant
convaincue, il n'y a plus que la volonté à persuader.

Ce qui prouve mieux que tout combien Epictète
était pénétré de la grandeur, je dirai de la sainteté
même de la mission d'éducateur, c'est le profond
sentiment qu'il avait de la nécessité d'une vocation :
« Il faut avant tout, dit-il, que ce soit Dieu qui
pousse à prendre ce rôle, comme il poussait Socrate
à réfuter les erreurs. »

Une chose importante sera de choisir des précepteurs et des pédagogues d'un caractère doux.
La tige encore tendre s'attache aux branches voisines et grandit en se modelant sur elles. L'adoles-
cent reproduit bientôt les mœurs des nourrices et
des pédagogues. Un enfant élevé chez Platon et
ramené chez ses parents voyait son père s'emporter
en criant : « Jamais, dit-il, je n'ai vu cela chez Platon. » Je ne doute pas qu'il ne fût plus prompt à
imiter son père que Platon. (Sénèque, *De la colère*,
II, XXII.)

On obéit de meilleur gré à celui qui commande
avec douceur. L'esprit humain est naturellement
rebelle ; et luttant contre les obstacles et la contrainte, il suit plus volontiers qu'il ne se laisse
conduire. De même que le coursier fier et généreux
est plus facile à diriger lorsque son mors est doux,
de même l'innocence marche par une impulsion
volontaire et spontanée à la suite de la clémence ;
et la cité la regarde comme un trésor digne
d'être conservé. On obtient donc davantage par
cette voie. (Id., *De la clémence*, XXIV.)

Même dans le foyer domestique, une grande âme
a l'occasion de se déployer. Car, si la vigueur des
lions et des autres animaux est comprimée dans
leurs cages, il n'en est pas de même de l'homme,
dont l'activité grandit dans la retraite. Cependant
il se renfermera de manière qu'en quelque lieu
qu'il ait caché sa solitude, il puisse être utile à tous
et à chacun par ses talents, ses paroles et ses
conseils. Car celui-là n'est pas seul utile à la république, qui produit les candidats, défend les accusés,
et décide de la paix et de la guerre ; mais celui
qui instruit la jeunesse, qui, dans une si grande

disette de bons précepteurs, forme les âmes à la vertu, arrête dans leur fougue, et ramène ceux qui se précipitent vers le luxe et les richesses, ou, s'il ne fait autre chose, au moins les retarde ; celui-là remplit en son particulier une fonction publique. Le magistrat qui prononce entre les étrangers et les citoyens, ou le préteur urbain, qui répète à tous venants la formule de l'assesseur, fait-il davantage que celui qui enseigne ce que c'est que la justice, la piété, la patience, le courage, le mépris de la mort, la connaissance des dieux, et quel bien gratuit c'est qu'une bonne conscience? (Id., *De la tranquillité d'âme*, III.)

Quel bienfaiteur que celui qui nous montre la route ! Eh bien ! les hommes ont élevé des temples et des autels à Triptolème, parce qu'il leur a donné une nourriture plus douce ; et celui qui a trouvé, mis en lumière, et produit devant tous les hommes la vérité, non pas sur les moyens de vivre, mais sur les moyens de vivre heureux, est-il quelqu'un de vous qui lui ait construit un autel ou un temple, qui lui ait élevé une statue, ou qui remercie Dieu à cause de lui? Quoi ! pour le don de la vigne ou du froment nous offrons des sacrifices de reconnaissance ; et quand on a déposé dans notre intelligence un fruit d'où devait sortir la démonstration de la vérité au sujet du bonheur, nous n'en devrons rendre aucune action de grâce à Dieu ! (Epictète, *Entretiens*, I, 4.)

Il saura donc parler, il saura encourager et réprimander, celui qui aura le talent de montrer à chacun l'inconséquence qui fait sa faute, de lui mettre clairement sous les yeux qu'il ne fait pas ce qu'il veut, et qu'il fait ce qu'il ne veut pas. Montrez-le

à quelqu'un, et de lui-même il renoncera au mal;
mais, tant que vous ne le lui aurez pas montré, ne
vous étonnez pas qu'il y persiste; car c'est parce
qu'il s'est attaché à l'apparence du bien, qu'il fait ce
qu'il fait. (Id., II, 26.)

Enseigner est une grosse affaire qui a ses mys-
tères, et qui ne peut être entreprise à la légère, ni
par le premier venu. Peut-être même ne suffit-il
pas d'être vraiment sage pour se charger du soin
des jeunes gens; il y faut encore certaines dispositions et certaines aptitudes; il y faut même un certain extérieur, et, avant tout, que ce soit Dieu qui
pousse à prendre ce rôle, comme il poussait Socrate
à réfuter les erreurs, Diogène à réprimander avec
un ton de roi, Zénon à enseigner et à dogmatiser.
(Id., III, 21.)

COMMENT IL FAUT PUNIR

Mais la douceur du maître n'est parfaite que s'il a
en même temps la fermeté de châtier quand la raison l'exige. Epictète considère les châtiments,
« comme étant déterminés par une loi, pour ceux qui
désobéissent au gouvernement de Dieu ». Ainsi le
père ou le précepteur, qui exerce au nom de Dieu
l'autorité morale, a le droit de châtier l'enfant qui
résiste à la persuasion. Mais ce droit ne peut s'exercer avec équité et avec efficacité que si le maître
est libre de toute colère. Il faut qu'il se possède pleinement pour apprécier la gravité de la faute commise et discerner, avec le regard clairvoyant de la
charité, les motifs mêmes qui ont fait agir l'enfant,

en tenant compte des inclinations de sa nature et des circonstances où la faute s'est produite. Le châtiment doit avoir pour but de rappeler au coupable la loi morale qu'il a oubliée ; mais ce n'est pas une peine destinée à être la rétribution de la transgression. Ainsi que l'a dit Platon : « Le sage punit, non parce qu'on a péché, mais pour qu'on ne pèche plus : le passé est irrévocable, l'avenir se prévient. » Et Sénèque nous rappelle que Platon, se sentant en colère, s'abstint de punir un esclave, ne voulant pas livrer cet esclave aux mains d'un maître qui n'était pas maître de lui-même. Il nous apprend ainsi que l'homme n'est digne de commander que s'il est lui-même gouverné par la raison et la vertu.

Il y a des châtiments déterminés comme par une loi, pour ceux qui désobéissent au gouvernement de Dieu. Celui qui, en dehors du libre arbitre, croira à quelque bien, sera jaloux, envieux, flatteur, et toujours dans l'agitation ; celui qui y croira à quelque mal, sera triste, désolé, dans les larmes, dans le désespoir. Et cependant, malgré la sévérité du châtiment, nous n'avons pas la force de cesser de faire mal. (Épictète, *Entretiens*, iii, 11.)

Ce n'est pas de la colère, mais de la raison, que de séparer des parties saines celles qui peuvent les corrompre. Rien ne sied moins que la colère à celui qui punit, puisque le châtiment n'est efficace à corriger qu'autant qu'il est ordonné avec jugement. C'est pour cela que Socrate dit à un esclave : « Je te battrais, si je n'étais en colère. » Pour corriger son esclave, il remit à un moment plus calme ; et en même temps il se corrigeait lui-même. Chez qui la passion serait-elle modérée, puisque Socrate n'osa pas se fier à sa colère ? Ainsi donc, pour réprimer l'erreur et le crime, il n'est pas besoin d'un juge irrité. Car, puisque la colère est un délit de l'âme, il ne faut pas qu'un homme qui pèche punisse le péché. (Sénèque, *De la colère*, xv.)

L'homme libre de toute colère inflige à chacun la peine qu'il mérite. Souvent il acquitte celui qu'il a surpris en faute, si le repentir permet d'en espérer mieux, s'il découvre que le mal ne vient pas du fond de l'âme, mais s'arrête, comme on dit, à la surface. Il accordera l'impunité, lorsqu'elle ne devra nuire ni à ceux qui la reçoivent, ni à ceux qui la donnent. Quelquefois il punira les grands crimes avec moins de rigueur que les fautes plus légères, si dans ceux-là il y a plutôt oubli que scélératesse ; si dans celles-ci il y a fourberie cachée, couverte et invétérée. Il n'appliquera pas la même peine à deux crimes dont l'un aura été commis par inadvertance, et l'autre avec le dessein prémédité de nuire. Dans tout châtiment il agira avec la conviction d'un double but à suivre, ou de corriger les méchants, ou de les détruire. Dans les deux cas, ce n'est point le passé, c'est l'avenir qu'il envisage. Car, comme le dit Platon : « Le sage punit, non parce qu'on a péché, mais pour qu'on ne pèche plus : le passé est irrévocable, l'avenir se prévient. » (Id., xvi.)

Platon, irrité contre son esclave, ne put prendre sur lui de différer ; lui ordonnant d'ôter sur-le-champ sa tunique, et de tendre le dos aux verges, il allait le battre de sa propre main. Cependant, s'apercevant qu'il était en colère, il tenait son bras

suspendu, et restait dans la position d'un homme
qui va frapper. Un ami, qui survint par hasard, lui
ayant demandé ce qu'il faisait : Je punis, dit-il, un
homme en colère. Il demeurait comme stupéfait
dans cette attitude d'un homme qui frappe, si
déplacée pour un sage ; déjà il avait oublié l'esclave,
parce qu'il en avait trouvé un autre à punir de préférence. Il abdiqua donc ses droits de maître, et, se
sentant trop ému pour une faute légère : « Je te
prie, dit-il, Speusippe, de corriger ce misérable,
car pour moi je suis en colère. » Il s'abstint de
frapper, par la raison même pour laquelle un autre
eût frappé. « Je suis en colère, dit-il, je ferais plus
qu'il ne faudrait, je le ferais avec passion : que cet
esclave ne soit pas aux mains d'un maître qui n'est
pas maître de lui-même. » Qui voudrait confier sa
vengeance à la colère, lorsque Platon lui-même
s'en interdit le droit ? Ne te permets rien, tant que tu
seras irrité : Pourquoi ? Parce que tu voudrais tout
te permettre. Combats-toi toi-même. Si tu ne peux
vaincre la colère, elle commence à te vaincre. Si
elle est encore renfermée, si on ne lui donne pas
s sue, on doit en voiler toutes les apparences, et la
tenir, autant qu'il se peut, secrète et cachée. (Id.,
3, XII.)

CONCLUSION

On pourrait s'étonner de trouver dans les écrits
des stoïciens, et surtout dans les nombreux traités
du plus prolixe d'entre eux, si peu de conseils sur
l'éducation proprement dite, c'est-à-dire sur l'initiation à la vie que les hommes faits, ou censés tels,
sont chargés de donner à l'enfance et à la jeunesse.
Les stoïciens doutaient-ils de l'efficacité de cette

éducation ? Il serait difficile de soutenir cette opinion en présence des témoignages sincères de leur
admiration et de leur gratitude pour leurs maîtres
dans la vertu, pour ceux qui, de près ou de loin, ont
contribué à leur émancipation morale, en éclairant
leur raison et en exaltant leur volonté ! Qui ne se
souvient des hommages si bien sentis que, dans leur
enthousiaste vénération, ils rendent aux Cornutus,
aux Fronton, et à d'autres maîtres plus ou moins
illustres dont l'influence, plus indirecte, s'exerce non
moins sûrement, en dépit du temps et de l'espace,
sur leurs âmes, éprises du bien et ouvertes à tous
les grands enseignements ? Quand ils attribuent
ainsi le mérite de leur vertu à ceux dont les leçons
et les exemples les ont instruits, ils démontrent l'importance de l'éducation que nous recevons d'autrui.
Mais leur principal objet nous semble être de faire
comprendre que toute la valeur de l'homme dépend
de l'éducation qu'il se donne à lui-même, du gouvernement de sa volonté d'après la loi morale qu'il
s'impose librement. Dans l'enfant, ils voient déjà
l'homme qui apprend à exercer le pouvoir sur lui-
même ; et par leur respect du libre arbitre, ils rappellent aux éducateurs que leur rôle n'est pas de
dompter l'âme, mais de l'éclairer, de la diriger et
de la fortifier, et que le succès de leur œuvre n'est
pas cette docilité extérieure qui souvent atrophie
l'être normal, mais la fermeté et la droiture de la
raison et la force de la volonté qui se détermine
d'elle-même pour le bien, avec réflexion et persua-

sion. L'idéal pédagogique des stoïciens nous parait être l'initiation à l'autonomie morale donnée à de futurs hommes par des maitres, qui sont hommes, c'est-à-dire maîtres d'eux-mêmes. Nous souhaitons que cet idéal soit de plus en plus celui de notre nation libre et démocratique que le sentiment de la responsabilité morale, base de la vertu stoïque, doit préparer à toutes les autres responsabilités.

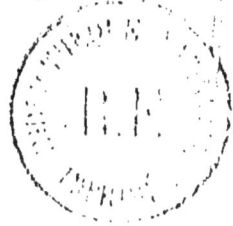

FIN

TABLE DES MATIÈRES

QUATRIÈME PARTIE

ANCIENNE LIBRAIRIE GERMER BAILLIÈRE ET Cⁱᵉ

FÉLIX ALCAN, ÉDITEUR

108, boulevard Saint-Germain, Paris.

TRADUCTION FRANÇAISE

DES

OEUVRES DE M. HERBERT SPENCER

LES PREMIERS PRINCIPES

TRADUITS PAR E. CAZELLES

1 volume in-8° : 10 fr.

1ʳᵉ PARTIE. —
L'INCONNAISSABLE.

1. Religion et science.
2. Idées dernières de la religion.
3. Idées dernières de la science.
4. Relativité de toute connaissance.
5. Réconciliation.

2ᵉ PARTIE. —
LE CONNAISSABLE.

1. Définition de la philosophie.
2. Données de la philosophie.
3. Espace, temps, matière, mouvement et force.
4. Indestructibilité de la matière.
5. Continuité du mouvement.
6. Persistance de la force
7. Persistance des relations entre les forces.

8. Transformation et équivalence des forces.
9. Direction du mouvement.
10. Rythme du mouvement.
11. Récapitulation, problème dernier.
12. Évolution et dissolution.
13. Évolution simple et composée.
14. La loi d'évolution.
15. La loi d'évolution (suite).
16. La loi d'évolution (suite).
17. La loi d'évolution (fin).
18. Interprétation de l'évolution.
19. L'instabilité de l'homogène.
20. La multiplication des effets.
21. La ségrégation.
22. L'équilibre.
23. La dissolution:
24. Résumé et conclusion.

PRINCIPES DE BIOLOGIE

TRADUITS PAR E. CAZELLES

2 vol. in-8° : 20 fr.

TOME I

1ʳᵉ PARTIE. —
LES DONNÉES DE LA BIOLOGIE

1. La matière organique.
2. Actions des forces sur la matière organique.
3 Réaction de la matière organique sur les forces.

4. Essai d'une définition de la vie.
5. Correspondance de la vie avec le milieu.
6. Le degré de vie varie en raison du degré de la correspondance.
7. Le domaine de la biologie.

10.

PRINCIPES DE PSYCHOLOGIE

TRADUITS PAR MM. TH. RIBOT ET ESPINAS

2 vol. in-8º : 20 fr.

TOME I

PRINCIPES DE SOCIOLOGIE

TRADUITS PAR MM. E. CAZELLES ET J. GERSCHEL

4 vol. in-8° : 36 fr. 25

(Les volumes se vendent séparément.)

TOME I (traduit par M. E. Cazelles).

1 vol. in-8, 10 fr.

maladies et de mort.
18. Inspiration, divination, exorcisme, sorcellerie.
19. Lieux sacrés, temples, autels, sacrifices, jeûnes, propitiation, louange, prière.
20. Culte des ancêtres en général.
21. Culte des idoles et des fétiches.
22. Culte des animaux.
23. Culte des plantes.
24. Culte de la nature.
25. Divinités.
26. Théorie primitive des choses.
27. Domaine de la sociologie.

APPENDICES.

TOME II (traduit par MM. E. Cazelles et J. Gerschel)
1 vol. in-8, 7 fr. 50.

2ᵉ PARTIE. — SINDUCTIONS DE LA SOCIOLOGIE.

1. Qu'est-ce qu'une société ?
2. Une société est un organisme.
3. Croissance sociale.
4. Structure sociale.
5. Fonctions sociales.
6. Appareils d'organes.
7. Appareil producteur.
8. Appareil distributeur.
9. Appareil régulateur.
10. Types sociaux et constitutions.
11. Métamorphoses sociales.
12. Réserves et résumé.

3ᵉ PARTIE. — RELATIONS DOMESTIQUES.

1. Conservation de l'espèce.
2. Intérêts de l'espèce, des parents et du rejeton.
3. Rapports primitifs entre les sexes.
4. Exogamie et endogamie.
5. Promiscuité.
6. Polyandrie.
7. Polygynie.
8. Monogamie.
9. La famille.
10. Condition légale des femmes.
11. Condition légale des enfants.
12. Passé et avenir de la famille.

APPENDICES.

TOME III (traduit par M. E. Cazelles).
1 vol. in-8, 15 fr.

4ᵉ PARTIE. — INSTITUTIONS CÉRÉMONIELLES.

1. Des cérémonies en général.
2. Trophées.
3. Mutilations.
4. Présents.
5. Visites.
6. Salutations.
7. Compliments.
8. Titres.
9. Insignes et costumes.
10. Autres distinctions de classes.
11. Modes.
12. Passé et avenir du cérémonial.

5ᵉ PARTIE. — INSTITUTIONS POLITIQUES.

1. Préliminaires.
2. De l'organisation politique en général.
3. Intégration politique.
4. Différenciation politique.
5. Des formes et des forces politiques.
6. Les chefs politiques.
7. Des gouvernements composés.
8. Les corps consultatifs.
9. Les corps représentatifs.
10. Les ministères.
11. Organes de gouvernement local.
12. Systèmes militaires.

13. Appareils judiciaire et exécutif.
14. Les lois.
15. La propriété.
16. Le revenu public.

17. La société militaire.
18. La société industrielle.
19. Passé et avenir des institutions politiques.

TOME IV (traduit par M. E. Cazelles).
1 vol. in-8, 3 fr. 75.

6ᵉ PARTIE. — INSTITUTIONS ECCLÉSIASTIQUES.

1. L'idée religieuse.
2. Sorciers et prêtres.
3. Devoirs sacerdotaux.
4. Caractère quasi sacerdotal des descendants mâles les plus âgés.
5. Sacerdoce du souverain.
6. Du sacerdoce.
7. Sacerdoce du polythéisme et du monothéisme.
8. Hiérarchie ecclésiastique.

9. Lien social créé par un système ecclésiastique.
10. Fonctions militaires des prêtres.
11. Fonctions civiles des prêtres.
12. L'Église et l'État.
13. Dissidence religieuse.
14. Influence morale des sacerdoces.
15. Passé et avenir des institutions ecclésiastiques.
16. Passé et avenir de la religion.

LES BASES DE LA MORALE ÉVOLUTIONNISTE
1 vol. in-8°, 3° édit. : 6 fr.

DE L'ÉDUCATION INTELLECTUELLE, MORALE & PHYSIQUE
1 vol. in-8°, 5° édit. : 5 fr.

Le même ouvrage, édition abrégée, à l'usage des instituteurs. 1 vol. in-32 de la *Bibliothèque utile*. Br. 60 c. — Cart. à l'anglaise 1 fr.

ESSAIS DE MORALE, DE SCIENCE ET D'ESTHÉTIQUE
3 volumes in-8°, TRADUITS PAR M. A. BURDEAU, 22 fr. 50
(Les volumes se vendent séparément.)

I. — ESSAIS SUR LE PROGRÈS
1 vol. in-8. 7 fr. 50.

1. Le progrès : loi et cause du progrès.
2. L'origine du culte des animaux.
3. L'utilité de l'anthropomorphisme.
4. Les manières et la mode.
5. Mœurs commerciales.
6. L'utile et le beau.

7. La beauté dans la personne humaine.
8. La grâce.
9. La physiologie du rire.
10. Les origines des styles en architecture.
11. La philosophie du style.
12. Origine et fonction de la musique.

II. — ESSAIS DE POLITIQUE
1 vol. in-8. 7 fr. 50.

1. Trop de lois.
2. Le fétichisme en politique.
3. La « sagesse collective ».

4. Le gouvernement représentatif.
5. L'administration ramenée à sa fonction spéciale.

6. La réforme électorale : dangers et remèdes.
7. Immixtion de l'état dans le commerce de l'argent et dans les banques.

8. Morale de la prison.
9. Mœurs et procédés d'administrations de chemins de fer.

III. — ESSAIS SCIENTIFIQUES
suivis de réponses aux objections sur les premiers principes.
1 vol. in-8, 7 fr. 50.

1. L'hypothèse du développement.
2. L'évolution selon M. Martineau.
3. L'hypothèse de la nébuleuse.
4. Qu'est-ce que l'électricité?
5. La constitution du soleil.
6. Les sophismes de la géologie.

7. La physiologie transcendante.
8. La physiologie comparée de l'humanité.
9. Objections touchant les principes premiers et réponses. Tableau par ordre chronologique des essais contenus dans les trois volumes.

CLASSIFICATION DES SCIENCES
TRADUIT PAR F. RÉTHORÉ
1 vol. in-18. 2e édit. : 2 fr. 50

1. Classification des sciences.
2. Post-scriptum en réponse aux critiques.

3. Pourquoi je me sépare d'Auguste Comte.
4. Des lois en général.

INTRODUCTION A LA SCIENCE SOCIALE
1 vol. in-8°. 6e édit., cart. à l'anglaise : 6 fr.

1. Nécessité de la science.
2. Y a-t-il une science sociale ?
3. Nature de la science sociale.
4. Difficultés de la science sociale.
5. Difficultés objectives.
6. Difficultés subjectives. — Intellectuelles.
7. Difficultés subjectives. — Émotionnelles.

8. Les préjugés de l'éducation.
9. Les préjugés du patriotisme.
10. Les préjugés de classe.
11. Le préjugé politique.
12. Les préjugés théologiques.
13. Discipline.
14. Préparation par la Biologie.
15. Préparation par la Psychologie.
16. Conclusion.

L'INDIVIDU CONTRE L'ÉTAT
TRADUIT PAR M. GERSCHEL
1 vol. in-18 : 2 fr. 50

1. Le nouveau torysme.
2. L'esclavage futur.
3. Les péchés des législateurs.

4. La grande superstition politique.
5. Post-scriptum.

Envoi franco, contre mandat-poste.

Coulommiers. — Typ. P. BRODARD et GALLOIS.